Panorama of Mathematics

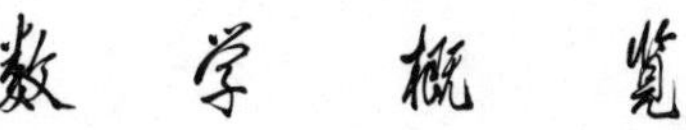

YUAN YU QIU

Kreis und Kugel
圆与球

W. 布拉施克　著

苏步青　译

高等教育出版社·北京

内容提要

本书是整体微分几何导论，内容包括两方面：第一方面是关于圆和球等周性质的叙述；第二方面是关于凸体论的拓广，形成了现代整体微分几何的起源.

本书的前两部分可供中学数学教师参考，只要具备微积分的知识就可以阅读.全书则适合于高等院校数学系学生、研究生学习.

图书在版编目（CIP）数据

圆与球／（德）布拉施克著；苏步青译. -- 北京：高等教育出版社，2015.1

（数学概览／严加安，季理真主编）

ISBN 978-7-04-041675-6

Ⅰ.①圆… Ⅱ.①布… ②苏… Ⅲ.①凸体－积分几何 Ⅳ.① O186.5

中国版本图书馆 CIP 数据核字（2014）第 296655 号

策划编辑 李 鹏　责任编辑 李 鹏　封面设计 姜 磊　版式设计 杜微言

责任校对 王 雨　责任印制 田 甜

出版发行 高等教育出版社

社　　址 北京市西城区德外大街4号

邮政编码 100120

印　　刷 北京铭成印刷有限公司

开　　本 787mm× 1092mm 1/16

印　　张 13.75

字　　数 200 千字

购书热线 010-58581118

咨询电话 400-810-0598

网　　址 http://www.hep.edu.cn

http://www.hep.com.cn

网上订购 http://www.landraco.com

http://www.landraco.com.cn

版　　次 2015 年 1 月第 1 版

印　　次 2015 年 1 月第 1 次印刷

定　　价 39.00 元

物 料 号 41675-00

《数学概览》编委会

主编：严加安　季理真

编委：丁　玖　李文林

曲安京　王善平

徐　佩　姚一隽

《数学概览》序言

当你使用卫星定位系统 (GPS) 引导汽车在城市中行驶, 或对医院的计算机层析成像深信不疑时, 你是否意识到其中用到什么数学? 当你兴致勃勃地在网上购物时, 你是否意识到是数学保证了网上交易的安全性? 数学从来就没有像现在这样与我们日常生活有如此密切的联系。的确, 数学无处不在, 但什么是数学, 一个貌似简单的问题, 却不易回答。伽利略说: “数学是上帝用来描述宇宙的语言。” 伽利略的话并没有解释什么是数学, 但他告诉我们, 解释自然界纷繁复杂的现象就要依赖数学。因此, 数学是人类文化的重要组成部分, 对数学本身以及对数学在人类文明发展中的角色的理解, 是我们每一个人应该接受的基本教育。

到 19 世纪中叶, 数学已经发展成为一门高深的理论。如今数学更是一门大学科, 每门子学科又包括很多分支。例如, 现代几何学就包括解析几何、微分几何、代数几何、射影几何、仿射几何、算术几何、谱几何、非交换几何、双曲几何、辛几何、复几何等众多分支。老的学科融入新学科, 新理论用来解决老问题。例如, 经典的费马大定理就是利用现代伽罗瓦表示论和自守形式得以攻破; 拓扑学领域中著名的庞加莱猜想就是用微分几何和硬分析得以证明。不同学科越来越相互交融, 2010 年国际数学家大会 4 个菲尔兹奖获得者的工作就是明证。

现代数学及其未来是那么神秘, 吸引我们不断地探索。借用希尔伯特的一句话: “有谁不想揭开数学未来的面纱, 探索新世纪里我们这门科学发展的前景和奥秘呢? 我们下一代的主要数学思潮将追求什么样的特殊目标? 在广阔而丰富的数学思想领域, 新世纪将会带来什么样的新方法和新成就? ” 中国有句古话: 老马识途。为了探索这个复杂而又迷人的神秘数学世界, 我们需要数学大师们的经典论著来指点迷津。想象一下, 如果有机会倾听像希尔伯特或克莱因这些大师们的报告是多么激动人心的事情。这样的机会当然不多, 但是我们可以通过阅读数学大师们的高端科普读物来提升自己的数学素养。

作为本丛书的前几卷, 我们精心挑选了一些数学大师写的经典著作。例如, 希尔伯特的《直观几何》成书于他正给数学建立现代公理化系统的时期; 克莱因的《数学讲座》是他在 19 世纪末访问美国芝加哥世界博览会时在西北大学所做的系列通俗报告基础上整理而成的, 他的报告与当时的数学前沿密切相关, 对美国数学的发展起了巨大的作用; 李特尔伍德的《数学随笔集》收集了他对数学的精辟见解; 拉普拉斯不仅对天体力学有很大的贡献, 而且还是分析概率论的奠基人, 他的《概率哲学随笔》讲述了他对概率论的哲学思考。这些著作历久弥新, 写作风格堪称一流。我们希望这些著作能够传递这样一个重要观点, 良好的表述和沟通在数学上如同在人文学科中一样重要。

数学是一个整体, 数学的各个领域从来就是不可分割的, 我们要以整体的眼光看待数学的各个分支, 这样我们才能更好地理解数学的起源、发展和未来。除了大师们的经典的数学著作之外, 我们还将有计划地选择在数学重要领域有影响的现代数学专著翻译出版, 希望本译丛能够尽可能覆盖数学的各个领域。我们选书的唯一标准就是: 该书必须是对一些重要的理论或问题进行深入浅出的讨论, 具有历史价值, 有趣且易懂, 它们应当能够激发读者学习更多的数学。

作为人类文化一部分的数学, 它不仅具有科学性, 并且也具有艺术性。罗素说: “数学, 如果正确地看, 不但拥有真理, 而且也具有至高无上的美。” 数学家维纳认为“数学是一门精美的艺术”。数学的美主要在于它的抽象性、简洁性、对称性和雅致性, 数学的美还表现在它内部的和谐和统一。最基本的数学美是和谐美、对称美和简洁美, 它应该可以而且能够被我们理解和欣赏。怎么来培养数学的美感? 阅读数学大师们的经典论著和现代数学精品是一个有效途径。我们希望这套数学概览译丛能够成为在我们学习和欣赏数学的旅途中的良师益友。

严加安、季理真

2012 年秋于北京

Wilhelm Blaschke

Kreis und Kugel

2., durchgesehene und verbesserte Auflage

Su Buchin

WALTER DE GRUYTER & CO.

vormals G. J. Göschen'sche Verlagshandlung / J. Guttentag, Verlagsbuchhandlung
Georg Reimer / Karl J. Trübner / Veit & Comp.

BERLIN 1956

Ausgabe für die
Deutsche Demokratische Republik

《圆与球》1956 年德文第二版的内封页。该书由作者 Blaschke 先生亲自赠送给译者苏步青先生, 内封页上有苏步青先生的签名和印章。

布拉施克先生

(Mr. Wilhelm Blaschke)

Wilhelm Blaschke (1885—1962), 德国著名数学家, 几何学家, 陈省身先生的导师。

Blaschke 先生 1908 年在导师 Wirtinger 的指导下获得维也纳大学博士学位。1919 年德国汉堡大学成立, 同年, Blaschke 成为汉堡大学的讲座教授。之后, 他在汉堡大学建立了一个非常出色的数学学院。到那里工作的有 Artin, Hasse, Hecke, Kähler, Radon 等著名数学家。1934 年, Blaschke 当选为德国数学会主席。

Blaschke 倡导数学的直观性。他对凸几何的发展, 对积分几何和仿射微分几何的创立作出了影响深远的贡献。凸几何中的 Blaschke 选择定理和 Blaschke-Santaló 不等式, 积分几何中的三维欧氏空间中的凸体的运动基本公式, 以及仿射微分几何中的仿射等周不等式等是他的关于凸体的重要研究工作。他著名的《微分几何讲义》三卷本在 1921 年至 1929 年期间出版后, 在学术界产生巨大影响。Blaschke 对除几何之外的其他数学分支也作出了重要贡献, 例如复分析中以他的名字命名的 Blaschke 乘积。

1932 年, 作为其环球旅行的一部分, Blaschke 到中国旅行。在北平的两个星期里, 他做了一系列的学术演讲。当时还是青年学生的著名数学家陈省身先生聆听了 Blaschke 的演讲, 对其非凡的性格特点和学术知识留下深刻印象。1934 年, 陈省身先生来到了当时世界数学及科学的中心 —— 德国, 成为 Blaschke 的学生。从 1935 年开始, Blaschke 在汉堡大学组织讨论班系统研究几何概率与凸几何的联系。一系列的研究论文以《积分几何》为标题发表, 积分几何随之建立。陈省身先生将 Blaschke 在三维空间中关于凸体的基本运动公式推广到高维空间中的一般区域, 并且率先研究齐性空间的积分几何。陈先生受 Blaschke 数学思想的影响, 也深刻理解数学抽象性的重要, 终成一代数学大师。

苏步青先生

苏步青 (1902—2003), 杰出的数学家、教育家, 著名的社会活动家, 中国科学院院士。

苏步青先生 1931 年 3 月毕业于日本东北帝国大学研究院并获理学博士学位, 同年 4 月回国, 先后任浙江大学数学系副教授、教授和数学系主任。1935 年参与发起成立中国数学会, 被推举为《中国数学会学报》总编辑。1948 年 9 月任浙江大学训导长, 国民政府中央研究院院士兼学术委员会常委。1949 年 5 月杭州解放后, 任浙江大学数学系教授、浙江大学教务长, 并主持了筹建中国科学院数学研究所的工作。1952 年任复旦大学数学系教授并兼任复旦大学教务长。1956 年任复旦大学副校长, 开始筹建复旦大学数学研究所, 后任所长。1960 年 3 月任中国数学会副理事长。1978 年 4 月任复旦大学校长, 1983 年 2 月任复旦大学名誉校长。

苏步青先生长期从事微分几何、计算几何的研究和教学工作, 从 1927 年起, 在国内外发表数学论文 160 余篇, 出版了 10 多部专著。他创立了国际公认的中国微分几何学学派, 对 "K 展空间和一般度量空间几何学、射影空间曲线论" 的研究, 荣获 1956 年首届国家自然科学奖二等奖; 他合作研究的《船体数学放样》获得 1978 年全国科学大会奖, 1985 年, 他主持研究的《计算机辅助几何设计》和合作研究的《曲面法船体线型生成程序系统》两项同时获得首届国家科技进步奖二等奖。1998 年获何梁何利基金科学与技术成就奖。

1936 年柏林奥林匹克运动会结束之后, 陈省身先生乘火车离开汉堡, 导师 Blaschke 先生, 好友吴大任夫妇和张禾瑞先生到汉堡火车站送行。

新版序言

古希腊人很早就意识到了圆的等周性质: 在长度固定的所有平面闭曲线中, 圆具有最大面积。但是, 完整的数学证明直到 19 世纪建立在微积分基础之上的变分法出现之后, 魏尔斯特拉斯 (Weierstrass, 1815—1897) 在伯努利 (Bernoulli) 兄弟、欧拉 (Euler, 1707—1783) 和拉格朗日 (Lagrange, 1736—1813) 的工作之上才最终完成。空间中球的等周性质的研究要困难得多。

等周问题 (isoperimetric problem) 是几何学中的核心问题之一。从等周问题发展起来的几何不等式影响到了数学的众多方面。比如, 在 20 世纪 50 年代, 发现了等周问题和分析中的索伯列夫嵌入问题 (Sobolev embedding problem) 的联系; 在 20 世纪 70 年代, 发现了等周不等式的推广 —— 亚历山德罗夫 - 芬切尔不等式 (Aleksandrov-Fenchel inequality) 同代数几何的霍奇指标定理 (Hodge index theorem) 的联系。最近二三十年, 对与等周问题相关联的凸几何 (convex geometry) 的研究变得活跃, 并且建立了同泛函分析、调和分析、仿射几何、偏微分方程以及信息论等学科的重要联系。

凸几何的主要研究对象是欧氏空间的凸体。多面体和卵形体是两类重要的凸体。欧几里得 (Euclid, 大约公元前 365— 前 300) 的《几何原本》就开始了对平面和空间中特殊凸体的系统研究。此后, 阿基米德 (Archimedes, 大约公元前 287—前 212) 在他的著作《球与柱面》中做了进一步的研究。阿基米德基本上有了凸性的大致概念。但是, 对一般凸体做系统的研究始于闵可

夫斯基 (Minkowski, 1864—1909)。他将空间的向量加法这一代数结构同凸体的体积这一几何结构联系在一起, 而提出混合体积的概念, 同时证明了著名的 Brunn-Minkowski 不等式。Brunn-Minkowski 理论由此产生。

凸几何从整体的观点出发, 研究凸体的整体不变量 (比如体积、表面积等), 以及整体不变量的 "导数" (比如表面积测度)。表面积测度这一整体概念可以视为光滑卵形面的 Gauss 曲率这一局部概念向一般凸体的推广。一般凸体的非光滑性是凸几何的一个重要特征, 这也是凸几何同微分几何的主要区别。而对光滑凸体的研究又是两者的共同之处。凸几何从整体到局部研究非光滑的凸体, 而微分几何从局部到整体研究光滑的流形, 两者之间成一定的互补关系。

分析的工具, 如余弦变换 (cosine transform), 拉东变换 (Radon transform), 傅里叶变换 (Fourier transform) 等积分变换, 以及椭圆偏微分方程, 在凸几何中起着非常关键的作用。鉴于此, Brunn-Minkowski 理论有时也被称为凸几何分析 (convex geometric analysis)。

用几何的办法对等周问题做深入研究始于施泰纳 (Steiner, 1796—1863)。他发明了对称化方法, 并且用该方法证明了如果等周问题有解的话, 球就是等周问题的解。但是他没能处理解的存在性问题。其方法的缺陷受到狄利克雷 (Dirichlet, 1805—1859) 的批评。在书中, 布拉施克 (Blaschke, 1885—1962) 将 Steiner 的几何方法与 Weierstrass 的分析方法相结合, 使得对称化方法最终完善, 并且对等周问题给出了第一个完美的几何证明。Blaschke 的重要贡献是证明了现在称为 Blaschke 选择定理 (Blaschke selection theorem) 的重要定理。该定理将关于实数完备性的 Bolzano-Weierstrass 定理推广到一般欧氏空间中的紧致凸集, 从而说明凸体是一类完备和理想的几何研究对象, 也将对称化方法最终完善。从此, 对称化方法成为解决几何极值问题的重要方法。直到现在, 此书仍然是介绍对称化方法的优秀著作。

Blaschke 是一位非常杰出的数学家。他是他那个年代最著名的几何学家之一。Blaschke 倡导数学的直观性。他的研究工作也大多限于欧氏空间。他对凸几何的发展, 对积分几何 (integral geometry) 和仿射微分几何 (affine differential geometry) 的创立作出了影响深远的贡献。凸几何中的 Blaschke 选择定理和 Blaschke-Santaló 不等式 (Blaschke-Santaló inequality), 积分几何中的三维欧氏空间中的凸体的运动基本公式 (fundamental kinematic formula),

以及仿射微分几何中的仿射等周不等式 (affine isoperimetric inequality) 等是 Blaschke 的关于凸体的重要研究工作。《圆与球》是 Blaschke 非常著名的关于凸体的书。Blaschke 对除几何之外的其他数学分支也作出了重要贡献, 例如复分析中以他的名字命名的 Blaschke 乘积 (Blaschke product)。

Blaschke 出生在一个数学家庭。他的父亲是一位崇尚几何直观的数学家。Blaschke 从小受到父亲的影响, 接受了父亲几何能够启发思维的观点, 并且得到父亲了解世界不同文化和应对不同环境的期望。这对其日后的环球旅行很有帮助。

在 19 世纪末到 20 世纪初, 德国是世界数学乃至整个科学的中心。在哥廷根 (Göttingen) 的著名数学家 Minkowski、克莱因 (Klein) 和希尔伯特 (Hilbert) 吸引了众多的数学家到哥廷根工作或访问, 从而使得哥廷根成为那个时代的数学圣地。Blaschke 于 1908 年在维也纳大学 (University of Vienna) 的导师维尔丁格 (Wirtinger) 的指导下获得博士学位。之后他先去比萨 (Pisa) 访问毕安基 (Bianchi), 再到哥廷根访问 Klein 和 Hilbert 一个学期。Blaschke 大概没能见到 Minkowski。但是, 书中对于 Minkowski 关于凸几何工作的详细讨论显示, 访问哥廷根对 Blaschke 写此书有很大影响。

Blaschke 受到 Klein 爱尔兰根纲领 (Erlangen Program, 1872) 的数学思想的影响, 对微分几何在变换群决定几何的思想下进行讨论。在他离开哥廷根后不久, 便开始写作他著名的《微分几何讲义》三卷本。第一卷介绍经典的欧氏群下的微分几何, 第二卷是他创立的仿射群下的仿射微分几何, 第三卷讨论其他一些变换群下圆和球的微分几何。该讲义在 1921 年至 1929 年期间出版后, 产生巨大影响, Blaschke 的学术成就被世界认可。

1919 年德国汉堡大学 (University of Hamburg) 成立, 同年, Blaschke 成为汉堡大学的讲座教授。之后, 他在汉堡大学建立了一个非常出色的数学学院。到那里工作的有 Artin, Hasse, Hecke, Kähler, Radon 等著名数学家。在 1933 年, 德国纳粹掌权, 并且对数学以及整个科学实施具有破坏性的政策。哥廷根受到巨大冲击。而不如哥廷根所享有声望的汉堡, 逐步变得更具影响力。1934 年, Blaschke 当选为德国数学会主席。

1932 年, Blaschke 的助手 Sperner 在中华教育文化基金会的资助下, 到国立北京大学工作。同年, 作为其环球旅行的一部分, Blaschke 到中国旅行。在北平的两个星期里, Blaschke 做了一系列的学术演讲。当时还是青年学生的著名数学家陈省身先生聆听了 Blaschke 的演讲, 对其非凡的性格特点和学术知识留下深刻印象。

1934 年, 陈省身先生获得清华大学的到美国留学的奖学金。但是, 他选择了去世界数学及科学的中心 —— 德国。陈省身先生因此成为 Blaschke 的学生。陈省身先生喜爱 Blaschke 创立的积分几何。积分几何起源于几何概率。而几何概率可以追溯到 1733 年的蒲丰 (Buffon, 1707—1788) 针问题 (Buffon's needle problem)。在 1896 年, 庞加莱 (Poincaré, 1854—1912) 提出几何概率需满足某种变换群下的不变性, 因此避免了几何概率中的贝特朗悖论 (Bertrand's paradox, 1889), 并且为积分几何的建立提供了基础思想。从 1935 年开始, Blaschke 在汉堡大学组织讨论班系统研究几何概率与凸几何的联系。一系列的研究论文以《积分几何》为标题发表, 积分几何随之建立。陈省身先生将 Blaschke 在三维空间中关于凸体的基本运动公式推广到高维空间中的一般区域, 并且率先研究齐性空间的积分几何。他受 Blaschke 数学思想的影响, 也深刻理解数学抽象性的重要, 终成一代数学大师。

作者深入浅出, 将讨论的几何对象限制在凸体中。在用对称化方法圆满解决了经典的等周问题之后, 作者进一步用该方法证明了等周不等式的重要推广 —— Brunn-Minkowski 不等式。从而此书成为凸几何中 Brunn-Minkowski 理论的奠基之作。

著名数学家苏步青先生在 20 世纪 80 年代将此书翻译成中文, 率先将凸几何引入中国。早年阅读中文译本, 受益巨大。此书也是目前为止, 唯一的专门介绍凸几何的中文书。这本讨论等周问题和介绍对称化方法的经典著作是了解凸几何的难得的好书。中文译本的新版添加了参考文献和对书中内容的若干评注。目的是引导读者了解等周问题以及凸几何的进一步发展和前沿课题。

张高勇

2014 年10 月

译者序

1956 年冬天, 译者在东柏林首次见到了本书著者 W. Blaschke 教授 (1885—1962), 从他那里收到这部增补新版的赠书, 使我回想起当年自己阅读同书旧版而从此走上专攻几何的过程。译者曾向 Blaschke 教授表示, 要把它翻译成中文, 以供我国大学数学系学生和研究生参考之用。时间又过了 28 年, 其间包括十年动乱。1984 年初, 译者为上海市部分中学数学教师开讲习班, 曾将本书前两章摘译下来, 作为讲义进行讲授; 同年秋, 又把剩下的三章也翻译出来, 再补上前两章先前未译部分, 整理成现在的译本。

原著行文简练而明晰, 用语严密而易懂。初版是于 1918 年问世的, 其后不久, 曾获得了优秀图书出版奖, 因为它是现代所谓整体微分几何的起源。译者在 20 世纪 20 年代后期的一些研究工作, 从本书获益不浅。Blaschke 教授逝世有年, 不能亲眼看到本书译本的出版, 殊为憾事。译者谨以此中译本作为自己对 Blaschke 教授的缅怀和悼念。

苏步青

1985 年 4 月于上海

前　言

自本教程《圆与球》在第一次世界大战中初次问世以来, 现在 40 年已经流逝了; 这本书以初等方法处理了两种图形的最小性质, 而且进一步涉及凸体的一些性质。这本书好像是对年轻的几何学家们起了刺激性作用似的, 因为这个古老的课题范畴可以追溯到 Archimedes, 而许多新研究却是不断出现了。在这种新论著中, 我首先指出下列几本: T. Bonnesen 和 W. Fenchel, 凸体论 (德文), Ergebnisse der Mathematik, 柏林, Springer 1934 年版; L. Fejes Tóth, 平面上、球面上和空间里的库藏 (德文), Springer-Verlag 1953 年版; A. D. Alexandrow, 凸曲面的内蕴几何 (德文), Akademie-Verlag 柏林 1955 年版, 和特别是 H. Hadwiger, 关于凸体的今昔 (德文), Birkhäuser Verlag 巴塞尔和斯图加特 1955 年版。在最近十年间, 这个分支里的许多新东西被寻找出来了。尽管如此, 我在这旧著的新编组中, 主要还是保留从前的形式, 这是由于它简括地导致了那些思维, 从古希腊出发, 直到德国尤其是通过 J. Steiner, H. A. Schwarz, H. Brunn 和 H. Minkowski 运用了这些思维。但是, 我还通过 1916 年以来发表的论著叙述而将最近的发展考虑进去。

这样, 在第一线处理的是围线圆与球的 “等周的主要性质”, 就是在给定面积和体积之下, 必须具有最小周长和最小表面积的问题。在各项证明中, 都掌握了 Steiner 和 Brunn 的措施, 这些都有直观的优点。自然, 一些观察从此被推导了出来, 以致一般对 “凸体”, 也即对空间里的这种点集 —— 它的两点的连接线段也被包含在内, 仍旧成立。

我今天仍然感谢已故老友、老同事 G. Herglotz, 就在这份论著的写作中也有许多依靠他的地方。

W. Blaschke

1955/56 年冬

目　录

第一部分 圆的极小性质

---

§1. Steiner 的四连杆法

Steiner (实际上 1782 年和华沙 S. Lhuilier 合作) 创造出一种简单作图, 使我们有可能把任何非圆的闭平曲线 K 变成一个等周的、但有较大面积的闭平曲线 K^*. 从这作图可能性立即得出结论: K 不是 "等周" 问题的解, 就是说, 在所有闭平曲线中, 要围成尽可能大的面积. 这样, 除了圆, 没有别的曲线能够具备这性质.

所提的 Steiner 作图称 "四连杆法", 作法如下: 在非圆的 K 上找出这样两点 A 和 B, 使得 K 在 A 和 B 被平分为等长弧 K_1 和 K_2 (图 1). 我们可以适当地选取记法, 以致那两块由 AB 线段界成的面积 F_1 和 F_2 之间成立关系 $F_1 \geqslant F_2$. 现在, 削掉 K_2 这段弧而代之以一条 K_1 关于直线 AB 的对称弧 K_2'. 这样, 由 K_1 和 K_2' 组成的闭曲线 K' 关于轴 AB 是对称的, 而且显然和 K 有同一周长. 两块面积

$$F = F_1 + F_2 \quad 和 \quad F' = 2F_1$$

之间成立关系

$$F \leqslant F'.$$

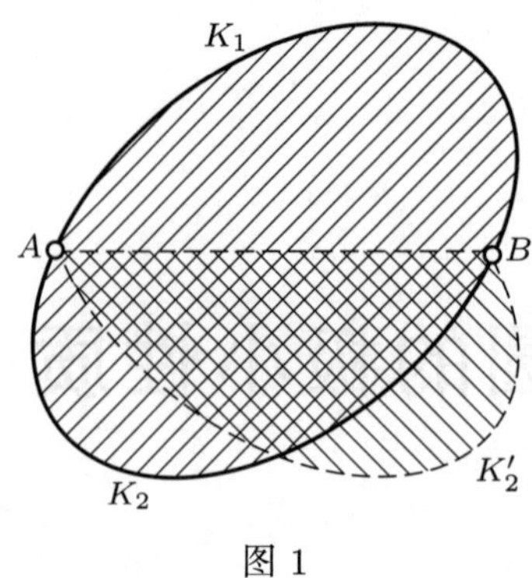

图 1

可是我们还不能就此得出结论, 因为等式可能要成立. 我们首先指出: K 根据假设原来不是圆. 所以我们可以这样选取分点 A 和 B, 使得部分弧 K_1 和 K_2 都不是半圆. 因此, K' 也就不是圆了.

于是我们在对称曲线 K' 上可以如此选出不同于 A 和 B 的一点 C, 使三角形 ABC 在 C 的角 γ 不是直角. 设 D 为 C 关于直线 AB 的对称点. 如果从 K' 所围成的面积割开四边形 $ACBD$, 那么留下了如图 2 所示的阴影 "半月形" 四块. 我们把这四块半月形看作被粘贴在硬纸板上的, 而且在四角处 $ACBD$ 都被配上铆钉的连杆. 这样, 每块的外境界是 K' 的部分弧, 内境界则是四边形的一边. 这样, 我们获得了 "四连杆".

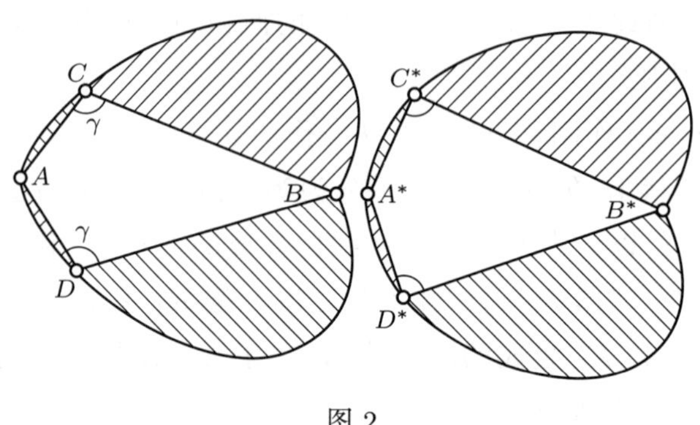

图 2

现在, 把这个四连杆变动为 $A^*C^*B^*D^*$, 使新四边形在 C^* 和 D^* 都构成直角. 这样得来的新四边形的对称外围曲线 K^* 就是所求的. 实际上, K^* 的全周是由四部分连成的曲线, 而且各弧和 K' 的对应弧等同. 所以 K^* 是和 K', K 等周的. 至于 K^* 和 K' 的面积 F^* 和 F' 则不相等, 它们之差因为各半月形始终不变而等于两个四边形 $A^*C^*B^*D^*$ 和 $ACBD$ 的面积 Φ^* 和 Φ 之

差,

$$F^* - F' = \Phi^* - \Phi.$$

设 a 和 b 为三角形 ABC 的两角 A 和 B 的对边, 而且 γ 是 C 角, 那么

$$\Phi^* - \Phi = ab(1 - \sin\gamma) > 0.$$

因此, $F^* > F'$, 于是

$$F^* > F,$$

就是说, K^* 的面积确实大于 K 的面积.

§2. 存 在 问 题

据上所述, 关于其中所引用的一些概念, 如: "闭平曲线"、"弧长" 和 "面积", 都被看作为全无限制的东西 (对此, 即将予以考虑), 这姑且不论, 是不是通过 Steiner 的做法实际上完成了圆的等周性质的证明呢? 重复地讲, 我们已经阐明了的是: 如果 K 是一条闭平曲线, 但不是圆, 那么我们一定可作一条闭平曲线 K^*, 使它有等周而较大的面积. 因此, K 不能是等周问题的解.

假如在等周的所有闭平曲线中存在这样一条, 它的面积 $\geqslant$ 其他各条的面积, 那么它必须是一个圆.

可是所提问题的这样一个解事实上存在着 —— 这个假设从头就被我们看作为自明的. 但是, 经过深入的探讨, 问题的主要难点就在于此.

凡具有一定周长 L 的闭平曲线, 它的面积 F 是在有限的界限之下的, 比方说:

$$F < L^2.$$

对此不等式不在这里详述而将在下文 (§5) 加以回顾. 所有数 F 的集合, 也就是具有周长 L 的所有曲线的面积的集合简称为 "有界" 集合. 为了避免引起误解, 许多数学家也使用 "界限" 的称呼. 如 B. Bolzano 早在 1817 年就知道了的① 术语那样, 人们称大于所有 F 的任何数, 例如 L^2, 为一个 "界限", 其中必有一个最小的, 称为所有数 F 的上界.

① "Rein analytische Beweis, dass zwischenje zwei Werten, die ein entgegengesetztes Resultat gewähren, wenigstens eine reelle Wurzel der Gleichung liege" (41 页以降). 关于实数理论可参照 O. Hölder, Die Arithmetik in strenger Begründung, Leipzig 1914.

例如, 我们取数列

$$\frac{1}{2}, \frac{2}{3}, \frac{3}{4}, \frac{4}{5}, \cdots,$$

便知道它是以 1 为上界的. 从这个例子已经看出, 在一个有界的无穷集合中不一定包括上界, 也就是说, 一个有界的无穷集合不一定包含一个最大数.

因此, 我们必须证明: 在所有数 F 的集合中存在一个最大数 F_0, 然后通过四连杆法才能完全证明圆的极大性质.

Steiner 对存在问题的立场起因于他的论文的不明确. Geiser 在其对 Steiner 的非常值得一读的追悼演讲[①] 中说过, 他或许可以说是一个思考多端的奇人, 以致 Dirichlet 尝试说服 Steiner 去认识所作结论的缺陷而以失败告终. 尽管这样, Steiner 有过某些踌躇不安, 也就是大概由于他把存在性看作自明的缘故吧, 他在某处曾这样写道: "⋯⋯, 而实际上, 如果假定必有一个最大的图形存在, 那么证明就会变为非常简短的了."[②]

后来, 人们把这些和存在证明相对立的困难看作为不可克服, 而且 Weierstrass 首次在他的 19 世纪 70 年代在柏林大学所作的讲义中, 应用自己引进于变分法的一般方法, 以严密地奠定圆的极大性质的基础.

在这里, 我们却把证明移到另一途径去, 就是: 先集中力量去对付多角形, 用以代替任意闭曲线, 然后通过多角形来逼近曲线. 这个证法就是关于多角形等周性质的预测法, 是属于古代研究这个问题的工作, 即古希腊人 Zenodor 大约公元前 150 年的著书: $\pi\varepsilon\rho\grave{\iota}\grave{\iota}\sigma o\pi\varepsilon\rho\iota - \mu\acute{\varepsilon}\tau\rho\omega\nu\ \sigma\chi\eta\mu\acute{\alpha}\tau\omega\nu$.

这样, 不用变分法, 也不用高等分析法, 而单靠 Steiner 的四连杆法, 便可圆满达到目的. 为了多角形的场合的存在证明, 我们需要用到关于连续函数的 Weierstrass 存在定理, 而对此将在所讨论的特殊情况下委细地给予奠基 (§5). 以后, 我们还要阐明如何放弃这个方法而可以把多角形存在证明归结到初等基础去 (§6).

§3. 多角形的面积

在平面上设立直角坐标系. 设 O 是坐标原点, T_1, T_2 是坐标为 (x_1, y_1),

[①] C. F. Geiser: Zur Erinnerung an J. Steiner, Zürich 1874.

[②] 论文全集 II, 197 页. 注记.

(x_2, y_2) 的两点①. 我们定义三角形 OT_1T_2 的面积公式为

$$\text{面积}\ \{OT_1T_2\} = \frac{1}{2}(x_1y_2 - y_1x_2).$$

如人们容易验算的那样, 这个表达式对于坐标系的旋转

$$x = x^* \cos\varphi - y^* \sin\varphi,$$
$$y = x^* \sin\varphi + y^* \cos\varphi$$

是不变的:

$$x_1y_2 - y_1x_2 = x_1^*y_2^* - y_1^*x_2^*,$$

而且在特殊位置下, 比方当 T_1 落在 x 轴上时, 我们知道这个表达式的几何意义. 当顶点 OT_1T_2 具有正回转方向时 (图 3a), 所定义的面积是正的, 而当 OT_1T_2 具有负回转方向时 (图 3b), 它则是负的.

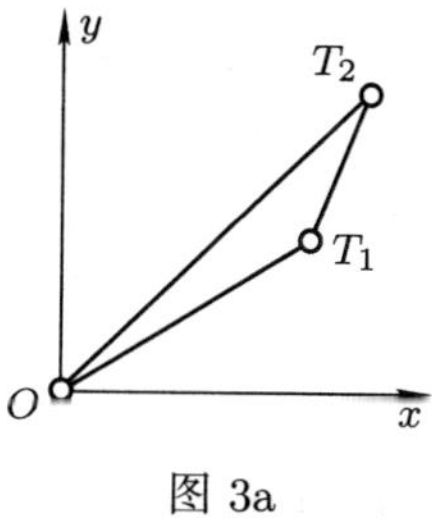

图 3a

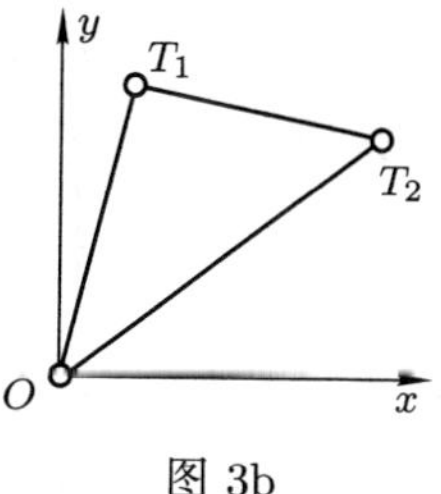

图 3b

现在我们取有限个分别以 $(x_1, y_1), (x_2, y_2), \cdots, (x_{n+1}, y_{n+1})$ 为坐标的点. 以 $OT_1T_2\cdots T_{n+1}$ 为顶点的多角形的面积是指各三角形面积的总和:

$$\begin{aligned}\text{面积}\ \{OT_1T_2\cdots T_{n+1}\} &= \text{面积}\ \{OT_1T_2\} + \text{面积}\ \{OT_2T_3\} + \cdots + \text{面积}\ \{OT_nT_{n+1}\} \\ &= \frac{1}{2}\sum_{k=1}^{n}(x_ky_{k+1} - y_kx_{k+1}).\end{aligned}$$

我们现在特别假定 T_{n+1} 与 T_1 相合致 $(x_{n+1} = x_1, y_{n+1} = y_1)$. 那么, 这个面积和坐标原点 O 的选择没有关系. 因为, 当我们令

$$\begin{cases} x_k = x_k^* + \xi, \\ y_k = y_k^* + \eta \end{cases}$$

①这里 "点" 意味着 *Euclid* 空间里的实点而且是真正 (即在有限处的) 点. 无限远点和虚点的引进, 在这里并不起作用.

时, 便有

$$\sum_{k=1}^{n}(x_k y_{k+1} - y_k x_{k+1}) = \sum_{k=1}^{n}(x_k^* y_{k+1}^* - y_k^* x_{k+1}^*) + \xi\sum_{k=1}^{n}(y_{k+1}^* - y_k^*) - \eta\sum_{k=1}^{n}(x_{k+1}^* - x_k^*)$$

而且最后两和式由于 T_{n+1} 与 T_1 的一致而消失了. 因此, 我们将这个表达式定义为以 $T_1T_2\cdots T_n$ 为顶点的多角形的面积. 标志如下:

$$\text{面积}\ \{OT_1T_2\cdots T_nT_1\} = \text{面积}\ \{T_1T_2\cdots T_nT_1\} = \frac{1}{2}\sum_{k=1}^{n}(x_k y_{k+1} - y_k x_{k+1}). \tag{1}$$

这里, 多角形是指有限个数 n 的点 $T_1, T_2, \cdots, T_n, T_{n+1} = T_1$, 而这些点不一定是互异的, 但必须是在循环顺序下排成的.

如果实施坐标系的上述两种变换, 即旋转与平移, 我们便可看出: 每一同向的坐标变换

$$\begin{cases} x = x^* \cos\varphi - y^* \sin\varphi + \xi, \\ y = x^* \sin\varphi + y^* \cos\varphi + \eta \end{cases} \tag{2}$$

必使面积的表达式保留着或仍旧不变.

我们对公式 (2) 作别样解释, 就是在固定的坐标架下对所论多角形的一个运动

$$T_1T_2\cdots T_n \to T_1^*T_2^*\cdots T_n^*.$$

于是我们看出: 两个同向而等同的多角形有相等的面积. 如果改变一个坐标的符号, 同样可见: 两个异向而等同的多角形, 尤其是两个对称多角形, 有相等而异符号的面积.

另一个来自我们的面积公式的推论曾经是这样: 如果改变多角形的前进方向, 那么面积便改变符号:

$$\text{面积}\ \{T_1T_2\cdots T_nT_1\} + \text{面积}\ \{T_1T_n\cdots T_2T_1\} = 0,$$

可是对各顶点在保持原有的循环顺序下的改变并没有什么意义:

$$\text{面积}\ \{T_1T_2\cdots T_nT_1\} - \text{面积}\ \{T_2T_3\cdots T_1T_2\} = 0.$$

如果两个多角形具有一个共同的而顺序相反的顶点连续序列, 那么, 如上述公式 (1) 所示，我们很简单地把它们的面积加起来. 例如 (参照图 4) 成立

$$\text{面积}\ \{T_1T_2T_3T_4T_1\} + \text{面积}\ \{T_1T_4T_3T_5T_1\} = \text{面积}\ \{T_1T_2T_3T_5T_1\}.$$

面积的这个加法性质显示了与符号有关的约定的适合性, 它在四连杆法中起着重要的作用.

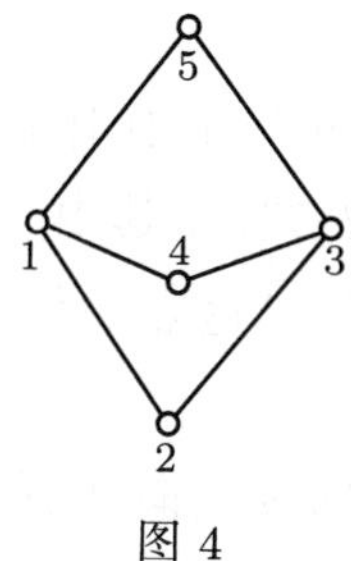

图 4

根据定义, 面积可以是正的, 也可以是负的, 但是多角形的周长总是被取作为正的:

$$\text{周长}\ \{T_1T_2\cdots T_nT_1\} = \sum_{k=1}^{n} \overline{T_kT_{k+1}},$$

式中, 边长在计算里总是看作为正数.

§4. 四连杆法对于多角形的应用

我们现在提出下列课题: 决定一个已定偶数 n ($n = 6, 8, 10, \cdots$) 个顶点而具有定周长的等边多角形, 使其面积为极大.

当一个等边多角形的顶点都在一个圆上而且在圆的一次回旋中按顺序仅一次回旋时, 称它为正多角形. 我们根据在 §1 应用过的方法有可能证明: 只有正 (正向回转的) 多角形才能成为上述课题的解.

就是说, 任何别样的等边 n 角形经过四连杆法有可能使它的面积在保持边长下扩大. 为了有一个摆在眼前的具体例子, 比方我们假设 $n = 6$ (图 5). 让我们这样对顶点编号码 (当然, 只有回旋方向是已定的, 但定哪一顶点为 T_1 还是自由), 使得成立关系:

$$\text{面积}\ \{T_1T_2T_3T_4T_1\} \geqslant \text{面积}\ \{T_4T_5T_6T_1T_4\}.$$

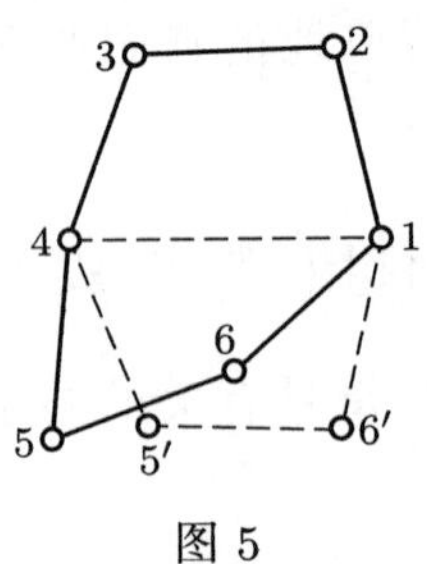

图 5

现在, 我们把所论的等边六角形 V 换作新六角形 V', 后者关于连线 T_1T_4 是对称的. 设其顶点为 $T_1T_2T_3T_4T_5'T_6'$, 其中, T_5' 与 T_6' 分别对称于 T_3 与 T_2. (在 T_1 与 T_4 合致的特殊场合下, 过这点的任何直线可以看为连线而且用作 V' 的对称轴.)

注意到符号在反射下和在回旋方向变更下的改变, 我们便有:

$$\begin{aligned}\text{面积}\ \{T_1T_2T_3T_4T_1\} &= -\text{面积}\ \{T_1T_6'T_5'T_4T_1\}\\ &= \text{面积}\ \{T_1T_4T_5'T_6'T_1\}.\end{aligned}$$

又从面积的加法性质得知

$$\text{面积}\ \{T_1T_2T_3T_4T_1\} + \text{面积}\ \{T_1T_4T_5'T_6'T_1\} = \text{面积}\ \{V'\}.$$

而且从前面的不等式便看出

$$\text{面积}\ \{V\} \leqslant \text{面积}\ \{V'\}.$$

可是显然成立

$$\text{周长}\ \{V\} = \text{周长}\ \{V'\}.$$

我们在线段 T_1T_4 上引圆而且假定 T_2 不在这个半圆上; 这里 T_2 就是从 T_1 向正方向回旋而到达的点. 换言之, 有向线段 $\overrightarrow{T_1T_2}$ 和 $\overrightarrow{T_2T_4}$ 不构成正直角. 这样一来, 只要在 $T_1T_2T_4T_6'$ 上作连杆, 就可应用四连杆法了.

如同在 §1 叙述过的方式一样, 我们在面积的加法性质的基础上断定: 人们从 V' 经过四连杆过程而得来的六角形 V^*, 也就是 $\overrightarrow{T_1^*T_2^*}$ 和 $\overrightarrow{T_2^*T_4^*}$ 在 T_2^* 构成直角的六角形比 V' 有较大的面积. 这样, 我们有

$$\begin{aligned}&\text{面积}\ \{V\} \leqslant \text{面积}\ \{V'\} < \text{面积}\ \{V^*\},\\ &\text{周长}\ \{V\} = \text{周长}\ \{V'\} = \text{周长}\ \{V^*\},\end{aligned}$$

因此, V 不能是所论极大问题的解.

什么时候不能应用这个四连杆法呢? 那只限于: 当 T_2 和 T_3 都不在那个从 T_1 向 T_4 以正向回旋的半圆上时. 我们的扩大过程将失去效用, 当且仅当首先每对对顶点的连线 $(T_1,T_4;T_2,T_5;T_3,T_6)$ 平分面积而且此外所有的顶点都在一个圆上并要有正回旋方向的时候. 可是, 这样一来, 六角形是正的了. 同一结论对于任何偶数 n 都成立.

因此, 我们推导了所主张的结果.

§5. 多角形的存在证明

为了彻底证明正 n 角形是 §4 的课题的解, 我们还必须在 §2 中反复树立的基础上作出存在性证明: *在所有等周长 Λ 的等边 n 角形中, 一定存在这样一个多角形, 它的面积 $\geqslant$ 其他任何多角形的面积.*

首先我们按照极粗糙的估值容易判断: *所有这类可容许的 n 角形的面积都在有限的界限 $\Lambda^2:4$ 之下.*

实际上, 我们把一个顶点 T_1 放到 O. 那么各距离 $\overline{OT_k}\leqslant\Lambda:2$, 这是由于: O 与 T_k 是由两条折线连接着而且两条的长之和等于 Λ; 从而总有一条的长 $\leqslant\Lambda:2$; 此外, 三角形两边之和大于第三边, 所以连接线段 $\overline{OT_k}$ 的长也是 $\leqslant\Lambda:2$. 又因为 $\overline{T_kT_{k+1}}=\Lambda:n$, 所以有

$$|\text{三角形面积 }\{OT_kT_{k+1}\}|<\frac{1}{4n}\Lambda^2.$$

另一方面, 由于

$$|\Phi|=|\text{面积 }\{T_1T_2\cdots T_nT_1\}|<n\cdot\text{最大}\mid\text{面积 }\{OT_kT_{k+1}\}|,$$

所以我们得到上述估值

$$|\Phi|<\frac{1}{4}\Lambda^2, \qquad (*)$$

而且还可不费力地把它精密化①.

由此可知, 所有可容许的多角形的面积 Φ 构成一个有界集合, 从而它有一个最小的上界限或 "上界" Φ_0, 并且我们仅需证明, 这个集合至少有一个可容许的多角形, 面积恰恰是这值 Φ_0. 为此, 进行证明如下:

①如所知, $|\Phi|$ 表示一个正数而且按照 $\Phi>0$ 或 <0 而等于 Φ 或 $-\Phi$.

因为在可容许的多角形中存在这样一些多角形, 使各个面积与上界 $\varPhi_0$ 相差任意小量, 所以我们可作可容许多角形 $V_1, V_2, V_3, \cdots$ 的序列, 使得它们的面积 $\varPhi_1, \varPhi_2, \varPhi_3, \cdots$ 随着脚标 k 的无限增大而无限靠近数值 $\varPhi_0$, 或者用公式表达时, 便有

$$\lim_{k\to\infty} \varPhi_k = \varPhi_0.$$

这里, 我们通过适当的平移而达到所有这些多角形 $V_1, V_2, V_3, \cdots$ 都有一个公共顶点 O 的目的.

我们将阐明, 从这多角形序列 $V_1, V_2, V_3, \cdots$ 可以选出多角形的一个子序列使它收敛于一个以 $\varPhi_0$ 为面积的可容许多角形.

为此, 设 n 角形 V_k 的顶点都从 O 出发且在正回旋顺序下的顶点表示为 $O = T_{k1}, T_{k2}, \cdots, T_{kn}$. 无限点集 $T_{12}, T_{22}, T_{32}, \cdots$ 全落在中心 O 和直径 $\varLambda$ 的圆内, 所以必然至少有一个凝聚点 T_{02}, 就是在这点的任意近处必有点集的无限多点存在, 这里 T_{02} 可以属于, 也可以不属于点集 $T_{12}, T_{22}, T_{32}, \cdots$. 接着, 我们从多角形序列 $V_1, V_2, V_3, \cdots$ 选出这样的子序列, 使属于这个子序列的顶点 T_{k2} 有唯一的凝聚点 T_{02}, 从而如经常所说, 收敛于 T_{02}. 为了不使记号复杂化, 对所选出的 $V_1, V_2, V_3, \cdots$ 的子序列仍旧用 $V_1, V_2, V_3, \cdots$ 来表达, 只要当作从原先序列删掉不需要的多角形 V 就可以了. 新序列的顶点 $T_{13}, T_{23}, T_{33}, \cdots$ 仍旧落在中心 O 和直径 $\varLambda$ 的圆内, 从而也有一个凝聚点 T_{03} 而且通过适当删抹仍旧这样把事情正规化, 以致仅有一个凝聚点. 把这个删抹方法重复进行 $n-1$ 次后, 我们最后得到一个多角形序列 $V_1, V_2, V_3, \cdots$, 它具有性质: 每个点列 $T_{1k}, T_{2k}, T_{3k}, \cdots$ 都有唯一的凝聚点 T_{0k}:

$$\lim_{j\to\infty} T_{jk} = T_{0k}, \quad k = 1, 2, \cdots, n.$$

这个以 $T_{01}, T_{02}, \cdots, T_{0n}$ 为顶点的极限多角形 V_0 充当了我们所求的多角形. 实际上, 从

$$\overline{T_{jk}T_{jk+1}} = \varLambda : n$$

得出

$$\overline{T_{0k}T_{0k+1}} = \varLambda : n$$

也成立, 就是说, V_0 也是等边而且有周长 $\varLambda$.

现在, 我们还须从

$$\lim_{j\to\infty} \varPhi_j = \varPhi_0$$

导出: V_0 具有面积 $\varPhi_0$. 对于每个 (任意小) 正数 ε, 我们总是可以这样挑选一个自然数 N, 使得所有距离 $\overline{T_{jk}T_{0k}} < \varepsilon$, 只要是 $k = 1, 2, 3, \cdots, n$ 而且所有 $j > N$. 设 $\varPhi_0^*$ 是 V_0 的面积, $\varPhi_j$ 是 V_j 的面积, 那么我们有下列公式

$$\varPhi_0^* = \frac{1}{2}\sum_{k=1}^{n}(x_{0k}y_{0k+1} - y_{0k}x_{0k+1}),$$

$$\varPhi_j = \frac{1}{2}\sum_{k=1}^{n}(x_{jk}y_{jk+1} - y_{jk}x_{jk+1}).$$

通过减法和两项相抵消的插入法, 便有

$$\varPhi_0^* - \varPhi_j = \frac{1}{2}\sum_{k=1}^{n}\left\{\begin{array}{l} +(x_{0k}y_{0k+1} - y_{0k}x_{0k+1}) \\ \quad -(x_{0k}y_{jk+1} - y_{0k}x_{jk+1}) \\ +(x_{0k}y_{jk+1} - y_{0k}x_{jk+1}) \\ \quad -(x_{jk}y_{jk+1} - y_{jk}x_{jk+1}) \end{array}\right\}.$$

如果注意到

$$|x_j| < \frac{1}{2}\varLambda, \quad |y_j| < \frac{1}{2}\varLambda,$$

$$|x_{0k} - x_{jk}| < \varepsilon, \quad |y_{0k} - y_{jk}| < \varepsilon,$$

我们就得出

$$|\varPhi_0^* - \varPhi_j| < n\varLambda\varepsilon.$$

从此得到所求的结果

$$\varPhi^* = \lim_{j\to\infty} \varPhi_j = \varPhi_0.$$

所以 V_0 属于可容许多角形而且具有面积 $\varPhi_0$. 这样, 完成了上述的存在证明.

上述的证明无非是从

$$V_0 = \lim_{j\to\infty} V_j$$

导出

$$面积\ \{V_0\} = \lim_{j\to\infty}\ 面积\ \{V_j\}$$

或者, 也可写成:

$$面积\ \lim_{j\to\infty}\{V_j\} = \lim_{j\to\infty}\ 面积\ \{V_j\},$$

而证明的根据在于, 面积是顶点各坐标的连续函数. 我们就这样在所论的特例中找到了著名定理的验证: 对于一个连续函数来说, 极限记号和函数记号是可交换的.

我们这里彻底证明了的事实, 是 Weierstrass 关于单变量的连续函数的存在定理在上述特殊场合的内容, 而这个存在定理可以表达如下: 如果一个函数在一条包括两端点在内的线段上是连续的, 那么它一定取到其最大值和最小值.

按照 §4 和本节的结果, 我们完全证明下列定理:

设 $\varPhi$ 为一个有偶数边的等边非正多角形的面积, $\varPhi_0$ 为等周长和同边数的正回旋的正多角形的面积, 那么成立

$$\varPhi < \varPhi_0.$$

当然, 对多角形添上偶数边和顶点这一限制完全不是主要的并且以后将被取消掉.

在本节里我们应用了极限过程, 从而跳出了初等数学的范围, 目的是为了后来在空间几何里将作出类似的发展. 如同在下一节即将叙述的一样, 不仅是上述的一些推导并不需要高等方法, 我们还将再度用初等方法推导同一结果.

§6. 等边多角形和三角法的表示式①

用几何方法导出的关于等边多角形的结果, 现在还可以用计算来推导, 而其实是不用任何极限过程, 只凭完全初等方式进行的. 为此, 我们将采用 (有限) 三角法的表示式, 即如下形式的表示式:

$$\begin{aligned}f(\varphi) = c_0 + c_1\cos\varphi + c_2\cos 2\varphi + \cdots + c_m\cos m\varphi\\ +c_1^*\sin\varphi + c_2^*\sin 2\varphi + \cdots + c_m^*\sin m\varphi.\end{aligned}$$

我们要使 φ 取等距值

$$\varphi = \frac{2\pi}{n}, 2\frac{2\pi}{n}, 3\frac{2\pi}{n}, \cdots, n\frac{2\pi}{n}$$

而且记 $f(\varphi)$ 的对应值为

$$f(\varphi) = z_1, z_2, z_3, \cdots, z_n.$$

①可以不读.

首先假定 n 是奇数而且两自然数 m 和 n 之间成立关系

$$n = 2m + 1,$$

那么 z 的个数等于系数 c 的个数. 把这些 z 写出来, 就得到关于 n 个未知数 c 的 n 个线性方程

$$z_p = c_0 + \sum_{k=1}^{m} \left(c_k \cos kp\frac{2\pi}{n} + c_k^* \sin kp\frac{2\pi}{n} \right), \quad p = 1, 2, 3, \cdots, n. \tag{1}$$

这个方程组的行列式是由其第 p 列的元素

$$1, \cos 1p\frac{2\pi}{n}, \cos 2p\frac{2\pi}{n}, \cdots, \cos mp\frac{2\pi}{n};$$
$$\sin 1p\frac{2\pi}{n}, \sin 2p\frac{2\pi}{n}, \cdots, \sin mp\frac{2\pi}{n}$$

构成的, 如果能证明这行列式不等于零, 那么这就等于证明: 这个方程组有一个而且只有一个关于各系数 c 的解. 我们把这行列式和它本身按列相乘, 便由此得知, 乘积行列式只有主对角线上的元素不等于零.

实际上, 我们即将证明, 首先成立下列方程:

$$\sum_{p=1}^{n} \cos kp\frac{2\pi}{n} = 0, \quad k = 1, 2, \cdots, m. \tag{2}$$

最方便的是, 按照 L. Euler 公式

$$e^{i\omega} = \cos\omega + i\sin\omega \quad (i^2 = -1)$$

进行对 (2) 的证明, 令

$$\varepsilon = e^{ik\frac{2\pi}{n}},$$

就有

$$\varepsilon^n = 1. \tag{3}$$

另一方面, 我们有

$$\sum_{p=1}^{n} \cos kp\frac{2\pi}{n} = R\sum_{p=1}^{n} \varepsilon^p,$$

其中, $R(\alpha + i\beta) = \alpha$ 表示实部分. 可是成立关于几何级数的总和公式

$$\sum_{p=1}^{n} \varepsilon^p = \varepsilon\frac{1 - \varepsilon^n}{1 - \varepsilon} \tag{4}$$

而且按照 (3) 必等于零. 这样, 证完了 (2). 同样, 如果我们观察所述几何级数的虚部分, 便得到

$$\sum_{p=1}^{n}\sin kp\frac{2\pi}{n}=0,\quad k=1,2,\cdots,m. \tag{5}$$

公式 (2) 和 (5) 还有更广泛的成立范围: 只要 (4) 中的分母 $1-\varepsilon$ 不是零, 也就是 k 非 n 的倍数, 对它的推导仍旧有效.

在乘积行列式的元素中, 还出现了别的总和式, 可是它们通过加法定理

$$\begin{aligned}\cos(\alpha+\beta)&=\cos\alpha\cos\beta-\sin\alpha\sin\beta,\\ \sin(\alpha+\beta)&=\sin\alpha\cos\beta+\cos\alpha\sin\beta\end{aligned} \tag{6}$$

都可归纳到总和式 (2) 和 (5).

实际上, 从 (6) 得

$$\begin{aligned}\cos kp\frac{2\pi}{n}\cos lp\frac{2\pi}{n}&=\frac{1}{2}\left\{+\cos(k+l)p\frac{2\pi}{n}+\cos(k-l)p\frac{2\pi}{n}\right\},\\ \cos kp\frac{2\pi}{n}\sin lp\frac{2\pi}{n}&=\frac{1}{2}\left\{+\sin(k+l)p\frac{2\pi}{n}-\sin(k-l)p\frac{2\pi}{n}\right\},\\ \sin kp\frac{2\pi}{n}\sin lp\frac{2\pi}{n}&=\frac{1}{2}\left\{-\cos(k+l)p\frac{2\pi}{n}+\cos(k-l)p\frac{2\pi}{n}\right\}.\end{aligned} \tag{7}$$

所以按照 (2) 和 (5) 得知

$$\begin{cases}\displaystyle\sum_{p=1}^{n}\cos kp\frac{2\pi}{n}\cos lp\frac{2\pi}{n}=\begin{cases}0, & k\neq l,\\ \dfrac{n}{2}, & k=l,\end{cases}\\ \displaystyle\sum_{p=1}^{n}\cos kp\frac{2\pi}{n}\sin lp\frac{2\pi}{n}=0,\\ \displaystyle\sum_{p=1}^{n}\sin kp\frac{2\pi}{n}\sin lp\frac{2\pi}{n}=\begin{cases}0, & k\neq l,\\ \dfrac{n}{2}, & k=l.\end{cases}\end{cases} \tag{8}$$

式中, k 和 l 取值 $1,2,3,\cdots,m$.

这样一来, 在乘积行列式中, 事实上, 只有主对角线上的元素不是零, 而实际等于 n 或 $n:2$. 因此, 方程组 (1) 的行列式平方等于这些元素的乘积, 于是不等于零. 从而存在关于 c 的唯一一组解. 所述的公式 (2), (5), (8) 使我们

容易获得这组解 —— 这些以后没有用处. 这样, 我们得到

$$\left\{\begin{aligned} c_0 &= \frac{1}{n}\sum_{p=1}^{n} z_p, \\ c_k &= \frac{2}{n}\sum_{p=1}^{n} z_p \cos kp\frac{2\pi}{p}, \\ c_k^* &= \frac{2}{n}\sum_{p=1}^{n} z_p \sin kp\frac{2\pi}{p}, \end{aligned}\right\} \quad k = 1, 2, \cdots, m. \tag{9}$$

公式 (1) 的内容是所谓将一些 c 和一些 z 联系起来的线性置换. 置换系数表格或者人们称为矩阵的是:

$$\left\| \begin{array}{l} 1; \cos 1\cdot 1\cdot\frac{2\pi}{n}, \sin 1\cdot 1\cdot\frac{2\pi}{n}; \cos 2\cdot 1\cdot\frac{2\pi}{n}, \sin 2\cdot 1\cdot\frac{2\pi}{n}; \\ \qquad\qquad \cdots \cos m\cdot 1\cdot\frac{2\pi}{n}, \sin m\cdot 1\cdot\frac{2\pi}{n} \\ 1; \cos 1\cdot 2\cdot\frac{2\pi}{n}, \sin 1\cdot 2\cdot\frac{2\pi}{n}; \cos 2\cdot 2\cdot\frac{2\pi}{n}; \sin 2\cdot 2\cdot\frac{2\pi}{n}; \\ \qquad\qquad \cdots \cos m\cdot 2\cdot\frac{2\pi}{n}, \sin m\cdot 2\cdot\frac{2\pi}{n} \\ \quad\vdots \qquad\quad \vdots \qquad\qquad \vdots \qquad\quad \vdots \\ 1; \cos 1\cdot n\cdot\frac{2\pi}{n}, \sin 1\cdot n\cdot\frac{2\pi}{n}; \cos 2\cdot n\cdot\frac{2\pi}{n}, \sin 2\cdot n\cdot\frac{2\pi}{n}; \\ \qquad\qquad \cdots \cos m\cdot n\cdot\frac{2\pi}{n}, \sin m\cdot n\cdot\frac{2\pi}{n} \end{array} \right\|$$

公式 (2), (5), (8) 中所包括的各系数之间的关系可用语言表达如下: 当我们把系数矩阵的各列和它本身组合起来时, 结果不等于零 (即等于 n 或 $n:2$), 而当把两个异列组合起来时, 总是等于零. 实质上, 这就是所谓正交矩阵的特征.

如果作 z 的平方和, 那么我们按照正交性特点 (2), (5), (8) 便得出所有的基本公式如下:

$$\boxed{\frac{1}{n}\sum_{p=1}^{n} z_p^2 = c_0^2 + \frac{1}{2}\sum_{k=1}^{m}(c_k^2 + c_k^{*2})}. \tag{10}$$

这个恒等关系也是置换 (1) 成为正交的特征, 因为我们不难从 (10) 反过来推出正交关系式 (2), (5), (8) 的成立.

从 (10) 还可以推导一个更一般的公式, 其上包含两个不同的数列. 令

$$z_p = c_0 + \sum_{k=1}^{m}\left(c_k \cos kp\frac{2\pi}{n} + c_k^* \sin kp\frac{2\pi}{n}\right),$$
$$\zeta_p = \gamma_0 + \sum_{k=1}^{m}\left(\gamma_k \cos kp\frac{2\pi}{n} + \gamma_k^* \sin kp\frac{2\pi}{n}\right),$$

而且应用公式 (10) 到 $z_0 + \lambda\zeta_p$, 那么通过对 λ 的一次项的比较, 我们便有

$$\boxed{\frac{1}{n}\sum_{p=j}^{n} z_p\zeta_p = c_0\gamma_0 + \frac{1}{2}\sum_{k=1}^{m}(c_k\gamma_k + c_k^*\gamma_k^*)}. \tag{10*}$$

当 n 是偶数 $n = 2m$ 时, 这些公式将变为别种公式.

这时, 我们令

$$z_p = c_0 + c_1\cos p\frac{\pi}{m} + c_2\cos 2p\frac{\pi}{m} + \cdots + c_{m-1}\cos(m-1)p\frac{\pi}{m} + c_m\cos mp\frac{\pi}{m}$$
$$+c_1^*\sin p\frac{\pi}{m} + c_2^*\sin 2p\frac{\pi}{m} + \cdots + c_{m-1}^*\sin(m-1)p\frac{\pi}{m}.$$

这样, z 的个数 n 仍旧和系数 c 的个数相等. 方程 (2) 和 (5) 成立如前, 但公式 (8) 则需少量的改变, 那就是

$$\sum_{p=1}^{n}\cos kp\frac{\pi}{m}\cos kp\frac{\pi}{m} = \begin{cases} m, & k < m, \\ n, & k = m. \end{cases} \tag{8'}$$

从而, 现在代 (10*) 而成立新公式

$$\boxed{\frac{1}{n}\sum_{p=1}^{n} z_p\zeta_p = c_0\gamma_0 + c_m\gamma_m + \frac{1}{2}\sum_{k=1}^{m-1}(c_k\gamma_k + c_k^*\gamma_k^*)}. \tag{10'}$$

我们现在必须应用所获得的公式到多角形去. 先假设顶点 x_p, y_p $(p = 1, 2, \cdots, n)$ 的个数 n 是奇数. 那么, 如同上面证明的那样, 我们可选取系数 a 和 b 使各坐标被表示为

$$\begin{cases} x_p = a_0 + \displaystyle\sum_{k=1}^{m}\left(a_k\cos kp\frac{2\pi}{n} + a_k^*\sin kp\frac{2\pi}{n}\right), \\ y_p = b_0 + \displaystyle\sum_{k=1}^{m}\left(b_k\cos kp\frac{2\pi}{n} + b_k^*\sin kp\frac{2\pi}{n}\right), \end{cases} \quad p = 1, 2, \cdots, n; n = 2m+1. \tag{11}$$

我们将算出多角形的周长和面积由这些常数 a 和 b 所表达的式子.

首先作 $x_{p+1}-x_p$ 而且把它改写成为像 z_p 一样的形式为止. 我们获得

$$
\begin{aligned}
x_{p+1}-x_p=&\sum_{k=1}^{m} a_k\left\{\cos k(p+1)\frac{2\pi}{n}-\cos kp\frac{2\pi}{n}\right\}\\
&+a_k^*\left\{\sin k(p+1)\frac{2\pi}{n}-\sin kp\frac{2\pi}{n}\right\}\\
=&\sum_{k=1}^{m}\left\{a_k\left(\cos k\frac{2\pi}{n}-1\right)+a_k^*\sin k\frac{2\pi}{n}\right\}\cos kp\frac{2\pi}{n}\\
&+\left\{-a_k\sin k\frac{2\pi}{n}+a_k^*\left(\cos k\frac{2\pi}{n}-1\right)\right\}\sin kp\frac{2\pi}{n}.
\end{aligned}
$$

把各花括号里的式子看成公式 (10) 的系数一样而应用相同公式, 结果是:

$$\frac{1}{n}\sum_{p=1}^{n}(x_{p+1}-x_p)^2=\sum_{k=1}^{m}(a_k^2+a_k^{*2})\left(1-\cos k\frac{2\pi}{n}\right).$$

如果交换 x, a 与 y, b, 则有

$$\frac{1}{n}\sum_{p=1}^{n}(y_{p+1}-y_p)^2=\sum_{k=1}^{m}(b_k^2+b_k^{*2})\left(1-\cos k\frac{2\pi}{n}\right),$$

而且通过边边相加,

$$
\begin{aligned}
&\frac{1}{n}\sum_{p=1}^{n}\{(x_{p+1}-x_p)^2+(y_{p+1}-y_p)^2\}\\
=&\sum_{k=1}^{n}(a_k^2+a_k^{*2}+b_k^2+b_k^{*2})2\sin^2 k\frac{\pi}{n}.
\end{aligned}
$$

如果多角形的所有边都等长, 那么这个表示式等于各边的平方, 或者等于 $\Lambda^2 : n^2$, 其中 Λ 表示周长.

这样, 我们获得了一个等边 $(2m+1)$ 角形的周长公式:

$$\boxed{\Lambda^2=n^2\sum_{k=1}^{m}(a_k^2+a_k^{*2}+b_k^2+b_k^{*2})2\sin^2 k\frac{\pi}{n}}. \tag{12}$$

让我们现在来计算面积 Φ! 它是

$$
\begin{aligned}
2\Phi=&\sum_{p=1}^{n}(x_p y_{p+1}-y_p x_{p+1})\\
=&\sum_{p=1}^{n}x_p(y_{p+1}-y_p)-\sum_{p=1}^{n}y_p(x_{p+1}-x_p).
\end{aligned}
$$

把上述的表示式应用到这里来而且对 $y_{p+1}-y_p$ 代进那些通过以 x,a 代 y,b 获得的类似式, 那么两度反复应用公式 (10) 的结果是:

$$\boxed{2\varPhi = n\sum_{k=1}^{n}(a_k b_k^* - b_k a_k^*)\sin k\frac{2\pi}{n}}. \tag{13}$$

在正 n 角形里, 以 R 表示它的外接圆半径, 那么

$$\varLambda = 2nR\sin\frac{\pi}{n},$$
$$\varPhi = nR^2\sin\frac{\pi}{n}\cos\frac{\pi}{n},$$

于是成立关系式

$$\varLambda^2 - 4n\tan\frac{\pi}{n}\cdot\varPhi = 0.$$

如果我们对其他任何等边多角形证明不等式

$$\varLambda^2 - 4n\tan\frac{\pi}{n}\cdot\varPhi > 0,$$

那么正多角形的极小性质就得到证明了.

从上述公式 (12) 和 (13) 并通过简单变形便得到

$$\varLambda^2 - 4n\tan\frac{\pi}{n}\cdot\varPhi = 2n^2\sum_{k=1}^{m}\left\{\begin{aligned}&+\left(a_k\sin k\frac{\pi}{n} - b_k^*\cos k\frac{\pi}{n}\tan\frac{\pi}{n}\right)^2\\&+\left(a_k^*\sin k\frac{\pi}{n} + b_k\cos k\frac{\pi}{n}\tan\frac{\pi}{n}\right)^2\\&+(b_k^2 + b_k^{*2})\cos^2 k\frac{\pi}{n}\left(\tan^2 k\frac{\pi}{n} - \tan^2\frac{\pi}{n}\right)\end{aligned}\right\}. \tag{14}$$

然而, 当 $k=1,2,\cdots,m$ 时,

$$\tan k\frac{\pi}{n} - \tan\frac{\pi}{n} \geqslant 0 \quad (n = 2m+1).$$

上式右边全是非负的各项构成的, 所以事实上, 我们的公式 (14) 已蕴涵了关系式

$$\varLambda^2 - 4n\tan\frac{\pi}{n}\cdot\varPhi \geqslant 0$$

而且只需断定什么时候才成立等号.

首先从第三总和的观察便得知, 在等号成立时对于 $k>1$ 的所有 b_k 和 b_k^* 都必须消失. 又从前两总和的消失得出, 当 $k>1$ 时, 所有的 $a_k=0, a_k^*=0$

而且 $a_1 - b_1^* = 0, a_1^* + b_1 = 0$. 这样, 我们获得各顶点坐标表示:

$$\begin{cases} x_p - a_0 = a_1 \cos p\dfrac{2\pi}{n} - b_1 \sin p\dfrac{2\pi}{n}, \\ y_p - b_0 = a_1 \sin p\dfrac{2\pi}{n} + b_1 \cos p\dfrac{2\pi}{n}, \end{cases} \quad p = 1, 2, \cdots, n. \tag{15}$$

可是以这些顶点坐标组成的 n 角形就是正多角形.

迄今为止, 我们假定了顶点个数 n 是奇数 $n = 2m+1$, 剩下的是还须研究当 n 是偶数 $n = 2m$ 时如何变更那些公式的问题. 人们从 (10′) 看出, 对于偶数 n 只要在公式 (12), (13), (14) 里把 a_m, a_m^*, b_m, b_m^* 按次序换作 $\sqrt{2}a_m, 0, \sqrt{2}b_m, 0$, 便容易导出相应的公式. 这样一来, 和前面完全一样, 我们得到关系

$$\Lambda^2 - 4n\tan\frac{\pi}{n} \cdot \Phi \geqslant 0,$$

并认识到等号的成立当且仅当各顶点坐标可写成形式 (15), 也就是多角形为正的时候. 因此, 证完了所求的结果.①

§7. 曲线的弧长

现在, 我们准备从两种对正多角形极大性质的不同证明出发, 给圆的等周性作出证明, 那首先必须彻底树立 “弧长” 和 “面积” 等概念. 这里需要克服某些困难, 而这其实是问题的所在之处. 为此而作的对这些概念的探讨, 如人们在 Archimedes 直到 Lebesgue 的工作中所学到的, 形成了微积分的支柱.

在区间 $a \leqslant t \leqslant b$ 里的两个连续函数 $x(t), y(t)$ 给定了起点为 A 和终点为 B 的一条 “连续曲线” K 的参数表示

$$x = x(t), \quad y = y(t).$$

我们对这些函数 $x(t), y(t)$ 总是要假定: 不存在子区间 $\alpha \leqslant t \leqslant \beta$ 使其中这两个函数都是常数; 从而这样假定, 没有参数 t 的一个整个区间对应于唯一的曲线点.

在 K 上取若干个点 $T_1, T_2, \cdots, T_{n-1}$, 并假定它们的参数值 $t_1, t_2, \cdots, t_{n-1}$ 被列成如下的顺序:

---

①当我们考虑极限 $n \to \infty$ 时, 这些公式 (12), (13) 和 (14) 变为 A. Hurwitz 所获得的一些关系式. Sur quelques applications géométriques de séries de Fourier, Annales de l'école normale supérieure (3) **19** (1902), 357~408 页.

$$a < t_1 < t_2 < \cdots < t_{n-1} < b.$$

我们将这些点 $A, T_1, T_2, \cdots, T_{n-1}, B$ 按次序用线段连接起来, 于是获得一条"内接于曲线 K 的折线". 设 Λ 是这样折线段, 即所作的一切正线段 $\overline{AT_1}, \overline{T_1T_2}, \cdots, \overline{T_{n-1}B}$ 的总和的长度.

如果所有内接于 K 的折线的长度 Λ 都在一个有限的界限之下, 称 K 为可求长的. 所有 Λ 的上界称为 K 的弧长 L.

弧长概念的这个定义立足于三角形两边之和大于第三边这一事实, 它其实起源于 Archimedes. 到近代, 则还由 G. Peano 所作出.

从"上界"的定义便得知所有的长 Λ 必满足

$$\Lambda \leqslant L$$

而且是对于任何正 ε 总有值 Λ 使成立不等式

$$\Lambda > L - \varepsilon.$$

当我们在 K 的两点 A 和 B 之间插进第三点 M 时, 设对应的参数值 $t = m\ (a < m < b)$, 那么 K 被 M 所隔开的两部分弧长和全弧长之间的关系可用容易理解的记号表示为

$$L_a^b = L_a^m + L_m^b.$$

实际上, 首先从弧长的定义立即知道

$$L_a^b \geqslant L_a^m + L_m^b,$$

因为人们在 K 的逼近过程中也利用到不以 M 为角点的折线. 另一方面, 对于任意给定的正 ε 我们一定能够这样确定一个内接于 K 的折线 V 使它的长 Λ 满足不等式

$$L_a^b - \Lambda_a^b < \varepsilon.$$

如果取 M 作为添到 V 的一个角点, 那么我们获得新折线, 它的长 $\Lambda_a^m + \Lambda_m^b \geqslant \Lambda_a^b$. 所以又有

$$L_a^b - \Lambda_a^m - \Lambda_m^b < \varepsilon.$$

因此, 对于任何正 ε 就必须同样成立

$$L_a^b - L_a^m - L_m^b < \varepsilon.$$

这给出了

$$L_a^b \leqslant L_a^m + L_m^b,$$

并且根据前面证明过的不等式仅仅留下了一个可能性:

$$L_a^b = L_a^m + L_m^b.$$

这样, 弧长的这个累加性质就成立了.

弧长定义的一个直接推论是直线该为最短: 设 K 是连接两点 A 和 B 的一条连续的可求长而非连接线段 $\overline{AB}$ 的曲线, 那么它的长度大于这线段.

实际上, 如果 K 包含不在线段 $\overline{AB}$ 上的点 M, 那么对于 K 的长 L 必成立

$$L \geqslant \overline{AM} + \overline{MB}.$$

而且根据三角形两边之和有关的定理, 右侧 $> \overline{AB}$. 这样, 证明了

$$L > \overline{AB}.$$

如果相反, K 整个或局部地多重遮盖了线段 $\overline{AB}$, 那么定理是自明的.

现在让我们观察一条闭的连续曲线 K

$$x = x(t), \quad y = y(t), \quad a \leqslant t \leqslant b,$$
$$x(a) = x(b), \quad y(a) = y(b).$$

我们可以放弃对 t 的区间 $a \leqslant t \leqslant b$ 的限制, 只要订定两函数 $x(t), y(t)$ 须有周期 $b-a$, 就是说, 对于 t 的所有值必须成立

$$x(t+b-a) = x(t), \quad y(t+b-a) = y(t).$$

我们通过线性置换

$$\varphi = pt + q$$

还可得到: 区间 $a \leqslant t \leqslant b$ 变换为区间 $0 \leqslant \varphi \leqslant 2\pi$. 如以 φ 代 t, 便获得周期 2π 的两连续函数

$$x = x(\varphi), \quad y = y(\varphi).$$

此外, 令

$$\xi = \cos\varphi, \quad \eta = \sin\varphi,$$

点 (ξ,η) 画成单位圆. 这圆的每一点对应于参数 φ 除 2π 的倍数外唯一的数值而且 K 上有唯一点对应于这个 φ 的数值. 所以我们可以如下更加几何地把握我们对连续闭曲线的定义: 一条连续而闭的曲线意味着一个圆的唯一而且连续的映像.

这种曲线当然不一定是一个圆的一对一映像, 比如: 它可以有 "8" 字形, 从而具有一个二重点 (节点), 或者也可整个重合一条 (多重遮盖的) 直线上 (例如, $x=\cos\varphi, y=0$).

现在我们必须定义什么叫做一条闭曲线的周长. 为此, 将所论的闭曲线 K 看成这样的曲线弧, 它是参数值 $t=a,b$ 所对应的起点 A 和终点 B 合而为一的曲线弧. 这曲线弧的长度 L_a^b 被定义了, 并且应该把它称为 K 的周长 L:

$$L=L_a^b.$$

L 和 K 上的点 $A=B$ 的选取无关, 或者用记号表之:

$$L_a^b=L_{a+c}^{b+c}.$$

实际上, 我们按照弧长加法有关的前述法则把左右两侧分为两部分, 那么所要证明的是

$$L_a^{a+c}+L_{a+c}^b=L_{a+c}^b+L_b^{b+c}$$

或者

$$L_a^{a+c}=L_c^{b+c}.$$

可是后一方程因为周期性而事实上成立.

人们还可给出周长定义的另一个变形: 引任一内接于 K 的多角形, 就是其顶点按正循环方向的顺序落在 K 上的一个多角形. 如果所有这种内接多角形 V 的周长 Λ 的上界 L 是有限的, 那么我们说, K 是可求长的, 而且 L 是 K 的周长.

§8. 曲线按多角形的逼近

我们现在仍旧取一条可求长的曲线 K

$$x=x(t),\quad y=y(t),\quad a\leqslant t\leqslant b,$$

它的起点 A 和终点 B 不一定要合致. 我们阐明, K 通过内接折线长 Λ 的对弧长 L 的逼近, 在某种意义下要求均匀性. 就是说, 设 V 是这样一条内接折线, 它的角点对应于参数值

$$a = t_0 < t_1 < t_2 < \cdots < t_n = b.$$

于是成立下列定理:

给定了任何正数 ε, 必可确定这样一个正数 δ, 以致任何内接于长 L 的 K 的折线 V 的长 Λ 比 L 稍小 ε:

$$L - \Lambda < \varepsilon,$$

只要是所有的参数差异

$$t_k - t_{k-1} < \delta, \quad k = 1, 2, \cdots, n.$$

简括地但稍少严密地表示如下: 只要折线的角点充分密布, 周长通过内接折线的逼近是任意精确的.

我们可以这样证明: 根据 L 的定义得知, 有内接于 K 的折线 V' 存在, 使其长 Λ' 任意逼近 L:

$$L - \Lambda' < \frac{\varepsilon}{2}.$$

设 V' 的角点为 $T_0 = A, T_1', T_2', \cdots, T_m' = B$. 我们先选取小于所有参数差异的 δ,

$$\delta < t_k' - t_{k-1}', \quad k = 1, 2, \cdots, m$$

以致至少有 V 的一个角点 T_r 落在 V' 的两接连角点 T_{k-1}', T_k' "之间". 包括 V 的角点和 V' 的角点一起在内的折线 V'' 有其长 Λ'', 且对此成立

$$\Lambda'' \geqslant \Lambda', \quad \text{从而 } L - \Lambda'' < \frac{\varepsilon}{2}.$$

现在设 T_k' 落在两角点 T_r 和 T_{r+1} 之间. 那么, 从 K 的连续性得知, 通过 δ 的适当选取, 便可使距离 $\overline{T_r T_k'}$ 和 $\overline{T_k' T_{r+1}}$ 都小于事先任意给定的正数 η. 这样一来,

$$\begin{aligned} \Lambda'' - \Lambda &= \sum (\overline{T_r T_k'} + \overline{T_k' T_{r+1}} - \overline{T_r T_{r+1}}) \\ &< \sum (\overline{T_r T_k'} + \overline{T_k' T_{r+1}}) < 2\eta m. \end{aligned}$$

由此可见,

$$L - \Lambda < \frac{\varepsilon}{2} + 2\eta m.$$

我们只需选取这样的 δ, 以致

$$\eta < \frac{\varepsilon}{4m}$$

且从而成立所欲证明的结果, 即

$$L - \Lambda < \varepsilon.$$

其次, 让我们特别考察曲线通过等边折线的逼近情况. 以 K 的起点为中心作半径 ρ 的圆周而把 A 围进这个圆周里并选取这么小的 ρ, 不至于 K 整个被包含在这圆内. K 的第一点, 即对应于最小的 t 值而且落在圆周上的点, 称为 T_1. 以 T_1 为中心作同一半径 ρ 的圆周, 并且最初接 T_1 之后而在第二圆周上的点, 称为 T_2. 以下依此类推, 终于获得一条边长 ρ 且内接于 K 的等边折线. 由于这条折线的长必须小于被假设为可求长曲线弧 K 的长 L, 所以我们在有限回步骤后必然到达一个具有下述性质的点 T_p $(p < L : \rho)$, 就是: K 在 T_p 与 B 间的部分弧落在这个中心 T_p 和半径 ρ 的圆内. 把这些点 $A, T_1, T_2, \cdots, T_p, B$ 按这顺序并通过直线段连接起来, 所获得的内接于 K 的折线 V_*, 最初 p 边都是有长度 ρ 的, 但最后一边 $\leqslant \rho$.

我们即将证明下述的事实: 可以选取这么小的 ρ, 以致那些属于各角点 $A = T_0, T_1, \cdots, T_p, T_{p+1} = B$ 的参数差异 $t_{k+1} - t_k$ 都小于一个任意给定的正数 δ:

$$t_{k+1} - t_k < \delta, \quad k = 0, 1, 2, \cdots, p.$$

人们或可这样阐明它: 引角点 $A = T'_0, T'_1, \cdots, T'_{m+1} = B$ 的折线 V', 使所属参数差异 $t'_{k+1} - t'_k < \delta : 2$. 然而我们已经假定不存在部分区间 $\alpha \leqslant t \leqslant \beta$ 对应于 K 的唯一点, 所以我们可这样选取 V', 使得两接连角点 T'_k 和 T'_{k+1} 不相合致. 于是只要采取 2ρ 小于 V' 的最小边, 那么在两个接连角点 T' 之间至少有一个角点 T, 从而所有差值 $t_{k+1} - t_k < \delta$, 即所欲证明的结果.

折线 V_* 因为 $\overline{T_pB} \leqslant \rho$ 而一般不是等边的. 但是, 如果把最后一边换作长 ρ 的两边或三边, 便可获得一条等边折线 V^* 以取代 V_*, 而且在这里可以假定边的总数是偶数. 这时, V^* 在以前的意义下不再内接于 K 了, 这是因为, V^* 在 T_p 和 B 之间必有一个或两个角点一般是不落在 K 上的. 当我们采取

$A=B$, 于是 K 是闭曲线时, 多角形 V_* 和 V^* 的面积只不过相差以 T_p, B 和 V^* 的其他一个或两个新角点为角点的三角形或四角形的面积, 所以按 §5 的估值公式 (*) 得知差值小于 $4\rho^2$, 而且它们的周长之差则小于 3ρ.

从本节开篇所述的定理我们立即可作结论: 设 ε 为任意给定的小正数, 我们总是可以这样选取边长 ρ 和偶数个角点的逼近 K 的等边多角形 V^*, 以致所对应的周长之间成立不等式

$$L-\Lambda^*<\varepsilon.$$

现在我们已经结束了有关弧长或周长的预备工作, 而将转到概念 "面积" 的研究中去. 为此, 我们还须作一个预备.

§9. 有界跳跃函数

设连续曲线 K

$$x=x(t), \quad y=y(t), \quad a \leqslant t \leqslant b$$

是可求长的. 那么, 这些函数 $x(t)$ 和 $y(t)$ 该满足什么条件呢? 和式①

$$\sum_{k=1}^{n} \sqrt{\{x(t_k)-x(t_{k-1})\}^2+\{y(t_k)-y(t_{k-1})\}^2}$$

对于所有区间划分

$$a=t_0<t_1<t_2<\cdots<t_n=b$$

必须是有界的. 可是

$$\sqrt{\{x(t_k)-x(t_{k-1})\}^2+\{y(t_k)-y(t_{k-1})\}^2} \geqslant |x(t_k)-x(t_{k-1})|,$$
$$\sqrt{\{x(t_k)-x(t_{k-1})\}^2+\{y(t_k)-y(t_{k-1})\}^2} \geqslant |y(t_k)-y(t_{k-1})|.$$

因此, 我们见到: 函数 $x(t)$ 必须具有这一性质, 以致和式

$$\sum_{k=1}^{n}|x(t_k)-x(t_{k-1})|$$

对于所有区间划分是有界的. 这种函数最初为 L. Scheefer 所观察并且由 C. Jordan 命名为有界跳跃函数.

①平方根总是取正值的.

这样, 成立了定理: 设一条连续曲线 K

$$x = x(t), \quad y = y(t), \quad a \leqslant t \leqslant b$$

是可求长的, 那么连续函数 $x(t), y(t)$ 都必须是有界跳跃的.

可是人们考察到不等式

$$\sqrt{\{x(t_k) - x(t_{k-1})\}^2 + \{y(t_k) - y(t_{k-1})\}^2} \leqslant |x(t_k) - x(t_{k-1})| + |y(t_k) - y(t_{k-1})|$$

的成立, 便得知: 这个条件也是充分的.

我们现在证明下述的著名定理: 任何有界跳跃连续函数 $f(t)$ 可以表示成两个连续而非递减函数之差:

$$f(t) = \varphi(t) - \psi(t).$$

设 $\alpha \leqslant t \leqslant \beta$ 是 $a \leqslant t \leqslant b$ 的任意部分区间. 我们划分它为任意多部分

$$\alpha = b_0 < t_1 < t_2 < \cdots < t_n = \beta$$

并且作总和

$$\sum_{k=1}^{n} |f(t_k) - f(t_{k-1})|.$$

根据关于 f 的上述假设, 我们知道所有这些划分而作成的一切总和有一个有限的上界, 记它为

$$S_\alpha^\beta f.$$

这不外乎是整个落在 x 轴上的连续曲线

$$x = f(t), \quad y = 0$$

在两点 $t = \alpha$ 与 $t = \beta$ 之间的弧长.

显然,

$$S_a^t = \varphi(t)$$

是递增连续函数. 其实, 这个递增性直接来自与弧长有关的证明过的累加性质

$$S_a^t + S_t^{t+h} = S_a^{t+h}.$$

又从 §8 头段证明的定理看出, 当 $h<\delta$ 时,

$$S_t^{t+h}-|f(t+h)-f(t)|<\varepsilon.$$

这是因为, 左边第一位表示一段弧长而且第二位表示单边内接折线的长度. 这样, 我们有

$$\varphi(t+h)-\varphi(t)=S_t^{t+h}<\varepsilon+|f(t+h)-f(t)|,$$

并且通过 h 充分小的选取可把右边变为任意小. 所以 $\varphi(t)$ 实际上是连续的.

可是人们容易看出, 连续函数

$$\psi(t)=\varphi(t)-f(t)$$

同样是非递减的. 这是由于, 按照 φ 的定义就有: 当 $\alpha<\beta$ 时,

$$\varphi(\beta)-\varphi(\alpha)=S_\alpha^\beta\geqslant|f(\beta)-f(\alpha)|.$$

所以我们获得了所求的表示

$$f(t)=\varphi(t)-\psi(t).$$

上证的定理之逆是不言而喻的: 单调函数的线性组合是有界跳跃函数.

§10. 闭曲线的面积

设 K 是闭的连续可求长曲线

$$x=x(t),\quad y=y(t),\quad a\leqslant t\leqslant b,$$
$$x(a)=x(b),\quad y(a)=y(b).$$

我们可引曲线的一个内接多角形, 它的角点 $A=T_0,T_1,T_2,\cdots,T_n=B=A$ 对应于参数值

$$a=t_0<t_1<t_2<\cdots<t_n=b.$$

这些参数值必须满足不等式

$$t_k-t_{k-1}<\delta,\quad k=1,2,\cdots,n.$$

我们证明: 对于充分小的 δ 所作的内接于 K 的多角形, 它的面积 Φ 和一个数 F 相差任意小量, 而 F 则称为 K 的面积.

从 §3 得出

$$\begin{aligned}2\Phi &= \sum_{k=1}^{n}\{x(t_{k-1})y(t_k) - y(t_{k-1})x(t_k)\}\\&= \sum_{k=1}^{n} x(t_{k-1})\{y(t_k) - y(t_{k-1})\}\\&\quad - \sum_{k=1}^{n} y(t_{k-1})\{x(t_k) - x(t_{k-1})\}.\end{aligned}$$

我们对右边各项本身分别处理. 因为 K 是可求长的, 函数 $y(t)$ 是有界跳跃的, 所以我们按 §9 可划分它为两个单调部分

$$y(t) = \varphi(t) - \psi(t),$$

从而得出

$$\begin{aligned}&\sum_{k=1}^{n} x(t_{k-1})\{y(t_k) - y(t_{k-1})\}\\=&\sum_{k=1}^{n} x(t_{k-1})\{\varphi(t_k) - \varphi(t_{k-1})\}\\&- \sum_{k=1}^{n} x(t_{k-1})\{\psi(t_k) - \psi(t_{k-1})\}.\end{aligned}$$

如同对 Riemann 的定积分 (这将在 §13 加以回顾) 有关的普通存在证明时一样, 人们从右边两和式可以证明它们在更精密划分下, 即在递减 δ 的情况下, 趋近一定的极限值. 这对于上列 2Φ 的表示中的第二项完全同样成立, 从而证明了我们的定理.

从以上所述和 §8 的一些结果便可断定: 如果 ε 是一个任意小但是正的给定数, 那么我们可以这样选取一个逼近 K 的等边 (边长为 ρ) 多角形 V^*, 以致 K 和 V^* 的面积 F 和 Φ^* 满足不等式

$$|F - \Phi^*| < \varepsilon.$$

这时, 我们可以比方这样改善使得 V^* 的角点个数放弃掉偶数的限制.

在如上对一条连续闭的可求长曲线的面积定义中, 主要的仍是曲线的回转方向, 即对应于参数值 t 的增加方向. 回转方向的改变带来了面积的变

号. 与多角形面积的场合 (§3) 相类似地, 我们也可建立弯曲境界线的情况下有关面积的累加性质: 设有两条连续闭的可求长曲线 K_1 和 K_2 共有一段方向相反的曲线弧, 而且它们的面积分别为 F_1 和 F_2, 那么从 K_1 和 K_2 的联合和对公共曲线弧的取消所获得的曲线 K 的面积, 必有

$$F = F_1 + F_2.$$

这就是对应的多角形性质 (参看 §3, 图 4, 7 页) 的直接推论.

§11. 平面等周问题的解

一个正向回转的正 n 角形的周长 $\varLambda$ 和面积 $\varPhi$ 之间, 正如容易计算出的并且在 §6 曾利用过的一样, 存在着关系

$$\varLambda^2 - 4n\tan\frac{\pi}{n}\cdot\varPhi = 0.$$

又如从 §5 所给出的并且在 §6 曾证明过的, 对于别的 n 角形来说, 至少当 n 是偶数时必有

$$\varLambda^2 - 4n\tan\frac{\pi}{n}\cdot\varPhi > 0.$$

所以在任何情况下, 我们有

$$\varLambda^2 - 4n\tan\frac{\pi}{n}\cdot\varPhi \geqslant 0.$$

现在, 这不等式可以改变为一个较弱的新不等式, 但它具有角点个数 n 不再出现其中的优点. 在因子

$$4n\tan\frac{\pi}{n}$$

中, 暂且令

$$\frac{\pi}{n} = p,$$

那么我们有

$$4n\tan\frac{\pi}{n} = 4\pi\frac{\tan p}{p}.$$

可是, 当 $0 < p < \dfrac{\pi}{2}$ 时, 显然是 (参照图 6)

$$\tan p > p,$$

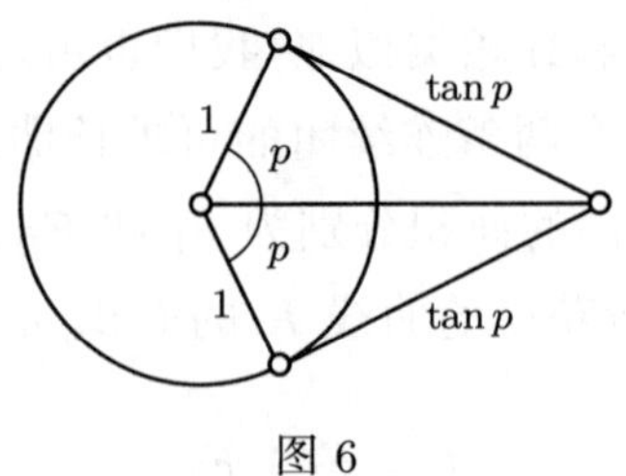

图 6

所以得出

$$4n \tan \frac{\pi}{n} > 4\pi$$

而且我们的不等式变为新的

$$\Lambda^2 - 4\pi \Phi > 0. \qquad (*)$$

设 K 为闭的可求长连续曲线, L 为其周长, 而且 F 为其面积. 从上面书写的不等式可证明这时也必有

$$L^2 - 4\pi F \geqslant 0.$$

我们可以按 §8 的末段中所描述的方式引一个偶数角点而逼近 K 的等边多角形 V^* 并且根据那里证明的定理和 §10 的结果选取这么小的 V^* 的边长 ρ, 以致 V^* 的周长 Λ^* 和面积 Φ^* 同时和 L, F 相差任意小. 倘若

$$L^2 - 4\pi F < 0,$$

就一定可选取 V^* 使得也成立

$$\Lambda^{*2} - 4\pi \Phi^* < 0,$$

从而与等边多角形有关的上列不等式 $(*)$ 发生了矛盾.

剩下的仅仅是如何确定, 在关系式

$$L^2 - 4\pi F \geqslant 0$$

中, 什么时候会成立等号. 如果 K 是正回转的圆, 那么

$$L = 2\pi r \quad 和 \quad F = \pi r^2,$$

式中, r 表示半径, 因此实际上

$$L^2 - 4\pi F = 0.$$

如果相反, K 是别的闭连续可求长曲线, 那么人们就通过在 §1 所描述的四连杆法可以找出这样的新曲线 K', 使它的周长 L' 和面积 F' 满足关系

$$L = L', \quad F < F',$$

从而导致

$$L^2 - 4\pi F > L'^2 - 4\pi F'.$$

可是我们已经证明

$$L'^2 - 4\pi F' \geqslant 0,$$

所以从此得出

$$L^2 - 4\pi F > 0.$$

这样一来, 我们已经最后推导了下列结果:

设 K 为连续闭可求长的平面曲线, L 为它的周长而且 F 为它的面积, 那么一定成立

$$L^2 - 4\pi F \geqslant 0,$$

而且当且仅当 K 是正向回转的圆时等号才成立.

这就是对圆的等周性质有关定理的严密处理. 其实, 从此立即得出:

在所有等周的可容许曲线 K 中, 正向回转的圆有最大的面积.

换言之:

在给定面积的所有可容许曲线中, 圆有最小的周长.

我们已经在最大的一般性下证明了这个定理, 因为对于对照曲线 K 仅仅作了这么一点必要的假设, 使得 "弧长" 和 "面积" 等概念恰好有了意义. 证明的指导思想实质上起源于 Steiner 的旧方法. 我们仅把它如此转变过来, 使存在问题在这里得到完成, 并且毫不踌躇地打进 "弧长" 和 "面积" 等概念的秘密之中去. 当然, 对原先的方法在这里必须压进数学分析到无可救药的状态里, 使原先的单纯性受到巩固. 并不过分谦逊而感到欢欣的老 Steiner, 对于这种处理该会讲些什么呢? 他恰如其分地引用了《浮士德》:

是啊, 要使恶魔欧许很好地就范,

就得把它套进西班牙式的长靴之内来绑绊,
让它今后如此深思远虑,
缓慢地走向思维的道路上去 ……
谁要想理解和描述生活嘛,
谁就得先牵出恶魔,
然后他把那部分在他的手中抓住,
不幸失误! 仅仅是恶魔的枷锁.

§12. 一 些 应 用

如果给定了四线段 s_1, s_2, s_3, s_4, 其中任何一个小于其他三个之和, 那么一定存在四角形, 使它按这顺序具有这些长度的四边. 人们还可找出一个内接于圆的四角形, 也简称 "弦四角形", 它具有按这顺序的预先给定值的边长而且它的角点在一个圆上并在圆的一正回转中按正确顺序进行着. 从两三角形 (参照图 7) ABE 和 CDE 的相似性实际上成立

$$x : (s_4 + y) = s_3 : s_1,$$

$$y : (s_2 + x) = s_3 : s_1,$$

式中已令

$$\overline{CE} = x \quad 和 \quad \overline{DE} = y.$$

从此得到

$$x = s_3 \frac{s_1 s_4 + s_2 s_3}{s_1^2 - s_3^2},$$

$$y = s_3 \frac{s_1 s_2 + s_3 s_4}{s_1^2 - s_3^2}.$$

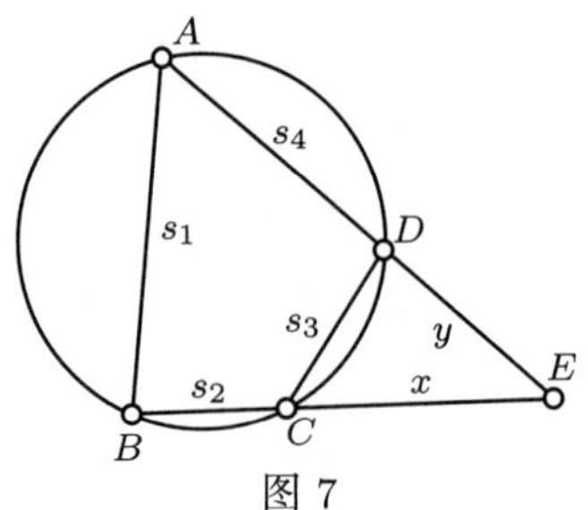

图 7

这样, 一旦给定了四角形的边 s, 人们便知道三角形 CDE 的各边而且可以作出这个三角形和其有关的弦四角形.

现在我们将证明: *在有预定边长的所有四角形中, 所作的弦四角形具有最大的面积.*

这是根据 Steiner 通过四连杆法的逆性质并从已证明了的圆的极大性质直接得来的. 实际上, 设 $A'B'C'D'$ 为有同一边长的其他四角形, 我们便可以把那块由四边 s_1, s_2, s_3, s_4 与 $ABCD$ 的外接圆 K 围成的扇形等同而同向地移动过来, 贴附在 $A'B'C'D'$ 的对应边上, 它们在那里互相接成一条四处曲折的曲线 K' (参照图 8). 按照圆的等周定理得知 K' 的面积小于 K 的面积. 因为四块扇形始终不变, 所以新的四角形面积一定小于老的四角形面积 (证毕).

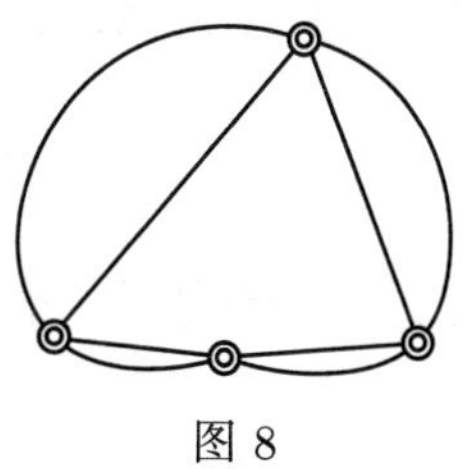

图 8

自然, 人们也可直接计算而不借助于极其复杂化的圆性质这一弯路来推导, 比方说, 用如下的方式. 关于面积 F 成立下列公式:

$$F^2 = (s - s_1)(s - s_2)(s - s_3)(s - s_4) - s_1 s_2 s_3 s_4 \cos^2 \theta,$$

式中已令

$$s_1 + s_2 + s_3 + s_4 = 2s$$

而且 θ 表示两相对外角的算术平均①. 从这公式得知, F^2 在

$$\theta = \frac{\pi}{2}$$

时, 也即在弦四角形时有极大的面积.

如果人们把弦四角形的极大性质看作是已证明的, 那么便可将 §1 中所定义的四连杆法稍扩充一下, 用任意的四角形连杆代替那里应用过的对称

①关于这公式的推导, 人们可参照 G. Hessenberg: 《平面和球面三角》(德文) 一书, Göschen 丛书, Berlin 和 Leipzig 1914, 96 页.

四角形. 这种一般化的四连杆的应用有一个优点, 就是节省掉闭曲线的对称化. 与此相反, §1 的特殊方法事先却能使那个导致 F^2 的上述公式的冗长计算得以避免.

人们用一般化四连杆法立即可证: *在按顺序有预定边长的所有 n 角形中, 具有最大面积的只有这样的 n 角形, 它的角点都在一个圆上, 而且循着圆上按正回转方向并以正确的先后顺序进行着.*

可是在这个课题里一个极大实际上是存在的这桩事, 人们对此要通过与 §5 中完全同一的考虑给出证明. 这样也就产生了一个具有预定边长的弦 n 角形的存在.

从圆的等周性质还得出下述稍许一般问题的解: 设两个不同点 A 和 B 通过一条已知的可求长曲线 K_1 连接着. 我们要确定一条连接 A 和 B 且有定长的可求长曲线 K_2, 以致闭曲线 $K_1 + K_2 = K$ 尽可能有最大的面积.

人们发现, K_2 是一段圆弧.

§13. 关于积分概念

我们在 §7–§10 中曾经完全互相独立地处理了弧长和面积等概念并且导出所谓 "积分不变量" 的一些性质. 可是, 如我们现在即将简括分析的那样, 人们通过 Riemann 积分概念的适当拓广可把这些概念纳入一个寄托之中.

让我们取两个函数 f 和 g 吧! 设函数 $f(t)$ 依赖于单变量而且在区间 $a \leqslant t \leqslant b$ 里有着定义, $g(s,t)$ 则含有双变量并且在三角形 $a \leqslant s \leqslant b, s \leqslant t \leqslant b$ 有其定义. 我们对这些函数作了下列假设:

I. $f(t)$ 是连续的.

II. $g(s,t)$ 是非负函数:

$$g(s,t) \geqslant 0.$$

III. 从 $t_1 < t_2 < t_3$ 必须得出:

$$g(t_1,t_2) + g(t_2,t_3) \geqslant g(t_1,t_3).$$

IV. 对于区间 $a \leqslant t \leqslant b$ 的任意多部分的每一划分

$$a = t_0 < t_1 < t_2 < \cdots < t_n = b$$

必须成立

$$g(t_0,t_1)+g(t_1,t_2)+\cdots+g(t_{n-1},t_n)\leqslant G,$$

式中 G 表示有限的限界.

V. $g(s,t)$ 是连续的而且当 $s=t$ 时消失.

在这些假设之下一定成立下列的存在定理:

如果人们对于一个区间划分 $\mathfrak{z}$:

$$a=t_0<t_1<t_2<\cdots<t_n=b$$

作总和式

$$S_{\mathfrak{z}}=\sum_{k=1}^{n}f(\tau_k)g(t_{k-1},t_k),$$

式中

$$t_{k-1}\leqslant\tau_k\leqslant t_k,$$

那么, 只要 $\mathfrak{z}$ 的最大部分区间是充分小的话, 这个总和式与一个极限值 J 之差就可以变得要多么小就多么小;

$$|S_{\mathfrak{z}}-J|<\varepsilon\quad\text{当}\ |t_k-t_{k-1}|<\delta.$$

证明是与普通积分的场合基本上相同的. 我们将简述如下:

首先, 我们以特殊方式选择中间值 τ_k, 就是 $f(t)$ 在这点取它在部分区间 $t_{k-1}\leqslant t\leqslant t_k$ 的最小值 $\varphi(t_{k-1},t_k)$. 设 $\Sigma_{\mathfrak{z}}$ 表示对应的总和式:

$$\Sigma_{\mathfrak{z}}=\sum_{k=1}^{n}\varphi(t_{k-1},t_k)g(t_{k-1},t_k).$$

如果人们再引进业已存在的划分点 t_k 以外的新点, 按照 Ⅲ 的结论知道 $\Sigma_{\mathfrak{z}}$ 并不减少.

对于所有划分 $\mathfrak{z}$ 的所有 $\Sigma_{\mathfrak{z}}$ 的上界, 根据 I 和 Ⅳ 它是有限的; 设它为 J. 我们将阐明, 这个 J 具有上述的性质.

首先人们按上界的定义必可找出一个划分 $\mathfrak{z}'$:

$$a=t_0'<t_1'<t_2'<\cdots<t_{n'}'=b$$

使得

$$J-\Sigma_{\mathfrak{z}'}<\frac{\varepsilon}{2},$$

式中 $\varepsilon > 0$ 是给定的任意小量. 设 $\mathfrak{z}$ 是这样调整的第二划分

$$a = t_0 < t_1 < t_2 < \cdots < t_n = b$$

以致 $\mathfrak{z}$ 的所有部分划分都小于 δ, 这里 $\delta > 0$ 是可使之小于 $\mathfrak{z}'$ 的任何部分区间确定的, 于是至少只有 $\mathfrak{z}'$ 的一个划分点 t'_k 介于 $\mathfrak{z}$ 的两个接连 t_{p-1}, t_p 之间:

$$t_{p-1} \leqslant t'_k \leqslant t_p.$$

现在让我们作划分 $\mathfrak{z} + \mathfrak{z}'$, 即把 $\mathfrak{z}$ 的划分点和 $\mathfrak{z}'$ 的划分点统统包括在内, 于是

$$\Sigma_{\mathfrak{z}+\mathfrak{z}'} \geqslant \Sigma_{\mathfrak{z}'},$$

从而也成立

$$J - \Sigma_{\mathfrak{z}+\mathfrak{z}'} < \frac{\varepsilon}{2}. \tag{1}$$

这样就有了差式

$$\Sigma_{\mathfrak{z}+\mathfrak{z}'} - \Sigma_{\mathfrak{z}'}$$

的估值, 那就是

$$\begin{aligned}\Sigma_{\mathfrak{z}+\mathfrak{z}'} - \Sigma_{\mathfrak{z}} = \sum \{&\varphi(t_{p-1}, t'_k) g(t_{p-1}, t'_k) \\ &+ \varphi(t'_k, t_p) g(t'_k, t_p) - \varphi(t_{p-1}, t_p) g(t_{p-1}, t_p)\}.\end{aligned}$$

然而, 按 V 可以选取 δ 如此之小, 使满足所有的关系

$$g(t_{p-1}, t'_k), g(t'_k, t_p), g(t_{p-1}, t_p) < \rho.$$

于是我们有

$$\Sigma_{\mathfrak{z}+\mathfrak{z}'} - \Sigma_{\mathfrak{z}} < 3\rho n' \cdot \mathrm{Max}\,|f(t)|.$$

由于通过 δ 的适当选择可以任意压小 ρ, 所以我们能把这个差式变为任意小:

$$\Sigma_{\mathfrak{z}+\mathfrak{z}'} - \Sigma_{\mathfrak{z}} < \frac{\varepsilon}{2}. \tag{2}$$

由 I 和 Ⅳ 可见, 我们通过充分小量 δ 也可得出

$$S_{\mathfrak{z}} - \Sigma_{\mathfrak{z}} < \varepsilon, \tag{3}$$

因此, 从 (1), (2) 和 (3) 便得到所欲求的结果

$$|J - S_{\mathfrak{Z}}| < \varepsilon.$$

对于如此定义起来的极限值 J, 如同对于弧长的特殊情况所做的一样, 成立容易验证的累加性质

$$J_a^b + J_b^c = J_a^c.$$

其实, 前面定义的弧长概念是上述 "积分概念" J 的特别情况. 就是说, 当人们选取两函数 f 和 g 为

$$f(t) = 1$$

和

$$g(s,t) = \sqrt{(x(t) - x(s))^2 + (y(t) - y(s))^2}$$

时, 式中 $x(t), y(t)$ 是有界跳跃函数, 那么前述的所有 I ~ V 假设全部满足而且刚才一般证明的定理通过特殊化而变成与弧长有关的前述定理. 倘若我们从一开始就讲刚才所得的积分概念的话, 便可以说明系统地前进了吧. 可是我们所采用的次序可能有较易于理解的优点, 不然的话, 从头就罗列出 I ~ V 的要求, 必然会产生威吓, 好像这些都是从天而降似的.

如何将面积的概念纳入我们的积分概念之中呢? 我们仍取任意的连续函数作为 $f(t)$, 而对 $g(s,t)$ 则代以

$$g(s,t) = \varphi(t) - \varphi(s),$$

式中 φ 表示连续的非递减函数. 于是我们的 I ~ V 条件仍旧成立. 在这场合, 人们仿效 Stieltjes 把

$$\begin{aligned} J_a^b &= \lim \sum_{k=1}^{n} f(\tau_k) g(t_{k-1}, t_k) \\ &= \lim \sum_{k=1}^{n} f(\tau_k) \{\varphi(t_k) - \varphi(t_{k-1})\} \end{aligned}$$

简写为

$$J_a^b = \int_a^b f(t) dg(t).$$

我们在 §10 曾经将面积的概念引导到这种 Stieltjes 积分.

§14. 历史性的文献

“等周学” 的历史远溯到上古加尔塔古狄陶 (Dido von Karthago) 女王的时代而且必须记载直到柏林的 Hermann Amandus Schwarz 阁下先生为止. 我们并不想过于广泛地固执于我们的目标: 为了总结这第一部分必须搜集仅仅一节简短文献记录, 而不去提高对完备性的最低要求.

在古代, 如前所述, 希腊人 Zenodor 掌握了圆的极大性质. Archimedes 也为此而被说为完成了工作, 但是在他的研究工作中, 什么也找不到. 关于最古老的文献可参考 W. Schmidt 的一篇注记, Zur Geschichte der Isoperimetrie im Altertum (论古代等周问题的历史), 刊在 Bibliotheca mathematica (3) **2** (1901).

自从变分法发现以来, 那里的指导思想被掌握到所述的 “特殊” 的等周问题以及密切相连的解析的拓广之中. 最初 Jakob Bernoulli 就这样在 1697 年 5 月出版的 Acta eruditorum 发表了, 还有他的兄弟 Johann. 这里, 两兄弟之间发生了严酷的和极不愉快的优先权问题. 接着就有最著名的巴士尔 (Basle) 数学家 Leonhard Euler 在他的变分法例题集的工作: Methodus inveniendi lineas curvas maximi mimimive proprietate gaudentes, sive solutio problematis isoperimetrici latissimo sensu accepti, Lausanne 与 Genf 1744 年版. 部分摘录在 P. Stäckel 的 Ostwald 古典丛书中, Leipzig 1894 年版. 最后还有 J. L. Lagrange 1762 年 (Misc. Soc. Taur. 2) 的工作.

所有这些解析发展如我们前面所提到的, 有一个共同的缺陷, 即没有存在性证明, 而对此 K. Weierstrass 首先完成了. 人们可参阅 H. A. Schwarz 的贡献, 见数学论文全集卷 Ⅱ, 柏林 1890 年版, 232 页以降. 按照三角级数的新证明见于 A. Hurwitz 的工作 (参照 19 页).

比解析证明更为重要的是上述的从特殊的几何学出发的观点. 从事这个问题工作的要算 G. Cramer (柏林科学院 1752 年). S. Lhuilier (De relatione mutua capacitatiset terminorum figurarum··· 华沙 1782 年) 和特别是 Steiner. 迄今为止, 我们利用 Steiner 证明中的 “四连杆法”, 还有他的第二方法, 即 “对称化”, 将见于本书关于球的等周性质的第二部分.

Steiner 把他的方法写进三篇论文里, 一部分较为广泛, 而三篇全收进他的论文全集第二卷 (柏林 1882 年版) 之中, 而且按照 Weierstrass 的判断这被认为是属于这位富有成果的几何学家最有意义的功绩. 第一篇论文标题:

"Einfache Beweise der isoperimetrischen Hauptsätze" 而且从 1836 年开始, 其余两篇 "Über Maximum und Minimum bei den Figuren in der Ebene, auf der Kugelfläche und in Raume Überhaupt" 是 Steiner 1841 年寄给巴黎科学院的. 四连杆法见于这两篇同标题论文的第一篇里, 特别是 193 页、194 页. R. Sturm 在 Steiner 的意义下写了一本书 Maxima und Minima, Leipzig 与 Berlin 1910 年版.

在 Steiner 证法的完备化工作, 有多方面. 特别是 F. Edler 按照后文中 (§15, Ⅱ) 叙述的对称化而以无任何无限过程的完全初等的方法作出了正多角形极值性质的证明 (Vervollständigung der Steinerschen elementargeometrischen Beweise· · ·, Göttinger Nachrichten 1882, 73~80 页). 现今 C. Carathéodory 和 E. Study 的两个通过无限过程的不同证明补充完备化了 Steiner 的证法 [Mathematische Annalen **68** (1909), 133~140 页: Zwei Beweise der Satzes, dass der Kreis unter allen Figuren gleichen Umfangs den grössten Inhalt hat].

Carathéodory 无限次应用了四连杆法到闭曲线并阐明了, 这个过程在适当变更下导致极限下的圆. 在这里与我们的研究的不同之处在于: 他作了所谓 "凸" 曲线的限制. Study 的方法则由 H. A. Schwarz 拓广到球面几何去. Study 先生还给出了一个基本上同这里所用的一致的证明, 仅以一种收敛的方法代替了 Weierstrass 关于连续函数的极限存在性的定理的应用.

正多角形的极大性质是 Weierstrass 在他的讲义里、以一个创造性的解析方法推导出来的. 人们见到它的重现于 E. Study: Geradlinige Polygone extremen Inhalts, Archivfür Mathematik (3) **11** (1907). 还可参考同一标题的拙著, 刊于同杂志 (3) **22** (1914). 人们还可在 H. Weber 和 J. Wellstein 合著的《初等数学百科全书》中参考 Weber 写的第二卷第一版中的一篇关于多角形的文章. 也可参看 F. Enriques 的新 (意大利文) 著: Questioni riguardanti la geometria elementare, Bologna 1914 年版. 其中有 O. Chisini 的一文, Sulla teoria elementare degli isoperimetri, 和 Enriques 的一文, Massimi e Minimi nell' Analisi moderna.

F. Bernstein 曾通过平行曲线的考察把圆周的等周性质拓广到球面上而且按照球面趋近平面的极限过程解决了平面几何问题 [Mathematische Annalen **60** (1905), 117 页].

为了拓广四连杆法到球面几何去, 人们可应用 C. W. Baur 关于球面多

角形作为 §12 中对应公式的一个三角公式. Baur 公式曾由 G. Hessenberg 以创造性方法推导出来, 刊在 Schwarz 纪念文集, 柏林 (1914), 76~83 页.

Steiner 的四连杆法亦适用于别的课题而获得成果. 例如, 人们能借助于此法去发现那些 "凸" 平曲线, 使它在其两平行切线之间的距离中的最小者在预先给定条件下具有最小面积 [参阅本书著者论文 "Konvexe Bereiche gegebener konstanter Breite und kleinsten Inhalts", Mathem. Annalen **76** (1915), 507~513 页和 "Einige Bemerkungen über Kurven und Flächen konstanter Breite", Leipziger Berichte (1915), 290~297 页].

H. Minkowski 曾作出圆的等周性质一个新扩充. 虽然我们将在后文中回到这个事物上, 但在这里必须指出, 把前述的不等式 $L^2-4\pi F \geqslant 0$ 作为特殊情况包括于其中的关于 "混合面积" 的 Minkowski 不等式, 是容易证明的. 比方说, 人们可把 Steiner 的四连杆法以及从而这里叙述的整个证明对偶地搬移过去, 如同我所做的那样 ["Beweise zu Sätzen von Brunn und Minkowski über die Minimaleigenschaft des Kreises", Jahresberichte der D. Mathematiker Vereinigung **23** (1914), 210~234 页]. 其中打下了 §12 中段所列公式的一个对偶类似的基础. 就是, 设 s_1, s_2, s_3, s_4 表示一个四角形的四边长而且 $\varphi_1, \varphi_2, \varphi_3, \varphi_4$ 表示半外角, 那么在一定的符号规定下成立四边面积的公式

$$\begin{aligned} F = & \frac{(s_1+s_2+s_3+s_4)^2}{\tan\varphi_1+\tan\varphi_2+\tan\varphi_3+\tan\varphi_4} \\ & -\frac{(s_1-s_2+s_3-s_4)^2}{\cot\varphi_1+\cot\varphi_2+\cot\varphi_3+\cot\varphi_4}. \end{aligned}$$

G. Frobenius 曾作出另外一个较简的证明: "Über den gemischten Flächeninhalt zweier Ovale", Berliner Berichte **28** (1915), 387~404 页.

关于初等几何极大极小问题的详尽文献报告可参照 M. Zacharias 在《数学科学百科全书》中的 Artikel Ⅲ A B 9, 特别是 28 节.

以这里所应用的形式出现的 "弧长" 概念, 是 G. Peano, L. Scheefer 和 C. Jordan 所开发的. 人们可参照这个和其他文献资料于 H. v. Mangoldt 在百科全书中写的一文: "Anwendung der Differential- und Integralrechnung", Enzyklopädie der Math. Wissenschaften. Ⅲ. D.1, 2, 20~23 页. 另一个在 Lebesgue 所开创的测度概念的基础上对长度概念进一步的精密化工作是由 Carathéodory 导进的: "Über das lineare Mass von Punktmengen, eine Verallgemeinerung des Längenbegriffs", Göttinger Nachrichten 1914. 因此, 它与前面 (§13) 叙述的积

分概念的拓广有着最密切的联系. 关于初等性的更加同类的问题如圆测度和弧长、面积的近似性确定等, 可参阅 Th. Vahlen 的内容丰富的著作: Konstruktionen und Approximationen, Leipzig. Teubner 1911 和 Bieberbach 的著作: Theorie geometrischer Konstruktionen. Birkhäuser, Basel 和 Stuttgart.

"面积" 则相反地是按照与 Riemann 和 Lebesgue 的积分, 以及 Jordan 和 Lebesgue 的测度概念等直接联系以外的另一种方式定义的. 这里所用的定义和 T. J. Stieltjes 发表于 Annales de Toulouse **8** (1984) 的积分相联系. M. Fréchet 在 Nouvelles Annales de Mathématiques (4) **10** (1910), 241~256 页里发表了对有界跳跃函数和多元函数的 Stieltjes 积分的研究, 还在 Transactions of the American Mathematical Society **16** (1915), 215~234 页里也发表了. 更可参照 J. Radon, Theorie und Anwendung der absolut additiven Mengenfunktionen, Sitzungsberichte der Akademie, math.-nat. Klasse **122** (1913), 1~144 页. 关于实变函数论的知识, 人们最好是去钻研一本 C. Carathéodory 在 Basel 和 Stüttgart 的 Birkhäuser 出版的综合著作, Vorlesungen über reelle Funktionen.

为了结束本部分, 或许有必要再度指出这一事实: 圆线或圆面还是许多其他极大问题或极小问题的解. 这里仅指明两个著名的问题, 而其中只有第一个是完全被解答了的.

设一个 "单连通" 域, 即圆面的 (1-1) 连续映像被共形地映射到另一个同类域去, 使得歪度 (Verzerrungsverhältnis) 在一预定位置是单位, 而且使像域尽可能有最小面积. 这个极小是存在的, 而且像域是圆域. 这是溯到 B. Riemann (Göttingen 1851) 学位论文中提出的问题之一, 参阅 L. Bieberbach 在 Circolo matematico di Palermo **38** (1914), 98~112 页和 Mathem. Ann. **77** (1916), 153~172 页的论文.

如何确定表面积已给定的一个周围框架着的薄膜形状, 使得振动薄膜的主调音尽可能变低. 这个课题是 Lord Rayleigh 所提出来的, 而 J. Hadamard 对此做了研究, Équilibre des plaques élastiques encastrées, Mémoires présentés par divers savants à l'Académie des Sciences (2) **33** (1908).

在圆的等周主要性质为数甚多的新证明中, 首先必须陈述的是那些来自 "积分几何" 的, 而基本上起源于 L. A. Santaló 的证明. 对此请参照 W. Blaschke, Integral geometrie, 刚出版 (1955/56) 于 Deutschen Verlag der Wissenschaften, Berlin 第三版. 其他著作: T. Bonnesen, Les problèmes des isopérimètres et des isépiphanes, Gauthier-Villars, Paris 1929. E, Steinitz, Raumeinteilungen ···, Enzyklopädie der Math. W, Ⅲ AB 12, Nr. 16. 在本书前言中提到的 Bonnesen 和 Fenchel 的书, 111~113 页, 以及 Fejes Tóth, 8 页以降. 最后, W. Blaschke, Einführung in die Differentialgeometrie, Springer-Verlag 1950, 32~35 页.

第二部分 球的极小性质

§15. Steiner 的证法

I. 问题的提出

我们现在转到球在所有给定体积的“体”中具有最小表面积, 也就是在所有给定表面积的体中具有最大体积 —— 这一球的极值性质上来. 这里, 为了表示方便, 也为了更广泛取得所述方法的应用①, 我们将限于采取所谓“凸”体作为球的对照体. 有时也用简称“卵形体”以代“凸体”.

同我们的目的相应地, 我们对这种比起往往会发生的想法更为狭隘的对象作出如下的规定: 一个空间点集被说成构造一个凸体, 是当它 (1) 是有界的, (2) 是闭的, (3) 有凸性, 即它和相交直线总是在一线段被截断的时候, 当然, 这线段也可能退缩为一点.

这第三而主要的性质也可用等价的条件来代替, 就是点集的任意两点的连接线段也被包括在其中. 一个球或椭球内部和面上的点, 一个立方体的内部和面上的点, 都是构成凸体的简单例子. 然而在表达上必须指出, 比方说我们也把圆域、线段, 最后甚至把一个点也列进凸“体”之中. 形如牛角或救生圈的体都是非凸物体的简单例子.

当人们以 J 和 O 表示一个球的体积和表面积, 又以 r 表示它的半径时,

---

①参照 §20, I.

那么就可将 Archimedes 的一个发现表示为公式

$$J = \frac{4\pi}{3}r^3, \quad O = 4\pi r^2$$

从而得出

$$O^3 - 36\pi J^2 = 0.$$

这两个都被认为已经明确了的空间体积和表面积的概念, 它们之间在每个非球形凸体成立关系

$$O^3 - 36\pi J > 0.$$

与这个凸体有关的不等式就是上面引用的球的极值性质, 我们在本书的第二部分将加以掌握.

Ⅱ. Steiner 的对称化

Steiner 曾创造出一个方法, 简便上或许称 "对称化", 它可能对一个非球的凸体造出另一新凸体, 使后者有等体积而较小表面积. 由此可见: 如果在给定体积的所有凸体中一概存在一个最小表面积的凸体, 那只能是球: 通过这里取代平面问题上应用过的四连杆法而构造出的对称化, 我们可把所提的课题引导到仅仅是一个存在性的证明.

在叙述对称化法之前, 还先要插进一个相当平凡的注记: 如果一个凸体总有一个与任何平面平行的对称平面, 那么它必须是球.

实际上, 这种凸体首先要有三个两两正交的对称平面, 而且因为关于这三个平面交递反射的结果必然是导致关于三平面交点 M 的反射, 所以 M 必须是凸体的中心. 这样, 我们的第一结果是: 所论的凸体有一个中心 M.

一个有界点集不可能有两个不同中心 M_1 和 M_2. 这是由于: 假如有之, 关于这两点的两反射的乘积就会带来沿线段 $\overline{2M_1M_2}$ 的平移, 而且所论点集里的各点必然被移到点集里的一点. 在多次反复施行反射下, 每一点就会被推移到任意远的地方去而与有界假设相矛盾. 所以我们获得第二结果: 一个凸体的任何对称平面通过它的中心 M (不然, 便会存在第二中心, 即 M 关于这对称平面的反射点). 因此过 M 的任何平面都是对称平面.

如果 P 是所论凸体的任何点, 那么从 M 与它等距的各点 Q 同样被包含在凸体之中, 因为过 M 且垂直于 $\overline{PQ}$ 的平面也是对称平面, 它把 P 导致到 Q. 所以凸体只要包含点 P, 就必然要包含以 M 为中心且过 P 的球面, 并且按其凸性也包括这球的内部. 然而, 设 P 为凸体里离 M 最远的点 (这种点

按照它的有界性和闭集必须存在), 那么它必须和上面所作的球合而为一了. 这样一来, 凸体的球形就自然而然地明确了.

现在设 $\mathfrak{K}$ 是非球形凸体而且设想选择了任意一个平面看作为"水平面", 使 $\mathfrak{K}$ 不具有和它平行的对称平面. 于是 $\mathfrak{K}$ 关于这水平面的对称化可述之如下. 我们把 $\mathfrak{K}$ 看作全是细长铅直小棒所拼成的东西. 我们把每根铅直细棒沿铅直方向平移这么长使它的中心落在所取的水平面上. 这样被平移了的这些细棒构成一个关于水平面的对称体 $\widetilde{\mathfrak{K}}$, 而我们对此即将阐明, 它仍旧是凸的. 几何学的表达是: *我们这样确定对称于所取水平面的 $\widetilde{\mathfrak{K}}$, 以致 $\mathfrak{K}$ 和 $\widetilde{\mathfrak{K}}$ 同每根铅直线都相交于等长的线段*[①].

从所谓 B. Cavalieri 的原理立刻得知 $\mathfrak{K}$ 和 $\widetilde{\mathfrak{K}}$ 的体积相等:

$$J_{\mathfrak{K}} = J_{\widetilde{\mathfrak{K}}}.$$

另外, 当 $\mathfrak{K}$ 是由有限个平面所围成时, 也就是当 $\mathfrak{K}$ 从而 $\widetilde{\mathfrak{K}}$ 都是多面体时, 如同 Steiner 通过初等几何思考所阐明的那样, 对应的表面积之间成立不等式

$$O_{\mathfrak{K}} > O_{\widetilde{\mathfrak{K}}}.$$

Steiner 从这个不等式在多面体的情况成立得出一般情况也成立的结论, 因为他认为一般凸体是可由多面体来逼近的.

Ⅲ. 对 Steiner 证法的批判

为了要从对称化作出关于球的最小性质完备的证明, 如前所述, 必须有存在性证明, 即证明: 在给定体积的所有凸体中确实存在这样一个凸体, 它的表面积 ⩽ 其他所有凸体的表面积, 这是自然的. 如同上面对类似的平面问题探讨那样, 完全一样的观察会引起我们对这个存在性证明必要性的认识. 然而, 在空间的课题里还有比平面上更复杂的事情, 那就是对称化本身对于 Steiner 说来, 还不是完整无缺的.

这个方法具备三个性质: 1. 从 $\mathfrak{K}$ 的凸性导致 $\widetilde{\mathfrak{K}}$ 的凸性, 2.

$$J_{\mathfrak{K}} = J_{\widetilde{\mathfrak{K}}}$$

和 3.

$$O_{\mathfrak{K}} > O_{\widetilde{\mathfrak{K}}},$$

[①]平面上类似的作图见后文图 13, 一个多面体的对称化则可参照后文图 9.

其中, 主要的第 3 点仍未完成. 从这个不等式对多面体的成立, 通过极限而得到与任何凸体有关的不等式

$$O_{\mathfrak{K}} \geqslant O_{\widetilde{\mathfrak{K}}}.$$

而且剩下来的是证明: 仅当 $\mathfrak{K}$ 和假设相反地具有对称水平面时, 等号才成立. 在这一平凡场合, 对称化变为简单的平移.

如果我们于此想完备化 Steiner 的证明, 摆在面前的途径是明显的: 为后文的需要, 首先必须搞清楚 "凸体" 的概念, 说明 "体积" 和 "表面积", 再巩固对称化的三项性质的基础, 而最后完成存在课题.

正如对平面问题所作的那样, 在这里我们必须通晓关于连续函数的 Weierstrass 普通存在定理, 而且首先是仅限于多面体证明不等式 $O^3-36\pi J^2 > 0$. 然而事实表明, 这些对称化方法从根本上是行不通的, 因为在多面体对称化的场合, 顶点个数和侧面数目一般都要增加, 而多角形的四连杆法在适当选取下却保持着角点个数不变. 人们可对照图 9 来理解一个四面体怎样经过对称化而变为六面体. 总之, 我们明确了空间问题比起平面问题隐藏着较大的难度.

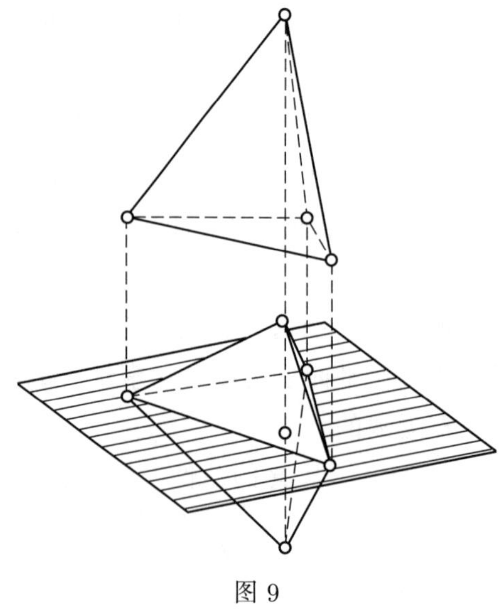

图 9

§16. 凸体和凸函数

I. 双变量的凸函数

从上述凸体的定义 (§15, I) 得知, 两凸体如相交, 它们的交体也是凸体.

在凸体的一点, 如果能作以它为中心的球使之被包含在凸体之中, 便称这点为凸体的*内点*. 没有内点的凸体必定落在平面上, 因为, 倘若包含了一个四面体的四顶点的话, 就该包含四面体的内点. 这样没有内点的凸体也简称*凸域*. 凸域的例子有圆域、线段和单个点. 凸体的非内点的点称*界点*, 界点全体构成凸体的*凸界面*.

容易证明: 凸体如与一平面相交, 交集必是凸域. 一个凸体在一平面上的正投影, 或按 E. Müller 简称凸体的垂足形成了一个凸域. 凡与一个凸体 $\mathfrak{K}$ 的距离[①]不大于 ρ 的所有点也构成一个凸体 $\mathfrak{K}_\rho$, 称 $\mathfrak{K}$ 的一个 "平行体".

现设 $\mathfrak{K}$ 是某凸体. 我们取任一平面作为 (x,y) 平面, 或者通称直角坐标系的 "基平面".

$\mathfrak{K}$ 的任一点 (x,y,z) 的 "基足" $(x,y,0)$ 落在基平面上的一个凸域 $\mathfrak{G}$ 里, $\mathfrak{G}$ 可称 $\mathfrak{K}$ 的基足. 由于每根铅直线, 即 z 轴的平行线与 $\mathfrak{K}$ 一般相交于一线段, 所以我们看出 $\mathfrak{K}$ 点的 z 坐标满足二不等式

$$g(x,y) \leqslant z \leqslant f(x,y).$$

这二函数在 $\mathfrak{G}$ 里被唯一确定了. 如果拼三小组 (x,y,z) 满足上列二关系式中之一个等号, 那么它所对应的是 $\mathfrak{K}$ 的一个界点.

设 (x_1,y_1,z_1) 和 (x_2,y_2,z_2) 是 $\mathfrak{K}$ 的两点. 我们可把它们的连线段上各点的坐标表示成形式

$$x = \lambda_1 x_1 + \lambda_2 x_2, \quad y = \lambda_1 y_1 + \lambda_2 y_2, \quad z = \lambda_1 z_1 + \lambda_2 z_2,$$

式中

$$\lambda_1 + \lambda_2 = 1,$$

而且

$$\lambda_1 \geqslant 0, \quad \lambda_2 \geqslant 0.$$

[①]参照本节 II 段.

可是 $\mathfrak{K}$ 的凸性表明, 这样的点 (x,y,z) 也必须落在 $\mathfrak{K}$ 上, 所以函数 f 和 g 必须满足下列不等式:

$$f(\lambda_1x_1+\lambda_2x_2,\lambda_1y_1+\lambda_2y_2)\geqslant\lambda_1f(x_1,y_1)+\lambda_2f(x_2,y_2),$$
$$g(\lambda_1x_1+\lambda_2x_2,\lambda_1y_1+\lambda_2y_2)\leqslant\lambda_1g(x_1,y_1)+\lambda_2g(x_2,y_2).$$

因此, 我们便首先作出下述的确定: 设 $f(x,y)$ 是在 (x,y) 平面的一个凸域 $\mathfrak{G}$ 上定义的函数. 如果对于 $\mathfrak{G}$ 内的所有 $(x_1,y_1),(x_2,y_2)$ 和所有 $\lambda_1+\lambda_2=1,\lambda_1\geqslant 0,\lambda_2\geqslant 0$ 成立

$$f(\lambda_1x_1+\lambda_2x_2,\lambda_1y_1+\lambda_2y_2)\geqslant\lambda_1f(x_1,y_1)+\lambda_2f(x_2,y_2)$$

而且此外 $f(x,y)$ 在 $\mathfrak{G}$ 内是有下界的, 即

$$f(x,y)\geqslant m,$$

那么称 $f(x,y)$ 为 (向上) 凸函数.

最后这一条件根据 $\mathfrak{K}$ 有界性的假设无疑是必须为以前面确定的方式而从凸体 $\mathfrak{K}$ 产生的那个凸函数 f 所满足. 同 $f(x,y)$ 一样, 上面引进的函数 $-g(x,y)$ 也是 (向上) 凸函数. 人们也可称 g 本身是向下凸的.

从凸函数的定义立刻得知: 如果 $f_1(x,y)$ 和 $f_2(x,y)$ 是在 $\mathfrak{G}$ 内定义的两个 (向上) 凸函数, 那么, 只要是 $c_1\geqslant 0$ 和 $c_2\geqslant 0$, 所作的函数

$$f(x,y)=c_1f_1(x,y)+c_2f_2(x,y)$$

也就必须是 (向上) 凸函数. 换言之: 用正系数的线性组合决不能超出凸函数整体之外. 特别是, 例如函数

$$\frac{1}{2}f(x,y)-\frac{1}{2}g(x,y)$$

是凸的.

Ⅱ. 一个凸体通过一些不等式的确定

在上述的意义下, 从一个凸域 $\mathfrak{G}$ 作为空间凸体在平面 $z=0$ 上的点集来看, 它只有界点而无内点. 但是, 如果我们仅局限于 $z=0$ 上的平面几何着眼, 那么就要按照 $\mathfrak{G}$ 的一点是否被包含在 $\mathfrak{G}$ 内的一个圆里而分别称它为内点和界点. 我们在这个意义下假定所论的域 $\mathfrak{G}$ 具有内点, 换言之, 我们现在把 $\mathfrak{G}$ 重合单根线段的情况除外. 对 $\mathfrak{G}$ 的内部, 即内点的全体将记作 $\mathfrak{G}_0$.

设在 $\mathfrak{G}_0$ 内定义了在上述意义下的 (向上) 凸函数 $f(x,y)$, 还设 $f(x,y) \geqslant m$. 于是我们按条件

$$\mathfrak{M}\begin{cases}(x,y) \text{ 在 } \mathfrak{G}_0 \text{ 内},\\ m \leqslant z \leqslant f(x,y)\end{cases}$$

定义空间点 (x,y,z) 的集合, 而且主张: 如果把这个点集的所有凝聚点加进集里, 那么我们便得到一个凸体 $\mathfrak{M}$.

为了证明, 首先要有这样的见解, 即 $\mathfrak{M}$ 是有界的, 或者换句话说, 函数 $f(x,y)$ 也是向上有界的:

$$f(x,y) \leqslant n.$$

我们为了简便暂且假定 $m=0$, 于是 $f(x,y) \geqslant 0$. 这桩事可由无关紧要的沿 z 方向的平移来实现.

现在设 $(x_0,y_0,0)$ 是 $\mathfrak{G}_0$ 的一点而且 $\mathfrak{S}$ 是以点 (x_0,y_0) 为中心而被包含在 $\mathfrak{G}_0$ 之中的一个圆域. 我们通过直线段把坐标为 $(x_0,y_0,z_0)=f(x_0,y_0)$ 的点 P_0 和圆域 $\mathfrak{S}$ 的所有点连接起来. 于是这些线段充实了一个截断圆锥体 $\mathfrak{D}$, 它是以 $\mathfrak{S}$ 为底, 以 P_0 为顶点而且如 f 的凸性所示, 它是被包含在 $\mathfrak{M}$ 之中的. 人们把 $\mathfrak{D}$ 从其顶点 P_0 延长出去, 便获得第二圆锥体 $\mathfrak{D}^*$, 它的内部再也不含有 $\mathfrak{M}$ 的点了. 实际上, 假如 $\mathfrak{M}$ 的一点 $\mathfrak{O}$ 在 $\mathfrak{D}^*$ 的内部的话, 那么 $\mathfrak{M}$ 必将包括那个以 $\mathfrak{S}$ 为底且以 $\mathfrak{O}$ 为顶点的圆锥体, 从而引起 $f(x_0,y_0)>z_0$ 的矛盾.

可是, $\mathfrak{D}^*$ 和 $\mathfrak{M}$ 无公共点这一事实立刻给出了 $\mathfrak{M}$ 的有界性. 同样, 从 "曲面" $z=f(x,y)$ 分布在二锥面 $\mathfrak{D}$ 和 $\mathfrak{D}^*$ 之间这桩事得知凸函数 $f(x,y)$ 在位置 (x_0,y_0) 的连续性:

在一个凸域上定义的凸函数, 在这域的每一内点是连续的.

从 f 的凸性也立即得出, 有界的闭点集 $\mathfrak{M}$ 同样具有凸性. 所以我们可以确立:

设 $\mathfrak{G}_0$ 为 $z=0$ 上的一个凸域内部, 而且在 $\mathfrak{G}_0$ 里定义了二凸函数 $f(x,y)$ 和 $-g(x,y)$, 此外还假定

$$f(x,y)-g(x,y) \geqslant 0.$$

那么通过条件

$$\mathfrak{K}\begin{cases}(x,y) \text{ 在 } \mathfrak{G}_0 \text{ 内},\\ g(x,y) \leqslant z \leqslant f(x,y)\end{cases}$$

定义点 (x,y,z) 的集合, 并把它扩大成闭集, 我们便获得凸体 $\mathfrak{K}$. 反过来, 分析上都可以这样定义以前 (本节, I) 定义过的那样的凸体, 只要它不退缩成一线段.

事实上, 这个凸体 $\mathfrak{K}$ 不外乎是满足下列条件的二凸体 $\mathfrak{M}$ 和 $\mathfrak{N}$ 的交集:

$$\mathfrak{M}\begin{cases}(x,y)\ \text{在}\ \mathfrak{G}_0\ \text{内},\\ m\leqslant z\leqslant f(x,y),\end{cases}\quad \mathfrak{N}\begin{cases}(x,y)\ \text{在}\ \mathfrak{G}_0\ \text{内},\\ g(x,y)\leqslant z\leqslant n,\end{cases}$$

式中函数 f 和 g 都介于限界 m 和 n 之间:

$$m<f(x,y)<n,\quad m<g(x,y)<n.$$

III. 单变量的凸函数

迄今我们假定了凸函数的定义域 $\mathfrak{G}$ 是有内点的; 因此留下的问题是考虑 $\mathfrak{G}$ 是线段的场合, 比方说, 取它作为 x 轴上的一线段. 于是我们有

$$\mathfrak{K}\begin{cases}a\leqslant x\leqslant b,\quad y=0,\\ g(x)\leqslant z\leqslant f(x)\end{cases}$$

而且函数 f 和 $-g$ 在 $a<x<b$ 里是凸的, 就是

$$f(\lambda_1x_1+\lambda_2x_2)\geqslant\lambda_1f(x_1)+\lambda_2f(x_2),\tag{1}$$

其中

$$\lambda_1+\lambda_2=1;\quad \lambda_1\geqslant0,\quad \lambda_2\geqslant0,$$

而且

$$f(x)>m.$$

令 $\lambda_1=1-\theta,\lambda_2=\theta$, 我们也可表示为

$$f((1-\theta)x_1+\theta x_2)\geqslant(1-\theta)f(x_1)+\theta f(x_2),\quad 0\leqslant\theta\leqslant1.\tag{2}$$

现在要证明下列事实: 在定义区间 $a<x<b$ 的各内点 x 必存在 (有限的) 极限值

$$\lim_{h\to0}\frac{f(x+h)-f(x-h)}{2h}=f^*(x).\tag{3}$$

人们比如可以这样证明: 函数

$$\varphi(x,h)=\frac{f(x+h)-f(x)}{h}\tag{4}$$

在固定 x 之下是 h 的递减函数, 或至少是 h 的非增函数. 实际上, 当 $0<\theta<1$ 时,

$$\varphi(x,h)-\varphi(x,\theta h)=\frac{(1-\theta)f(x)+\theta f(x+h)-f(x+\theta h)}{\theta h}, \tag{5}$$

式中, 按 (2) 分子是非正的.

如所知, 从 $\varphi(x,h)$ 的单调性得知极限值 $\varphi(x,\pm 0)$ 即所谓 f 的右导数和左导数的存在. 从此我们断定

$$f^*(x)=\frac{\varphi(x,+0)+\varphi(x,-0)}{2} \tag{6}$$

的存在. 如果说, $f(x)$ 在普通意义下是可导函数, 就是

$$\varphi(x,+0)=\varphi(x,-0)=f'(x),$$

那么

$$f^*(x)=f'(x).$$

所以我们可称 $f^*(x)$ 为凸函数 $f(x)$ 的一般化导数. f 的连续性也为左右两导数的存在性所包括了.

从 φ 的单调性得知, 对于 $h>0$ 成立

$$\varphi(x,-h)\geqslant\varphi(x,-0)\geqslant f^*(x)\geqslant\varphi(x,+0)\geqslant\varphi(x,h) \tag{7}$$

或者当我们代入 φ 的值时, 便有

$$\frac{f(x)-f(x-h)}{h}\geqslant f^*(x)\geqslant\frac{f(x+h)-f(x)}{h}, \tag{8}$$

这两式对于 $h>0$ 都是有效的. 如果我们前后两次改写记号, 对 x_1 和 x_2 代之以 $x-h$ 和 x, 并接着又代之以 x 和 $x+h$, 便有

$$f^*(x_1)\geqslant\frac{f(x_2)-f(x_1)}{x_2-x_1}\geqslant f^*(x_2), \tag{9}$$

式中 $x_1<x_2$. 这就是说, $f^*(x)$ 也是单调的:

设 $f(x)$ 是在区间 $a<x<b$ 上定义的凸函数, 那么在区间的各点 x 必存在一般化导数

$$f^*(x)=\lim_{h\to 0}\frac{f(x+h)-f(x-h)}{2h}$$

而且它是 x 的非增函数.

IV. 支持直线、支持平面

从关系式 (8) 得出: 对于 $h \gtreqless 0$ 都成立

$$f(x+h) \leqslant f(x) + hf^*(x). \tag{10}$$

从几何学上说, 就是: 曲线 $\zeta = f(\xi)$ 完全落在直线

$$\zeta = f(x) + (\xi - x)f^*(x)$$

的 "下侧". 从此导出: 过凸域的各界点[①]至少有平面上的一根直线完全落在域的一侧.

实际上, 倘若这域没有内点的话, 这个事实是自明的, 而在相反的场合, 我们仅需取一个内点并作它与所论界点的连线, 用后者做正的 z 方向, 于是我们的定理便由上述公式 (10) 得到证实. 按照 H. Minkowski 的命名称这样至少过域的一点而其平面上不再和域相交的直线为域的支持直线.

相类似地我们对空间几何将证明: 过一个凸体 $\mathfrak{K}$ 的各界点 R 至少有一个支持平面, 即使凸体落在其一侧的平面.

为证明这定理, 我们过 R 作平面 $\mathfrak{E}$ 使与 $\mathfrak{K}$ 相交于凸域 $\mathfrak{B}$ (图 10). 于是过 R 就有 $\mathfrak{B}$ 的一根支持直线 $\mathfrak{z}$, 我们取 $\mathfrak{z}$ 为 z 轴. 我们求出 $\mathfrak{K}$ 在 $z=0$ 上的基足 $\mathfrak{G}$; 设 R' 是 R 的垂足, $\mathfrak{E}$ 和 $z=0$ 的交线为 $\mathfrak{e}$. 然而, 在 $\mathfrak{E}$ 上, 支持直线 $\mathfrak{z}$

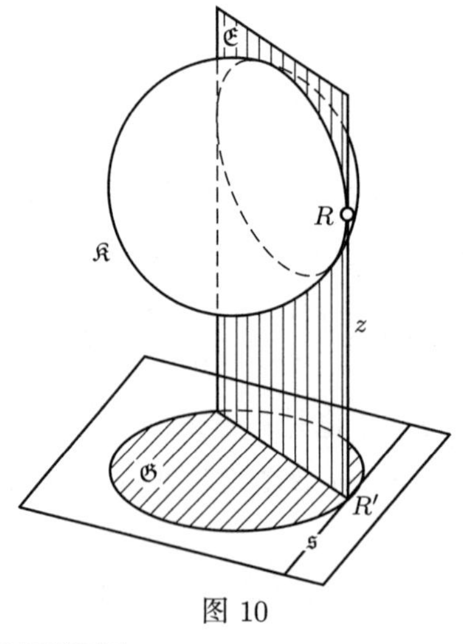

图 10

① "界点" 是在平面几何意义下称呼的. 参照本节 II 最初一段.

必有一侧,使其上没有 $\mathfrak{B}$ 的内点,从而也没有 $\mathfrak{K}$ 的内点. 所以 $\mathfrak{e}$ 上以 R' 为终点的二半直线中的一根也没有 $\mathfrak{K}$ 的内点. 因此, R' 是 $\mathfrak{G}$ 的界点. 这样一来,过 R' 必有 $\mathfrak{G}$ 的一根直线 $\mathfrak{s}$. 可是在 $z=0$ 上以及 $\mathfrak{s}$ 的一侧没有 $\mathfrak{G}$ 的内点, 所以过 R 和 $\mathfrak{s}$ 的平面 $\mathfrak{S}$ 必有一侧使其不包含 $\mathfrak{K}$ 的内点. 就是说, $\mathfrak{S}$ 是过 R 的支持平面 (证毕).

V. 一个点集的凸包、凸多面体

设 $\mathfrak{M}$ 为我们空间的有界闭点集. 那么一定有凸点集包含 $\mathfrak{M}$ 于其中, 例如: 包含 $\mathfrak{M}$ 的充分大球就是其中之一. 在所有这些凸体中一定存在最小的一个, 记作 $\mathfrak{K}$, 就是一个被其他所有凸体所包含的凸体. 我们将称 $\mathfrak{K}$ 为 $\mathfrak{M}$ 的凸包.

为了明确这个事实, 我们首先考察一些和 $\mathfrak{M}$ 既不相交而又不把它分开两部分的平面. 我们将称这种平面为 $\mathfrak{M}$ 的 “栅”. 于此, 我们作出论断: $\mathfrak{K}$ 是由所有这样的点构成的, 过其各点不存在 $\mathfrak{M}$ 的栅.

实际上, 所有这种点显然构成一个有界闭集. 另外, 如果集中的两点是 P 和 Q, 那么在连线段 $\overline{PQ}$ 上的任何点也不存在一个栅, 不然的话, 过 P 或 Q 必然会有一个栅而发生矛盾. 这样, $\mathfrak{K}$ 具备了凸体的三个性质.

引理 过任何不在凸体 $\mathfrak{K}^*$ 上的点 A 必有 $\mathfrak{K}^*$ 的一个栅.

根据 $\mathfrak{K}^*$ 的闭集性质必有从 A 到 $\mathfrak{K}^*$ 的最短连线段 $\overline{AB}$; 过 A 引垂直于 AB 的平面, 它就是栅. 这是由于, 倘若相反, 这平面包含了 $\mathfrak{K}^*$ 的一点 C, 整个线段 $\overline{BC}$ 就要在 $\mathfrak{K}^*$ 上, 于是从 A 到这线段的垂足就有比 B 到 A 更短的距离, 而与假设相矛盾.

现在设 $\mathfrak{K}^*$ 为包含 $\mathfrak{M}$ 的任一凸体, 那么过任意一个不在 $\mathfrak{K}^*$ 上的点 A 必有 $\mathfrak{K}^*$ 的一个栅, 它当然也是 $\mathfrak{M}$ 的栅. 所以 A 不在 $\mathfrak{K}$ 上, 从而 $\mathfrak{K}$ 被包含在 $\mathfrak{K}^*$ 内, 这就是我们所需要证明的. 最后断定, $\mathfrak{M}$ 被包含在 $\mathfrak{K}$ 内.

顺便指出, 人们可以通过力学解释来说明一个点集 $\mathfrak{M}$ 的最小凸体 $\mathfrak{K}$. 实际上, $\mathfrak{M}$ 的各点都放上正质量时, 这个质量系统的重心总是在 $\mathfrak{K}$ 内. 反过来, 我们可以这样调整 (非负的) 装配使得它的重心恰恰与 $\mathfrak{K}$ 的任意一个定点重合.

当 $\mathfrak{M}$ 是由有限个不共平面的点组成时, 我们称 $\mathfrak{M}$ 的有关凸包 (也包括内点) 为凸多面体. 反之, 如果 $\mathfrak{M}$ 的各点在一平面上, 那么 $\mathfrak{K}$ 将是凸多角形.

一个凸多面体的周界是由有限个凸多角形组成. 凸多面体的例子有柏

拉图的五种正多面体: 正四面体、立方体、正八面体、正十二面体和正二十面体.

VI. 支持函数

对于任一平面必有恰恰两个不同的平行平面, 使具有内点的凸体 $\mathfrak{K}$ 以这二平面为支持平面. 实际上, 比方取水平面为例, 由于 $\mathfrak{K}$ 是有界闭集, 一定存在 $\mathfrak{K}$ 的一个最高点和一个最低点, 而且过各点的水平面就是所求的支持平面. 从支持平面的定义看出, 不可能有多于两个的平行支持平面.

我们给 $\mathfrak{K}$ 的各支持平面定下向外的方向, 以 α, β, γ 记它的方向余弦, 而且把坐标原点比方说放到 $\mathfrak{K}$ 的内部, 以 H (> 0) 表示原点到支持平面的距离, 那么

$$H = H(\alpha, \beta, \gamma)$$

是球面 $\alpha^2 + \beta^2 + \gamma^2 = 1$ 上的单值函数. Minkowski 称它为 $\mathfrak{K}$ 的支持平面函数或支持函数. $\mathfrak{K}$ 的点 (x, y, z) 满足不等式

$$\alpha x + \beta y + \gamma z \leqslant H(\alpha, \beta, \gamma). \tag{$*$}$$

然而从引理 (本节, V) 得知, 过 $\mathfrak{K}$ 的外部各点有一个栅

$$\alpha_0 x + \beta_0 y + \gamma_0 z = H_0 > H(\alpha_0, \beta_0, \gamma_0),$$

所以所有不等式 $(*)$ 对于 α, β, γ $(\alpha^2 + \beta^2 + \gamma^2 = 1)$ 的成立特征化了 $\mathfrak{K}$ 的点 (x, y, z).

§17. 体积和表面积

I. 多面体的体积和表面积

我们用普通的方法定义凸多面体的体积和表面积等概念, 这些都被看为绝对量, 即有正号的量, 而且从此将导出任何凸体的对应概念的定义.

设 $\mathfrak{V}$ 是凸多面体, $\mathfrak{W}$ 是包含 $\mathfrak{V}$ 在内的第二个凸多面体, 但它还包含不在 $\mathfrak{V}$ 上的点. 我们通过 $\mathfrak{V} < \mathfrak{W}$ 的写法来表达. 另外, 用 $\lambda\mathfrak{V}$ 表达这样一个多面体, 当我们把 $\mathfrak{V}$ 的所有点的各坐标改变比值 $1 : \lambda$ $(\lambda > 0)$. 人们于是假定关于多面体的体积 J 和表面积 O 的下述性质为已知的:

1. 从 $\mathfrak{V} < \mathfrak{W}$ 得出 $J_{\mathfrak{V}} < J_{\mathfrak{W}}$ 和 $O_{\mathfrak{V}} < O_{\mathfrak{W}}$.

2. $J_{\lambda\mathfrak{P}} = \lambda^3 J_{\mathfrak{P}}$ 和 $O_{\lambda\mathfrak{P}} = \lambda^2 O_{\mathfrak{P}}$ 成立.

3. 设一个多面体 $\mathfrak{P}$ 被一平面沿着面积 F 的凸域被分割成两个部分多面体 $\mathfrak{P}_1$ 和 $\mathfrak{P}_2$. 那么 J 和 O 的"累加性质"可表达如下:

$$J_{\mathfrak{P}_1} + J_{\mathfrak{P}_2} = J_{\mathfrak{P}}, \quad O_{\mathfrak{P}_1} + O_{\mathfrak{P}_2} = O_{\mathfrak{P}} + 2F.$$

II. 通过多面体的逼近

为了把这些概念拓广到任意凸体的工作变为可能, 我们需要与任意凸体通过多面体的逼近问题有关的 Minkowski 定理. 这个定理可叙述如下:

设 $\mathfrak{K}$ 为任意凸体而且坐标原点是 $\mathfrak{K}$ 的一个内点①. 我们对于充分小的正数 ε 可以这样确定凸多面体 $\mathfrak{P}$, 使得

$$\mathfrak{K} < \mathfrak{P} < \mathfrak{K}(1+\varepsilon).$$

人们可证之如下. 我们用边长 σ 的点格子装满空间, 就是观察坐标具有形式

$$x = p\sigma, \quad y = q\sigma \quad z = r\sigma$$

的所有点, 式中 p, q, r 表示整数. 空间由此被划分为边长 σ 的真正立方体而且我们从这些立方体注意那些和 $\mathfrak{K}$ 至少有一个公共点的立方体. 它们全体构成了一个闭点集 $\mathfrak{M}$, 而我们在其上造出凸包 $\mathfrak{P}$ 来 (图 11 示意了平面上的对应作图). $\mathfrak{P}$ 是一个多面体, 因为 $\mathfrak{P}$ 也是包括 $\mathfrak{M}$ 的所有骰子的 (有限个) 角点 (格子点) 的最小凸体. $\mathfrak{K}$ 落在 $\mathfrak{P}$ 内, 而另一方面, $\mathfrak{M}$ 上没有一点到 $\mathfrak{K}$ 的距离会超过立方体对角线 $\sigma\sqrt{3}$. 换言之, $\mathfrak{M}$ 从而 $\mathfrak{P}$ 都落在 $\mathfrak{K}$ 的凸平行体

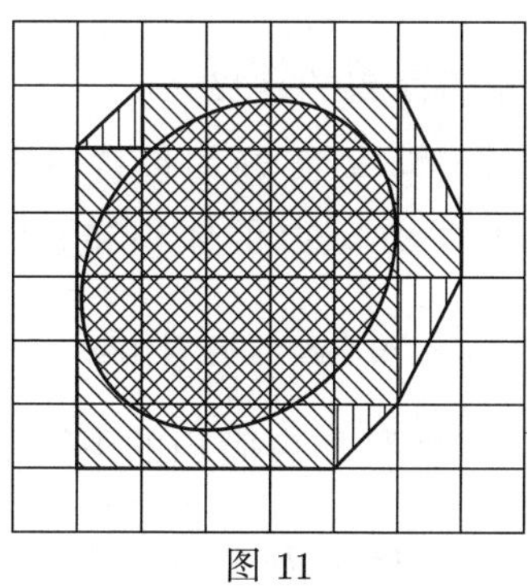

图 11

①如 $\mathfrak{K}$ 无内点, 则 $J_{\mathfrak{K}} = 0$ 而且 $O_{\mathfrak{K}} = \mathfrak{K}$ 的面积的两倍 (参照本节 III 末段).

$\mathfrak{K}_\rho$ $(\rho=\sqrt{3}\sigma)$ 之内. 由此可见, 相应的支持函数之间成立下列关系:

$$H_{\mathfrak{K}} < H_{\mathfrak{V}} \leqslant H_{\mathfrak{K}} + \sigma\sqrt{3}. \qquad (*)$$

现在设 ρ 是 $\mathfrak{K}$ 的内部以坐标原点为中心的一球的半径, 那么

$$0<\rho<H_{\mathfrak{K}}.$$

所以

$$\sigma\sqrt{3} < \frac{\sigma\sqrt{3}}{\rho}H_{\mathfrak{K}},$$

从而

$$H_{\mathfrak{K}} < H_{\mathfrak{V}} < H_{\mathfrak{K}}\left(1+\frac{\sigma\sqrt{3}}{\rho}\right).$$

因为我们可以随意选择 σ, 所以需要证明的结果已被包含无遗了.

显然, 一个多面体 $\mathfrak{V}$ 的支持函数 $H_{\mathfrak{V}}$ 是连续的, 所以我们从 $(*)$ 得知, 用连续函数可以均匀地逼近任意凸体 $\mathfrak{K}$ 的支持函数. 由此可见:

任意凸体的支持函数 $H(\alpha,\beta,\gamma)$ 在整个单位球面 $\alpha^2+\beta^2+\gamma^2=1$ 上是连续的.

我们也可把 Minkowski 逼近定理改写如下: 设任意凸体 $\mathfrak{K}$ 的一个内点是坐标原点, 那么我们常可将 $\mathfrak{K}$ 装入有相似位置的两个多面体之间而使后者非常靠近

$$\mathfrak{V}(1-\varepsilon) < \mathfrak{K} < \mathfrak{V}.$$

我们如前作 $\mathfrak{V}$. 当采用

$$\varepsilon=\frac{\sigma\sqrt{3}}{\rho}$$

时, 便有上列公式.

Ⅲ. 任意凸体的体积和表面积的定义

设 $\mathfrak{K}$ 为有内点的任意凸体, 又设 $\mathfrak{V}$ 为包含 $\mathfrak{K}$ 的多面体 $(\mathfrak{V}>\mathfrak{K})$ 而且 $\mathfrak{W}$ 是在 $\mathfrak{K}$ 内的多面体. 那么根据 $\mathfrak{V}>\mathfrak{W}$ 的体积和表面积的性质 1, 得知

$$J_{\mathfrak{V}} > J_{\mathfrak{W}},\quad O_{\mathfrak{V}} > O_{\mathfrak{W}}.$$

而且按此可以判定关于 $\mathfrak{K}$ 的体积和表面积的下列关系:

$$J_{\mathfrak{V}} > J_{\mathfrak{K}} > J_{\mathfrak{W}},$$

$$O_{\mathfrak{V}} > O_{\mathfrak{K}} > O_{\mathfrak{W}}.$$

可是, 如我们即将阐明的那样, 只要成立对于所有被 $\mathfrak{K}$ 所包含的多面体 $\mathfrak{W}$ 和所有包含 $\mathfrak{K}$ 在其中的多面体 $\mathfrak{V}$ 的这些不等式, 便可唯一确定二测度 $J_{\mathfrak{K}}, O_{\mathfrak{K}}$.

这是来自性质 2 和证明过的逼近定理. 实际上, 我们仅需阐明: 给定了任意正数 δ, 我们一定可确定二凸体 $\mathfrak{V}$ 和 $\mathfrak{W}$, 使得

$$\mathfrak{V} > \mathfrak{K} > \mathfrak{W}$$

和

$$J_{\mathfrak{V}} - J_{\mathfrak{W}} < \delta, \quad O_{\mathfrak{V}} - O_{\mathfrak{W}} < \delta.$$

按照上述的逼近定理我们可选取

$$\mathfrak{W} = (1-\varepsilon)\mathfrak{V}.$$

而且从性质 2 便有

$$\begin{aligned} J_{\mathfrak{V}} - J_{\mathfrak{W}} &= \left\{ \frac{1}{(1-\varepsilon)^3} - 1 \right\} J_{\mathfrak{W}}, \\ O_{\mathfrak{V}} - O_{\mathfrak{W}} &= \left\{ \frac{1}{(1-\varepsilon)^2} - 1 \right\} O_{\mathfrak{W}}. \end{aligned}$$

如果我们把 $\mathfrak{K}$ 从而把 $\mathfrak{W}$ 装进一个边长 s 的立方体里, 那么便有

$$\begin{aligned} J_{\mathfrak{V}} - J_{\mathfrak{W}} &< \left\{ \frac{1}{(1-\varepsilon)^3} - 1 \right\} s^3, \\ O_{\mathfrak{V}} - O_{\mathfrak{W}} &< \left\{ \frac{1}{(1-\varepsilon)^2} - 1 \right\} 6s^2. \end{aligned}$$

因为 $\varepsilon > 0$ 是可以任意压缩的, 所以我们从中便获得所要的结果.

因此, 我们可以定义 $J_{\mathfrak{K}}$ 和 $O_{\mathfrak{K}}$ 如下:

当一个凸体 $\mathfrak{K}$ 具有内点时, 它的体积和表面积是被包括在 $\mathfrak{K}$ 内的凸多面体的体积和表面积的上界, 也是包括 $\mathfrak{K}$ 在内的凸多面体的体积和表面积的下界.

完全相应地, 在平面几何里凸体的面积和周长定义于被包括在域内和包括域在其内的凸多角形的对应测度.

一个凸域的体积应使之为零, 而且它的表面积等于凸域面积的两倍.

在本节 I 所述的那些关于多面体的 J 和 O 的三个性质, 按照 Minkowski 逼近定理便可移植到任意凸体上来.

IV. 收敛的凸体序列

每个凸点集 $\mathfrak{K}$ 就这样伴随着一个已定的体积 $J_{\mathfrak{K}}$ 和一个已定的表面积 $O_{\mathfrak{K}}$, 因此两个数对应于每一个这种点集. 一个普通函数对应于一个集合, 例如: 一个区间的各点. 在我们这里便产生了函数概念的一个扩充, 称为 "点集函数", 或简称 "泛函".

我们从上述的两个泛函 $J_{\mathfrak{K}}$ 和 $O_{\mathfrak{K}}$ 的定义出发, 将推导某种连续性, 而为此必须处理如何区别两 "充分相邻" 凸体的体积和表面积相差任意小的问题. 对此首先要求的是, 词汇 "相邻" 必须具备一个明晰的意义.

设 P 为任意一点, $\mathfrak{K}$ 是凸体, Q 是 $\mathfrak{K}$ 中的点. 当 Q 在 $\mathfrak{K}$ 中变动时, P 与 Q 之间的距离的最小值 $E(P,\mathfrak{K})$ 称为 P 到 $\mathfrak{K}$ 的距离. 由于 $\mathfrak{K}$ 是闭集, 这种极小值必定存在.

现在我们可作如下的说明: 对于二凸体 $\mathfrak{K}$ 和 $\mathfrak{L}$, 如果存在下述性质的最小数 $\nu\ (>0)$, 即: 从 $\mathfrak{L}$ 的任一点到 $\mathfrak{K}$ 的距离 $\leqslant \nu$, 而且反过来, 从 $\mathfrak{K}$ 的任一点到 $\mathfrak{L}$ 的距离同样 $\leqslant \nu$, 那么 $\nu = N(\mathfrak{K},\mathfrak{L})$ 称为这二凸体 $\mathfrak{K}$ 和 $\mathfrak{L}$ 的邻近测度.

这样一来, 我们就可以进一步作出如下的确定: 设有一个凸体序列 $\mathfrak{K}_1, \mathfrak{K}_2, \mathfrak{K}_3, \cdots$ 和另一凸体 $\mathfrak{L}$. 如果 $\mathfrak{K}_n$ 和 $\mathfrak{L}$ 所对应的邻近测度趋近于零:

$$\lim_{n\to\infty} N(\mathfrak{K}_n,\mathfrak{L}) = 0,^{①}$$

那么我们说, 这个序列趋近于 $\mathfrak{L}$, 或写为

$$\mathfrak{L} = \lim_{n\to\infty} \mathfrak{K}_n.$$

举例 设 $\mathfrak{L}$ 为任意凸体, 有内点或无内点. 于是, 我们取这样的所有点 P, 使得距离 $E(P,\mathfrak{L}) \leqslant \rho_n$. P 的全体构成了另一个凸体 $\mathfrak{K}_n$, 称为 $\mathfrak{L}$ 的平行体. 然后, 让 ρ_n 趋近于零, 例如: $1, \frac{1}{2}, \frac{1}{3}, \cdots$. 这时对应的凸体趋近于 $\mathfrak{L}$.

又在坐标 $x = 1:n,\ y = 0,\ z = 0\ (n = 1,2,3,\cdots)$ 的点的周围, 以半径 $1:2^n$ 作球 $\mathfrak{K}_n$. 那么存在

$$\lim_{n\to\infty} \mathfrak{K}_n = \mathfrak{L},$$

而实际上, $\mathfrak{L}$ 与原点重合.

上述的 (本节, II) 逼近定理也可表示如下: 如果一个凸体 $\mathfrak{K}$ 和一个正数 ν 是给定的, 人们总是可以这样确定一个凸多面体 $\mathfrak{P}$ 使得 $N(\mathfrak{K},\mathfrak{P}) < \nu$.

---

①我们在后文 (§18, V) 中将给出另一个收敛性的等价定义.

设 $\mathfrak{K}_1$ 和 $\mathfrak{K}_2$ 为二凸体, 它们都包含原点, 而且 H_1, H_2 是支持函数, 那么

$$|H_1 - H_2| \leqslant N(\mathfrak{K}_1, \mathfrak{K}_2).$$

V. 体积与表面积的连续性

现在是严密掌握上述的关于泛函 $J_{\mathfrak{K}}$ 和 $O_{\mathfrak{K}}$ 的连续性问题的时候了. 从

$$\lim_{n\to\infty} \mathfrak{K}_n = \mathfrak{L}$$

导出

$$\lim_{n\to\infty} J_{\mathfrak{K}_n} = J_{\mathfrak{L}}, \quad \lim_{n\to\infty} O_{\mathfrak{K}_n} = O_{\mathfrak{L}}.$$

按前述事项看来, 证明就摆在眼前. 首先假定 $\mathfrak{L}$ 有内点, 取其一内点为原点 M. 设中心 M 和半径 ρ 的球被包含在 $\mathfrak{L}$ 之中. 那么

$$\left(1 - \frac{\nu}{\rho}\right) \mathfrak{L} < \mathfrak{K}_n < \left(1 + \frac{\nu}{\rho}\right) \mathfrak{L},$$

只要邻近测度

$$N(\mathfrak{K}_n, \mathfrak{L}) < \nu,$$

式中 ν 是 $< \rho$ 的一个正数. 按性质 2 得出

$$\left(1 - \frac{\nu}{\rho}\right)^3 J_{\mathfrak{L}} < J_{\mathfrak{K}_n} < \left(1 + \frac{\nu}{\rho}\right)^3 J_{\mathfrak{L}},$$
$$\left(1 - \frac{\nu}{\rho}\right)^2 O_{\mathfrak{L}} < O_{\mathfrak{K}_n} < \left(1 + \frac{\nu}{\rho}\right)^2 O_{\mathfrak{L}}.$$

这样, 我们便获得所要的结果

$$\lim_{n\to\infty} J_{\mathfrak{K}_n} = J_{\mathfrak{L}}, \quad \lim_{n\to\infty} O_{\mathfrak{K}_n} = O_{\mathfrak{L}}.$$

在 $\mathfrak{L}$ 不具有内点的场合, 我们同样可以简单地作出证明. 设 $\mathfrak{L}$ 是平面 $z = 0$ 上的凸域, 而且包含着以坐标原点 M 为中心、ρ 为半径的圆域 (倘若 $\mathfrak{L}$ 退缩为线段或一点, 那么定理的成立更为显而易知了). 我们造出凸体

$$\mathfrak{M}_\nu \begin{cases} (x, y) \text{ 在 } \left(1 + \dfrac{\nu}{\rho}\right) \mathfrak{L} \text{ 内}, \\ |z| \leqslant \nu. \end{cases}$$

从 $N(\mathfrak{K}_n,\mathfrak{L})<\nu$ 得出 $\mathfrak{K}_n<\mathfrak{M}_\nu$, 且因此有

$$J_{\mathfrak{K}_n}<J_{\mathfrak{M}_\nu}=\left(1+\frac{\nu}{\rho}\right)^2\cdot 2\nu F_{\mathfrak{L}},$$

$$O_{\mathfrak{K}_n}<O_{\mathfrak{M}_\nu}=2\left(1+\frac{\nu}{\rho}\right)^2F_{\mathfrak{L}}+2\nu\left(1+\frac{\nu}{\rho}\right)U_{\mathfrak{L}},$$

式中 $F_{\mathfrak{L}}$ 和 $U_{\mathfrak{L}}$ 分别表示 $\mathfrak{L}$ 的面积和周长. 这样, 立即得出

$$\lim_{n\to\infty}J_{\mathfrak{K}_n}=J_{\mathfrak{L}}=0.$$

我们对 $\mathfrak{K}_n$ 的表面积还需要找出第二个估值. 设 $\mathfrak{G}_n$ 为 $\mathfrak{K}_n$ 的基足, 即: $\mathfrak{K}_n$ 的点在平面 $z=0$ 上的垂足的总体. 那么

$$\mathfrak{G}_n>\left(1-\frac{\nu}{\rho}\right)\mathfrak{L},$$

而另一方面

$$O_{\mathfrak{K}_n}\geqslant 2F_{\mathfrak{G}_n}>2\left(1-\frac{\nu}{\rho}\right)^2F_{\mathfrak{L}}.$$

所以实际上

$$\lim_{n\to\infty}O_{\mathfrak{K}_n}=O_{\mathfrak{L}}=2F_{\mathfrak{L}}.$$

这里, 我们利用了 $\mathfrak{K}_n$ 的表面积与其基足的面积之间的关系式

$$O_{\mathfrak{K}_n}\geqslant 2F_{\mathfrak{G}_n},$$

它当 $\mathfrak{K}_n$ 是多面体时亦成立. 由此可见, 通过极限之后, 我们得到在 $\mathfrak{K}_n$ 具有内点的场合证明过的定理. 倘若 $\mathfrak{K}_n$ 是一个域, 这关系式尤其是平凡的了.

§18. Bolzano-Weierstrass 关于凝聚点存在定理的一个拓广

I. 凸体的选择定理

关于凝聚点存在性的 Bolzano-Weierstrass 定理可以表述如下:

人们从任一有界的无限点集总是可以选出一个收敛的点序列.

这仅仅是即将证明的关于凸体的一般定理的特殊情况.

选择定理 *从一个均匀有界的无限凸体集 $\mathfrak{M}$ 总是可选出一个凸体序列 $\mathfrak{K}_1,\mathfrak{K}_2,\mathfrak{K}_3,\cdots$, 使它收敛于一个凸体 $\mathfrak{L}$*

$$\mathfrak{L}=\lim_{n\to\infty}\mathfrak{K}_n.$$

这里所谓“均匀有界的”凸体集, 是指集的所有凸体整个落在一个立方体 $\mathfrak{W}$ 之内, 换言之, 纳入一个充分大球之中.

至于收敛, 则已见于 §17, Ⅳ 的定义.

Ⅱ. Cantor 的对角线法

人们或许可以这样推导证明. 设 $\mathfrak{W}$ 决定于不等式

$$|x| \leqslant c, \quad |y| \leqslant c, \quad |z| \leqslant c.$$

于是人们对 $\mathfrak{W}$ 中的三坐标都是有理数的所有点可编号码, 就是排成点列 $P_1, P_2, P_3, \cdots$. 为此, 人们比如排出这样一个图式, 使其第 q 行是由所有 (有限个) 这样一些点组成, 每点的 (正) 有理数坐标的分母 $\leqslant q$. 接着, 我们对第一行的这些点编号, 再对第二行的点继续编号, 以下依此类推. 这里我们可以避免同一个有理数点里出现多个分母的情况, 而归根到底, 用这方式可以把 $\mathfrak{W}$ 中的所有有理点都编上号码了.

现在设 $\mathfrak{K}$ 为所论集 $\mathfrak{M}$ 中的任一凸体, 而且 $E(P_1, \mathfrak{K})$ 是点 P_1 到这凸体的距离 (参照 §17, Ⅳ). 因为

$$0 \leqslant E(P_1, \mathfrak{K}) \leqslant 2c\sqrt{3},$$

所有这些数 $E(P_1, \mathfrak{K})$ 都是有界的, 于是我们按照 Bolzano-Weierstrass 定理可从集 $\mathfrak{M}$ 中挑出凸体序列 —— 将以 $\mathfrak{K}_{11}, \mathfrak{K}_{12}, \mathfrak{K}_{13}, \cdots$ 表示它, 使得

$$\lim_{n\to\infty} E(P_1, \mathfrak{K}_{1n})$$

存在.

同样, 从序列 $\mathfrak{K}_{11}, \mathfrak{K}_{12}, \mathfrak{K}_{13}, \cdots$ 可以挑出另一个子序列 $\mathfrak{K}_{21}, \mathfrak{K}_{22}, \mathfrak{K}_{23}, \cdots$, 使得

$$\lim_{n\to\infty} E(P_2, \mathfrak{K}_{2n})$$

也存在.

把这个过程重复施行 k 次之后, 我们便得到 $\mathfrak{M}$ 中的凸体序列 $\mathfrak{K}_{k1}, \mathfrak{K}_{k2}, \mathfrak{K}_{k3}, \cdots$, 使得

$$\lim_{n\to\infty} E(P_j, \mathfrak{K}_{kn})$$

对于 $j=1,2,\cdots,k$ 都存在. 如果把这个步骤推行到无限, 我们便获得凸体的一个图式:

$$\begin{array}{c}\mathfrak{K}_{11},\mathfrak{K}_{12},\mathfrak{K}_{13},\mathfrak{K}_{14},\cdots\\ \mathfrak{K}_{21},\mathfrak{K}_{22},\mathfrak{K}_{23},\mathfrak{K}_{24},\cdots\\ \mathfrak{K}_{31},\mathfrak{K}_{32},\mathfrak{K}_{33},\mathfrak{K}_{34},\cdots\\ \mathfrak{K}_{41},\mathfrak{K}_{42},\mathfrak{K}_{43},\mathfrak{K}_{44},\cdots\\ \cdots\cdots\cdots\cdots\\ \cdots\cdots\cdots\cdots\end{array}$$

它是向右、下二方向无限延伸的. 图式中的各行是凸体的一个序列, 全体被包括在其前行的序列之中.

我们按照 G. Cantor 作出这图式的 "对角序列"

$$\mathfrak{K}_{11},\mathfrak{K}_{22},\mathfrak{K}_{33},\cdots,$$

这个序列仅仅含有序列

$$\mathfrak{K}_{k1},\mathfrak{K}_{k2},\mathfrak{K}_{k3},\cdots$$

的第 k 个凸体. 所以对于 $j=1,2,\cdots,k$ 必存在

$$\lim_{n\to\infty}E(P_j,\mathfrak{K}_{nn}),$$

而且因为 k 是任意自然数, 这个极限值对于所有的有理点一律存在.

Ⅲ. 所选序列的收敛性

为了简便, 将序列

$$\mathfrak{K}_{11},\mathfrak{K}_{22},\mathfrak{K}_{33},\cdots$$

写成

$$\mathfrak{K}_{1},\mathfrak{K}_{2},\mathfrak{K}_{3},\cdots$$

而且要证明:

$$\lim_{n\to\infty}E(P,\mathfrak{K}_{n})$$

不但对于任何有理点 $P\in\mathfrak{W}$, 而且对 $\mathfrak{W}$ 的任何点 P 都一律存在; 此外, 这个极限值是 P 的各坐标的连续函数. 我们可从下列三角形三边之间的不等式

立即得出证明:

$$|E(P,\mathfrak{K}_n)-E(Q,\mathfrak{K}_n)|\leqslant\overline{PQ}.$$

因此, 对于有理点 P 和 Q 首先成立

$$|\lim E(P,\mathfrak{K}_n)-\lim E(Q,\mathfrak{K}_n)|\leqslant\overline{PQ}.\tag{$*$}$$

从第一个不等式还容易看出, 在一个无理点 P 所作的数列

$$E(P,\mathfrak{K}_1),E(P,\mathfrak{K}_2),E(P,\mathfrak{K}_3),\cdots$$

仅可能有一个凝聚点, 从而得知: 在一个无理点 P 也存在

$$\lim_{n\to\infty}E(P,\mathfrak{K}_n).$$

另外, 从此还得知: 不等式 $(*)$ 对于无理点也成立, 而且其中就蕴涵着: P 的各坐标的函数

$$E(x,y,z)=\lim_{n\to\infty}E(P,\mathfrak{K}_n)$$

是连续的.

现在, 我们将证明: 凡使 $E(x,y,z)=0$ 的 $\mathfrak{W}$ 的所有点构成一个凸体 $\mathfrak{L}$.

首先是 $\mathfrak{L}\leqslant\mathfrak{W}$, 即 $\mathfrak{L}$ 是有界的. 其次, 由于 $E(x,y,z)$ 是连续函数, $\mathfrak{L}$ 是闭集. 又在两点 P_1,P_2 的连线上任取一点 P 时, 从

$$E(P_1,\mathfrak{K}_n)<\varepsilon,\quad E(P_2,\mathfrak{K}_n)<\varepsilon$$

得出

$$E(P,\mathfrak{K}_n)<\varepsilon,$$

所以从

$$\lim_{n\to\infty}E(P_1,\mathfrak{K}_n)=0,\quad \lim_{n\to\infty}E(P_2,\mathfrak{K}_n)=0,$$

便有

$$\lim_{n\to\infty}E(P,\mathfrak{K}_n)=0.$$

就是说: 当 $\mathfrak{L}$ 包含 P_1 和 P_2 时, 也包含其连线上的各点. 因此, 我们证实了 $\mathfrak{L}$ 作为凸体的三定义性质.

Ⅳ. 和以前收敛定义的相一致性

最后, 我们还须证明: 在同 §17, Ⅳ 中所定义的一样意义下,

$$\mathfrak{L}=\lim_{n\to\infty}\mathfrak{K}_n.$$

首先有必要证明: 对于任意正数 ε 一定可选取这么大的整数 m, 使得对于 $\mathfrak{L}$ 的所有点 P 和所有的 $n>m$ 成立

$$E(P,\mathfrak{K}_n)<\varepsilon.$$

假如不是这样的话, 我们就可在 $\mathfrak{L}$ 内选出无限多点 $P_1,P_2,P_3,\cdots$ 和无限多个自然数 $n_1,n_2,n_3,\cdots$, 使得

$$E(P_j,\mathfrak{K}_{n_j})\geqslant\varepsilon.$$

因为 $\mathfrak{L}$ 是有界的闭集. 这些 P_j 在 $\mathfrak{L}$ 内一定至少有一个凝聚点 P_0, 而且在这里将会有

$$\begin{aligned}E(P_0,\mathfrak{K}_{n_j})&\geqslant E(P_j,\mathfrak{K}_{n_j})-\overline{P_0P_j}\\&\geqslant\varepsilon-\overline{P_0P_j}.\end{aligned}$$

这样, 必然会导致

$$\lim_{n\to\infty}E(P_0,\mathfrak{K}_n)\geqslant\varepsilon,$$

而与假设相矛盾.

第二步, 我们终究还要证明: 任意给定一个正数 ε, 必可选择这么大的 m, 使得对于 $\mathfrak{K}_n$ $(n>m)$ 内任意点 P 成立

$$E(P,\mathfrak{L})<\varepsilon.$$

假如不然, 就可在 $\mathfrak{K}_{n_j}$ $(n_j>m)$ 选取无限多个点 P_j, 使得

$$E(P_j,\mathfrak{L})\geqslant\varepsilon.$$

这些 P_j 都在 $\mathfrak{W}$ 内, 将会有真正的一个凝聚 P_0, 并且我们一方面有

$$E(P_0,\mathfrak{K}_{n_j})\leqslant\overline{P_0P_j},$$

于是有

$$\lim_{n\to\infty} E(P_0, \mathfrak{K}_n) = 0.$$

可是另一方面, 又会有

$$E(P_0, \mathfrak{L}) \leqslant E(P_j, \mathfrak{L}) - \overline{P_0 P_j},$$

于是有

$$E(P_0, \mathfrak{L}) \geqslant \varepsilon,$$

与另一结论相矛盾. 这样, 我们证明了选择定理.

V. 收敛概念的第二种表示

我们将从上述的选择定理作出一个应用. 如果一个凸体序列是收敛的,

$$\lim \mathfrak{K}_n = \mathfrak{L},$$

而且极限凸体 $\mathfrak{L}$ 具有内点, 那么我们可作下列结论: 如果 A 是在 $\mathfrak{L}$ 外的一点, 那么它也在充分大 n 的 $\mathfrak{K}_n$ 的外部而且 $\mathfrak{L}$ 的各内点 B 也是从一定的 n 以后的所有 $\mathfrak{K}_n$ 的内点. 但是, 如同我们反过来即将证明的那样, 这个事实是收敛的特征:

设 $\mathfrak{K}_1, \mathfrak{K}_2, \mathfrak{K}_3, \cdots$ 是凸体序列而且 $\mathfrak{L}$ 是另一个具有内点的凸体. $\mathfrak{L}$ 外部的各点 A 也在充分大 $n > m_A$ 的 $\mathfrak{K}_n$ 的外部而且 $\mathfrak{L}$ 的每一内点 B 一定在充分大 $n > m_B$ 的 $\mathfrak{K}_n$ 的内部. 那么 $\mathfrak{K}_1, \mathfrak{K}_2, \mathfrak{K}_3, \cdots$ 收敛于 $\mathfrak{L}$:

$$\lim_{n\to\infty} \mathfrak{K}_n = \mathfrak{L}.$$

因此, 我们换句话说, 主张如下: 前面 (§17, Ⅳ) 在收敛定义中所提出的逼近均匀性是 $\mathfrak{K}_n$ 的凸性的结论.

首先是对序列 $\mathfrak{K}_1, \mathfrak{K}_2, \mathfrak{K}_3, \cdots$ 作其均匀有界的证明. 像 §17, Ⅱ 中那样, 我们把空间划分为边长 σ 的纯立方并且选取这么小的 σ, 使八个所论立方构成了边长 2σ 的立方 $\mathfrak{W}_2$, 它全部落到 $\mathfrak{L}$ 的内部. 由于 $\mathfrak{L}$ 是有界的, 我们可确定边长 $(2k+2)\sigma$ 的第二个立方 $\mathfrak{W}_{2k+2}$, 使它包含 $\mathfrak{L}$ 于其内而且和 $\mathfrak{W}_2$ 关于中心有相似的位置, 因而从所论格子点的立方可以造出 $\mathfrak{W}_{2k+2}$.

按照假设我们可选取充分大的 m, 使 $\mathfrak{W}_{2k+2}$ 的境界面上所有格子点 (立方角点) 也全在所有 $\mathfrak{K}_n$ $(n > m)$ 的外部, 而 $\mathfrak{W}_2$ 则被包含在所有这些 $\mathfrak{K}_n$ 的

内部. 于是这些 $\mathfrak{K}_n$ 自然也落在一个立方 $\mathfrak{W}_{4k+2}$ 的内部, 这里 $\mathfrak{W}_{4k+2}$ 和 $\mathfrak{W}_2$ 同心而有相似位置, 其边长等于 $(4k+2)\sigma$. 这是因为, 倘若相反有一个 $\mathfrak{K}_n$ 包含了 $\mathfrak{W}_{4k+2}$ 的表面上一点, 它也就要包含这点与 $\mathfrak{W}_2$ 的连线段锥体, 从而要包含 $\mathfrak{W}_{2k+2}$ 的表面上一个格子点, 这就违反了假定 (参照图 12, 其中 $k=2$). 由于所有 $n>m$ 的 $\mathfrak{K}_n$ 必须如此落在 $\mathfrak{W}_{4k+2}$ 之中, 所以我们证明了这个序列的均匀有界性.

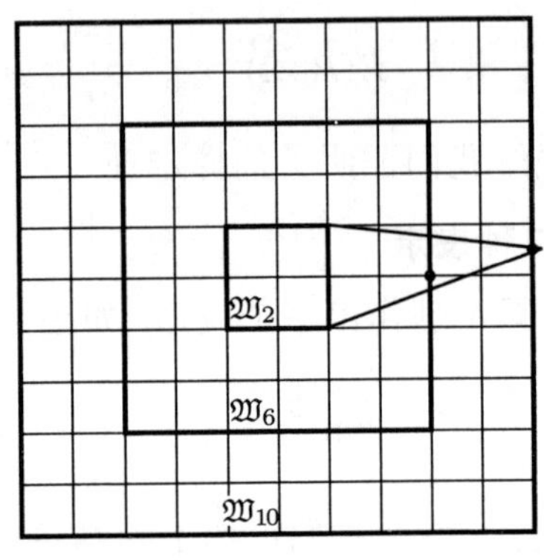

图 12

根据前述的选择定理, 均匀有界序列 $\mathfrak{K}_1, \mathfrak{K}_2, \mathfrak{K}_3, \cdots$ 中必有一个收敛序列 $\mathfrak{K}_{n_1}, \mathfrak{K}_{n_2}, \mathfrak{K}_{n_3}, \cdots (n_1 < n_2 < n_3 < \cdots)$ 存在, 而实际上

$$\lim_{j\to\infty} \mathfrak{K}_{n_j} = \mathfrak{L}^*.$$

从某个 n_j 以后, 极限凸体 $\mathfrak{L}^*$ 的各内点落在所有的 $\mathfrak{K}_{n_j}$ 的内部, 因此, 它不可能是 $\mathfrak{L}$ 的外点, 同样, 对于充分大的 n_j, 极限体 $\mathfrak{L}^*$ 的各外点必在 $\mathfrak{K}_{n_j}$ 的外部, 因而不可能在 $\mathfrak{L}$ 的内部. 这样一来, 我们一方面有 $\mathfrak{L}^* \leqslant \mathfrak{L}$, 而另一方面又有 $\mathfrak{L}^* \geqslant \mathfrak{L}$, 于是, $\mathfrak{L}^* = \mathfrak{L}$.

现在让我们观察邻近测度 (§17, Ⅳ) 的序列

$$\nu_n = N(\mathfrak{K}_n, \mathfrak{L}).$$

从已证的事实得知, 有界数列 $\nu_1, \nu_2, \nu_3, \cdots$ 的各子列包含着收敛于零的小部分数列. 所以

$$\lim_{n\to\infty} \nu_n = 0$$

或

$$\lim_{n\to\infty} \mathfrak{K}_n = \mathfrak{L},$$

即所欲证的结果.

§19. 对 称 化

I. 收敛凸体序列的对称化

在 §15, II 所定义的对称化, 现在将由我们用在 §16, II 后段导进的表示法加以公式化, 非常便利. 设 $\mathfrak{K}$ 是具有基足 $\mathfrak{G}$ 的凸体:

$$\mathfrak{K}\begin{cases}(x,y) \text{ 在 } \mathfrak{G} \text{ 内},\\ g(x,y) \leqslant z \leqslant f(x,y),\end{cases}$$

二函数 $+f$ 和 $-g$ 在 $\mathfrak{G}$ 内是凸的, 所以函数

$$\frac{1}{2}(f-g)$$

根据 §16, I 末段所述, 也是凸的, 从而下列条件:

$$\widetilde{\mathfrak{K}}\begin{cases}(x,y) \text{ 在 } \mathfrak{G} \text{ 内},\\ \dfrac{1}{2}\{g(x,y)-f(x,y)\} \leqslant z \leqslant \dfrac{1}{2}\{f(x,y)-g(x,y)\}\end{cases}$$

也定义了一个凸体. 然而 $\widetilde{\mathfrak{K}}$ 和 $\mathfrak{K}$ 一样, 与各根铅直线相交的二线段是等长的, 所以 $\widetilde{\mathfrak{K}}$ 就是从 $\mathfrak{K}$ 经过关于基平面的 Steiner 对称化而导出的凸体.

这样, 我们已经证明了这个作图法的第一性质: 一个凸体仍变为一个凸体.

为了进一步阐明二凸体 $\mathfrak{K}$ 和 $\widetilde{\mathfrak{K}}$ 的体积与表面积之间的下述关系式:

$$J=\widetilde{J},\quad O \geqslant \widetilde{O},$$

我们先证明下列

引理 设 $\mathfrak{K}_1, \mathfrak{K}_2, \mathfrak{K}_3, \cdots$ 是收敛的凸体序列, 极限凸体是 $\mathfrak{L}$:

$$\lim_{n\to\infty} \mathfrak{K}_n = \mathfrak{L}.$$

我们把序列的所有凸体关于同一基平面对称化. 那么这样得到的凸体 $\widetilde{\mathfrak{K}}_1, \widetilde{\mathfrak{K}}_2, \widetilde{\mathfrak{K}}_3, \cdots$ 也构成一个收敛序列而且它的极限凸体

$$\lim_{n\to\infty} \widetilde{\mathfrak{K}}_n = \widetilde{\mathfrak{L}}$$

同样是从 $\mathfrak{L}$ 经过关于同一基平面的对称化而导出的.

简言之:

对称化与极限过程是可交换的.

在证明中, 我们将局限于"一般"情况, 就是 $\mathfrak{L}$ 具有内点的场合, 且从而将应用在 §18, V 建立的收敛性在这场合的特征.

设 $\widetilde{A}_1$ 是凸体 $\widetilde{\mathfrak{L}}$ 的外点, 其中 $\widetilde{\mathfrak{L}}$ 代表从 $\mathfrak{L}$ 经过关于基平面 $\mathfrak{S}$ 的对称化而得来的凸体 (图 13). 设 $\widetilde{A}_2$ 是 $\widetilde{A}_1$ 关于 $\mathfrak{S}$ 的对称点. 这两点的连线和 $\widetilde{\mathfrak{L}}$ 可能相交于线段 $\widetilde{P}_1\widetilde{P}_2$. 现在我们把四点 $\widetilde{A}_1, \widetilde{P}_1, \widetilde{P}_2, \widetilde{A}_2$ 在保持相互间的距离之下, 沿这直线平移到中段落在 $\mathfrak{L}$ 上的 P_1P_2 为止. 于是 $\widetilde{A}_1$ 和 $\widetilde{A}_2$ 被移到 A_1 和 A_2 去. A_1, A_2 都是 $\mathfrak{L}$ 的外点, 所以它们同时也是所有 $\mathfrak{K}_n$ $(n > m_A)$ 的外点. 由此可见, $\widetilde{A}_1$ 自然在同一组 n 所对应的所有 $\widetilde{\mathfrak{K}}_n$ 的外部.

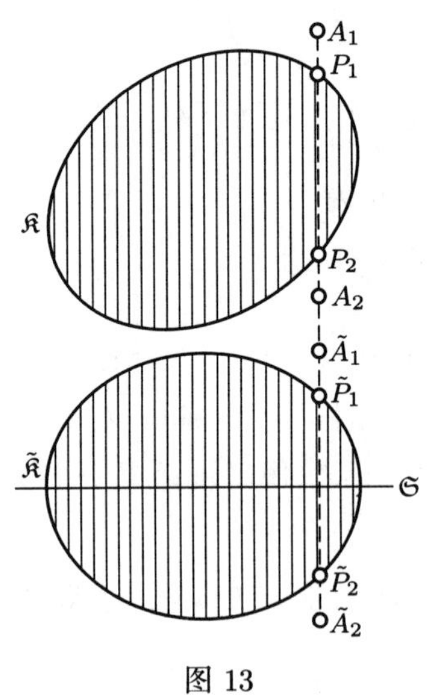

图 13

如果 $\widetilde{\mathfrak{L}}$ 的外点 $\widetilde{A}$ 有这样的位置, 以致从 $\widetilde{A}$ 所引的 $\mathfrak{S}$ 的垂线和凸体 $\widetilde{\mathfrak{L}}$ 不相交, 那么上述的过程便可简化. 这时, 我们只要选取这么大的 n 使得 $\mathfrak{K}_n$ 和这垂线不相交, 便得知 $\widetilde{\mathfrak{K}}_n$ 也是如此.

最后, 如果 $\widetilde{B}_1$ 在 $\widetilde{\mathfrak{L}}$ 的内部时, 我们仍找出 $\widetilde{B}_1$ 关于 $\mathfrak{S}$ 的对称点 $\widetilde{B}_2$, 以及它们的连线与 $\widetilde{\mathfrak{L}}$ 的交 $\widetilde{P}_1\widetilde{P}_2$. 通过铅直线上的倒回位移把它移到 $\mathfrak{L}$ 上的 P_1P_2, 那么 $\widetilde{B}_1\widetilde{B}_2$ 被移到 $\mathfrak{L}$ 的内部 B_1B_2. 于是我们可这样选取 $n > m_B$ 使所有对应的 $\mathfrak{K}_n$ 都以 B_1B_2 为内点, 且从而 $\widetilde{B}_1\widetilde{B}_2$ 也是对称凸体 $\widetilde{\mathfrak{K}}_n$ $(n > m_B)$ 的内点.

这样一来，实际上已确定了下述事实：从极限凸体 $\mathfrak{L}$ 的对称化得来的凸体 $\widetilde{\mathfrak{L}}$ 也是作为对称化了的序列 $\widetilde{\mathfrak{K}}_1, \widetilde{\mathfrak{K}}_2, \widetilde{\mathfrak{K}}_3, \cdots$ 的极限凸体而得来的.

II. 对体积和表面积的作用

根据 Minkowski 的逼近定理 (§17, I 和 IV) 我们可通过凸多面体 $\mathfrak{P}_1, \mathfrak{P}_2, \mathfrak{P}_3, \cdots$ 的序列逼近一个凸体 $\mathfrak{K}$:

$$\mathfrak{K} = \lim_{n\to\infty} \mathfrak{P}_n.$$

如果把所有这些关于同一平面 $\mathfrak{S}$ 对称化，那么我们由上面说明过的事实

$$\widetilde{\mathfrak{K}} = \lim_{n\to\infty} \widetilde{\mathfrak{P}}_n$$

便获得对称凸体 $\widetilde{\mathfrak{K}}$ 按对称多面体 $\widetilde{\mathfrak{P}}_n$ 的一个逼近. 我们记 $\mathfrak{P}_n$ 的体积和表面积分别为 J_n 和 O_n，记 $\widetilde{\mathfrak{P}}_n$ 的对应量为 $\widetilde{J}_n$ 和 $\widetilde{O}_n$，从 §17, V 便有

$$J_{\mathfrak{K}} = \lim_{n\to\infty} J_n, \quad O_{\mathfrak{K}} = \lim_{n\to\infty} O_n;$$
$$J_{\widetilde{\mathfrak{K}}} = \lim_{n\to\infty} \widetilde{J}_n, \quad O_{\widetilde{\mathfrak{K}}} = \lim_{n\to\infty} \widetilde{O}_n.$$

这样，如果我们要阐明二关系式

$$J_{\mathfrak{K}} - J_{\widetilde{\mathfrak{K}}}, \quad O_{\mathfrak{K}} \geqslant O_{\widetilde{\mathfrak{K}}},$$

那么，必须证实凸多面体 $\mathfrak{P}_n, \widetilde{\mathfrak{P}}_n$ 的对应关系式

$$J_n = \widetilde{J}_n, \quad O_n \geqslant \widetilde{O}_n, \tag{1}$$

而这却是完全初等的课题.

为此，我们将不妨害①而恰相反，过渡到 Steiner 未曾完成的证明步骤，就是：当 $\mathfrak{K}$ 没有平行于 $\mathfrak{S}$ 的对称平面时，总是成立

$$O_{\mathfrak{K}} > O_{\widetilde{\mathfrak{K}}}, \tag{2}$$

而这事实是可以从多面体的相应事实推导出来的.

和凸体对称化 $\mathfrak{K} \to \widetilde{\mathfrak{K}}$ 的见解

$$J_{\mathfrak{K}} = J_{\widetilde{\mathfrak{K}}}$$

①第一个关系式是平凡的，而第二个的严格证明见后.

完全相类似地, 我们可在垂直平面 (例如 $y=0$) 上对凸域对称化 $\mathfrak{V} \to \widetilde{\mathfrak{V}}$ (参照图 13) 导出关于面积的对应等式

$$F_{\mathfrak{V}} = F_{\widetilde{\mathfrak{V}}}. \tag{3}$$

空间关系式

$$O_{\mathfrak{K}} \geqslant O_{\widetilde{\mathfrak{K}}}$$

在平面上的对应式是 $\mathfrak{V}$ 与 $\widetilde{\mathfrak{V}}$ 的周长间的不等式

$$L_{\mathfrak{V}} \geqslant L_{\widetilde{\mathfrak{V}}}. \tag{4}$$

为了推导这些结果 (3) 和 (4), 我们把所述关于空间的一切观察移植到较为简单的平面几何的场合就行了.

III. 逼近多面体的对称化

设 $\mathfrak{K}$ 为具有内点的凸体. 我们将通过一个多面体序列 $\mathfrak{V}_1, \mathfrak{V}_2, \mathfrak{V}_3, \cdots$ 来逼近 $\mathfrak{K}$:

$$\lim_{n\to\infty} \mathfrak{V}_n = \mathfrak{K},$$

而且其中这些多面体还是一个套着一个的:

$$\mathfrak{V}_1 > \mathfrak{V}_2 > \mathfrak{V}_3 > \cdots > \mathfrak{K}.$$

于是在 $z=0$ 上所属的基足也是有同样的先后顺序的:

$$\mathfrak{G}_1 \geqslant \mathfrak{G}_2 \geqslant \mathfrak{G}_3 \geqslant \cdots \geqslant \mathfrak{G}.$$

在 $\mathfrak{G}$ 的内部选定一个矩形 $\mathfrak{R}$:

$$\xi_1 \leqslant x \leqslant \xi_2, \quad \eta_1 \leqslant y \leqslant \eta_2, \quad z=0,$$

使得每边被扩大长度 ρ 之后 ($\rho > 0$) 的矩形也在 $\mathfrak{G}$ 内. $\mathfrak{V}_n$ 被四平面 $x = \xi_1, \xi_2; y = \eta_1, \eta_2$ 切成为九个小凸多面体

$$\mathfrak{V}_n^k \ (k = 0, 1, 2, \cdots, 8),$$

其中假定了 $\mathfrak{V}_n^0$ 是以 $\mathfrak{R}$ 为基足的. 这些多面体的表面积之间成立下列关系 (参照 §17, I, 性质 3):

$$O_{\mathfrak{V}_n} = \sum_{k=0}^{8} O_{\mathfrak{V}_n^k} - 2\sum_{l=1}^{4} F_{\mathfrak{V}^l},$$

式中 $\mathfrak{V}^l$ $(l=1,2,3,4)$ 表示 $\mathfrak{V}_n$ 被四平面所截成的四个凸域 (多角形).

如果我们把整个图形关于基平面 $z=0$ 实现对称化, 那么按上所述 (§19, Ⅱ) 便有

$$O_{\mathfrak{V}_n^k} \geqslant O_{\widetilde{\mathfrak{V}}_n^k}, \quad k=0,1,\cdots,8,$$
$$F_{\mathfrak{V}^l} = F_{\widetilde{\mathfrak{V}}^l}, \quad l=1,2,3,4,$$

所以

$$O_{\mathfrak{B}_n} - O_{\widetilde{\mathfrak{B}}_n} \geqslant O_{\mathfrak{B}_n^0} - O_{\widetilde{\mathfrak{B}}_n^0}.$$

这样, 我们仅需观察那两个以 $\mathfrak{R}$ 为基足的多面体 $\mathfrak{V}_n^0$ 和 $\widetilde{\mathfrak{V}}_n^0$ 就可以了.

当 $\mathfrak{V}_n^0$ 的所有棱垂直投影到 $z=0$ 上时, 这些正投影形成了基足的一个线段网, 而且 $\mathfrak{R}$ 被这网分割成为有限个凸域 (多角形), 记其中一个代表者为 $\Delta\mathfrak{R}$, 记它的面积为 ΔF. $\widetilde{\mathfrak{V}}_n^0$ 的所有棱的正投影构成同一网.

设 $\mathfrak{V}_n$ 在基足 $\Delta\mathfrak{R}$ 上的两侧面决定于下列方程:

$$\begin{cases} z = +p_1x + q_1y + r_1, \\ z = -p_2x - q_2y - r_2, \end{cases} \tag{5}$$

那么 $\widetilde{\mathfrak{V}}_n$ 的对应侧面则决定于

$$2z = \pm\{(p_1+p_2)x + (q_1+q_2)y + (r_1+r_2)\}. \tag{6}$$

于是这些表面部分的面积是

$$\sqrt{1+p_1^2+q_1^2}\cdot\Delta F, \quad \sqrt{1+p_2^2+q_2^2}\cdot\Delta F,$$
$$\sqrt{1+\left(\frac{p_1+p_2}{2}\right)^2+\left(\frac{q_1+q_2}{2}\right)^2}\cdot\Delta F.$$

因此得出

$$O_{\mathfrak{V}_n^0} - O_{\widetilde{\mathfrak{V}}_n^0} = \sum\left[\sqrt{1+p_1^2+q_1^2} - 2\sqrt{2+\left(\frac{p_1+p_2}{2}\right)^2+\left(\frac{q_1+q_2}{2}\right)^2}\right.$$
$$\left.+\sqrt{1+p_2^2+q_2^2}\right]\cdot\Delta F, \tag{7}$$

因为各区域在铅直平面 $x=\xi_1,\xi_2; y=\eta_1,\eta_2$ 上的面积都在除外之列. 和号是关于 $\mathfrak{R}$ 的所有凸部分区域总加起来的.

这样, 我们获得

$$O_{\mathfrak{B}_n} - O_{\widetilde{\mathfrak{B}}_n} \geqslant \sum \Omega \cdot \Delta F, \tag{8}$$

式中, Ω 表示上列 (7) 式中的方括号式, 它依赖于 $\mathfrak{B}_n$ 的侧面位置. 我们即将估值这个式子.

IV. Hölder 中值定理的应用

设 $F(h)$ 是线段 $-1 \leqslant h \leqslant +1$ 上的连续函数而且它有一阶和二阶导数. 那么按照 O. Hölder① 必有

$$F(+1) - 2F(0) + F(-1) = F''(h), \tag{9}$$

式中

$$|h| < 1.$$

实际上, 我们作辅助函数

$$\begin{aligned} G(h) = F(0) &+ \frac{h}{2}\{F(+1) - F(-1)\} \\ &+ \frac{h^2}{2}\{F(+1) - 2F(0) + F(-1)\}, \end{aligned}$$

那么, 当 $h = -1, 0, +1$ 时,

$$F(h) - G(h) = 0.$$

按 Rolle 定理 (微分学中值定理) 得知导数

$$F'(h) - G'(h)$$

必然一度在线段 $-1 < h < 0$ 上和一度在线段 $0 < h < +1$ 上取零值. 再应用 Rolle 定理便得知: 二阶导数

$$F'' - G'' = F''(h) - \{F(+1) - 2F(0) + F(-1)\}$$

在线段 $-1, +1$ 上的某一点 h 取零值. 证毕.

现在, 让我们应用 Hölder 中值定理到函数

$$F(h) = \sqrt{1 + \left(\frac{p_1 + p_2}{2} + h\frac{p_1 - p_2}{2}\right)^2 + \left(\frac{q_1 + q_2}{2} + h\frac{q_1 - q_2}{2}\right)^2}$$

①Zur Theorie der trigonometrischen Reihen, Mathem. Annalen **24** (1884), 183 页.

就会发现前段 (8) 式中以 Ω 表达的算式

$$\Omega = F''(h).$$

因此, Ω 可表示为

$$F''(h) = \frac{(p_1 - p_2)^2 + 2(p_1 q_2 - p_2 q_1)^2 + (q_1 - q_2)^2}{4F(h)^3}.$$

倘若有

$$|p_1| \leqslant \sigma, \quad |p_2| \leqslant \sigma, \quad |q_1| \leqslant \sigma, \quad |q_2| \leqslant \sigma, \tag{10}$$

那么我们最后得到估值

$$\Omega \geqslant \frac{(p_1 - p_2)^2 + (q_1 - q_2)^2}{4(1 + 2\sigma^2)^{3/2}}. \tag{11}$$

V. 上述估值的引进

为了使上述估值 (11) 能适用于所论的场合, 我们将对这些 $|p|$ 和 $|q|$ 找出与 n 无关的估值 σ.

我们用以逼近 $\mathfrak{K}$ 的多面体序列 $\mathfrak{V}_1 > \mathfrak{V}_2 > \mathfrak{V}_3 > \cdots$, 由于所有的 $\mathfrak{V}_n$ 都被包含在 $\mathfrak{V}_1$ 之中, 本身是均匀有界的. 我们将 $\mathfrak{V}_1$ 从而所有的 $\mathfrak{V}_n$ 都夹进两个水平面 $z = \pm\zeta$ 之内. 这么一来, $\mathfrak{V}_n$ 的定义方程

$$\mathfrak{V}_n \begin{cases} (x, y) \ \text{在}\ \mathfrak{G}_n \ \text{内}, \\ \gamma_n(x, y) \leqslant z \leqslant \varphi_n(x, y) \end{cases}$$

中的二凸函数 $\varphi_n(x, y)$ 和 $-\gamma_n(x, y)$ 便落在界限 ζ 之内

$$|\gamma_n(x, y)| \leqslant \zeta,$$

$$|\varphi_n(x, y)| \leqslant \zeta.$$

根据假设, 凸函数 $\varphi_n, -\gamma_n$ 的定义域 $\mathfrak{G}_n$ 都包含了矩形 $\mathfrak{R}$:

$$\xi_1 \leqslant x \leqslant \xi_2, \quad \eta_1 \leqslant y \leqslant \eta_2$$

而且为此还须包含更大的矩形

$$\xi_1 - \rho \leqslant x \leqslant \xi_2 + \rho, \quad \eta_1 - \rho \leqslant y \leqslant \eta_2 + \rho.$$

函数 $\varphi_n(x,y)$ 在固定 y 之下是 $\mathfrak{R}$ 内 x 的凸函数, 所以 (参照 §16, Ⅲ)

$$\frac{\partial\varphi_n(\xi_1,y)}{\partial x} \geqslant \frac{\partial\varphi_n(x,y)}{\partial x} \geqslant \frac{\partial\varphi_n(\xi_2,y)}{\partial x},$$

其中, 我们已经用了偏导数以代替前面利用过的一般化导数. 此外, 从 §16, Ⅲ, 公式 (8) (也参照图 14) 得到

$$\frac{\varphi_n(\xi_1,y)-\varphi_n(\xi_1-\rho,y)}{\rho} \geqslant \frac{\partial\varphi_n(\xi_1,y)}{\partial x},$$
$$\frac{\varphi_n(\xi_2+\rho,y)-\varphi_n(\xi_2,y)}{\rho} \leqslant \frac{\partial\varphi_n(\xi_2,y)}{\partial x}.$$

因此, 最后得出

$$\left|\frac{\partial\varphi_n(x,y)}{\partial x}\right| \leqslant \frac{2\zeta}{\rho}$$

而且同一估值式也完全适用于对 y 的偏导数. 另外, 同一套不等式对于 $\mathfrak{K}$ 所属的二函数 $f(x,y)$ 和 $g(x,y)$ 也成立.

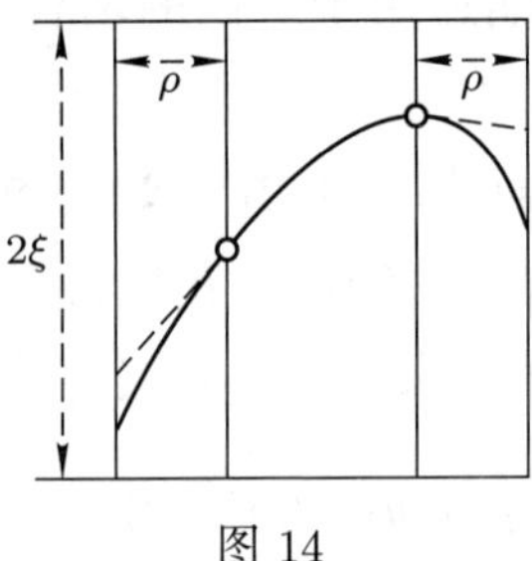

图 14

在我们讨论的场合, 这个凸函数 φ_n 是线段式的而且它的偏导数在这线段上是 (5) 式的 p_1 和 q_1. 这样, 我们获得

$$|p_1| \leqslant \frac{2\zeta}{\rho},\quad |q_1| \leqslant \frac{2\zeta}{\rho}, \tag{12$_1$}$$

以及完全类似式

$$|p_2| \leqslant \frac{2\zeta}{\rho},\quad |q_2| \leqslant \frac{2\zeta}{\rho}, \tag{12$_2$}$$

于是不妨采用

$$\sigma = \frac{2\zeta}{\rho} \tag{13}$$

并把这值代进本节 Ⅲ 公式 (8) 中去.

这样, 我们有

$$O_{\mathfrak{V}_n} - O_{\widetilde{\mathfrak{V}}_n} \geqslant \frac{\sum\{(p_1-p_2)^2+(q_1-q_2)^2\}\cdot \Delta F}{4\left\{1+2\left(\frac{2\zeta}{\rho}\right)^2\right\}^{3/2}}.$$

VI. H. A. Schwarz 的不等式

下文中, 我们对所获得的限界式略加形式上的改写, 以便于以后的讨论, 就是不用和号而代之以二重积分:

$$O_{\mathfrak{V}_n} - O_{\widetilde{\mathfrak{V}}_n} \geqslant C \iint\limits_{\mathfrak{R}} \{(p_1-p_2)^2+(q_1-q_2)^2\} dxdy, \tag{14}$$

式中

$$\frac{1}{C} = 4\left\{1+2\left(\frac{2\zeta}{\rho}\right)^2\right\}^{3/2} \tag{15}$$

和

$$\begin{cases} p_1 = +\dfrac{\partial \varphi_n}{\partial x}, & q_1 = +\dfrac{\partial \varphi_n}{\partial y}, \\ p_2 = -\dfrac{\partial \gamma_n}{\partial x}, & q_2 = -\dfrac{\partial \gamma_n}{\partial y}. \end{cases} \tag{16}$$

因为被积函数是正的, 只要我们仅仅在一个被包含于 $\mathfrak{R}$ 之内的小矩形

$$\xi \leqslant x \leqslant \xi', \quad \eta \leqslant y \leqslant \eta'$$

作积分, 公式 (14) 必定成立.

关于二函数 $A(t)$ 和 $B(t)$ 必有 A. H. Schwarz 的不等式

$$\left\{\int_a^b A(t)B(t)dt\right\}^2 \leqslant \int_a^b A(t)^2 dt \cdot \int_a^b B(t)^2 dt. \tag{17}$$

人们可证明如下: 关于 λ 的二次多项式

$$\int_a^b \{A(t)+\lambda B(t)\}^2 dt = \int_a^b A(t)^2 dt + 2\lambda \int_a^b A(t)B(t)dt + \lambda^2 \int_a^b B(t)^2 dt$$

对所有值 λ 是 $\geqslant 0$. 所以它对于非实数而且互异的两个值 λ 等于零, 不然, 这个多项式就会取负值. 这样, 便证明了上列表达式各系数之间的 Schwarz 不等式.

我们首先令

$$A(x)=\frac{\partial(\varphi_n+\gamma_n)}{\partial x},\quad B(x)=1,$$

然后令

$$A(y)=\frac{\partial(\varphi_n+\gamma_n)}{\partial y},\quad B(y)=1,$$

那么对 (14) 式中的两项通过四度应用上述不等式的处理, 便获得

$$\begin{aligned}O_{\mathfrak{V}_n}-O_{\widetilde{\mathfrak{V}}_n}\geqslant{}&\frac{C}{(\xi'-\xi)(\eta'-\eta)}\\&\times\left\{\left\{\int_{\eta}^{\eta'}[\varphi_n+\gamma_n]_{x=\xi}^{x=\xi'}dy\right\}^2+\left\{\int_{\xi}^{\xi'}[\varphi_n+\gamma_n]_{y=\eta}^{y=\eta'}dx\right\}^2\right\}.\end{aligned}\tag{18}$$

这公式的特点是, 它已不包含任何导数在内.

Ⅶ. 表面积的缩小

现在我们将转入 (18) 在极限 $n\to\infty$ 的问题. 为此, 必须指出: 当 $n\to\infty$ 时, 给 $\mathfrak{V}_n$ 作出限界的二函数 φ_n 和 γ_n 分别均匀收敛于两个作为 $\mathfrak{K}=\lim\mathfrak{V}_n$ 的限界的函数 f 和 g.

实际上, 设 τ 是曲面 $z=f(x,y)$ 在 $\mathfrak{R}$ 上的一点的支持平面对着基平面 $z=0$ 的角. 从 (12) 在 f 的类似公式得出: 在 $\mathfrak{R}$ 内

$$\left|\frac{\partial f}{\partial x}\right|\leqslant\frac{2\zeta}{\rho},\quad\left|\frac{\partial f}{\partial y}\right|\leqslant\frac{2\zeta}{\rho},$$

于是

$$\frac{1}{\cos\tau}\leqslant\sqrt{1+2\left(\frac{2\zeta}{\rho}\right)^2}.$$

又设 ν_n 是邻近测度 (§17, Ⅳ)

$$\nu_n=N(\mathfrak{V}_n,\mathfrak{K}).$$

在支持平面的上侧引平行平面, 使两者相距 ν_n, 那么这个平面一定在 $\mathfrak{V}_n$ 的上侧, 也就在 $z=\varphi_n(x,y)$ 的上侧 (参照图 15), 所以

$$\begin{aligned}0&\leqslant\varphi_n(x,y)-f(x,y)\\&\leqslant\frac{\nu_n}{\cos\tau}\leqslant\nu_n\sqrt{1+2\left(\frac{2\zeta}{\rho}\right)^2}.\end{aligned}$$

然而, 从

$$\lim \nu_n = 0$$

便得到所提的 $\varphi_n \to f$ 的均匀收敛性而且同样还得到 $\gamma_n \to g$ 的均匀收敛性.

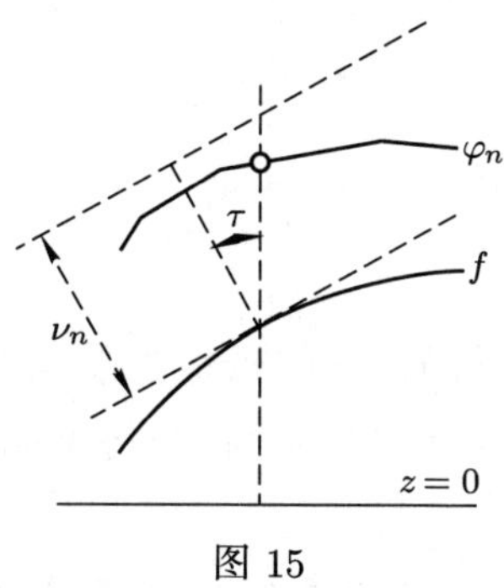

图 15

现在我们对上述的表面积差异估值公式 (18) 计算 $n \to \infty$ 时的极限, 那么便有

$$O_{\mathfrak{K}} - O_{\widetilde{\mathfrak{K}}} \geqslant \frac{C}{(\xi'-\xi)(\eta'-\eta)} \left\{ \left\{ \int_{\eta}^{\eta'} [f+g]_{x=\xi}^{x=\xi'} \cdot dy \right\}^2 + \left\{ \int_{\xi}^{\xi'} [f+g]_{y=\eta}^{y=\eta'} \cdot dx \right\}^2 \right\}. \tag{19}$$

式中, $(\xi,\eta),(\xi',\eta')$ 表示 $\mathfrak{R}$ 内的任意两点而且常数 C (参照 (15)) $\neq 0$. 从此可以导出, 当且仅当在 $\mathfrak{R}$ 内

$$f+g=\text{常数} \tag{20}$$

时, $O_{\mathfrak{K}}$ 才是等于 $O_{\widetilde{\mathfrak{K}}}$ 的. 实际上, 假如有两点, 比方说, $(\xi,y),(\xi',y)$, 使成立

$$f(\xi,y)+g(\xi,y) < f(\xi',y)+g(\xi',y), \tag{21}$$

根据凸函数 f 和 g 的连续性人们必可截下这么小线段 $\eta \leqslant y \leqslant \eta'$ 使得不等式 (21) 对于这线段的所有 y 仍旧成立. 这样, 势必导致

$$\int_{\eta}^{\eta'} [f+g]_{x=\xi}^{x=\xi'} \cdot dy > 0,$$

于是从 (19) 就会得出 $O_{\mathfrak{K}} > O_{\widetilde{\mathfrak{K}}}$. 因此, 函数 $f+g$ 在固定 y 之下必须是常数. 完全同样, 我们可以证明它在固定 x 之下的常数性, 从而在整个 $\mathfrak{R}$ 是常数.

这样一来, 我们断定: 当且仅当 $f+g$ 在每个矩形 $\mathfrak{R}$ 内, 也就是在 $\mathfrak{G}$ 的整个内部是常数时, $O_{\mathfrak{K}}$ 才等于 $O_{\widetilde{\mathfrak{K}}}$. 这时, $\mathfrak{K}$ 具有一个与 $z=0$ 平行的对称平面. 现在我们已经证明了对称化的最重要的第三性质, 包括其中整个证明过程的最难点:

永远成立

$$O_{\mathfrak{K}} \geqslant O_{\widetilde{\mathfrak{K}}},$$

其中, 等号只限于 $\mathfrak{K}$ 已有了一个 “水平的” 对称平面时才成立.

Ⅷ. 球的等周性质

现在我们幸运地到达目的, 球的极值性质给我们带来了如此丰硕的果实: 设 $\mathfrak{K}$ 是任意一个具有内点的凸体; 我们将阐明, 等体积的球比 $\mathfrak{K}$ 有较小的表面积.

我们在 $\mathfrak{K}$ 内取一个球 $\mathfrak{G}$ 而且考察和 $\mathfrak{K}$ 等体积而又包含 $\mathfrak{G}$ 在其内的凸体的集合 $\mathfrak{M}$.

这集合 $\mathfrak{M}$ 是均匀有界的. 实际上, 我们取这样一点 P, 使它远离 $\mathfrak{G}$ 到如此程度: 作 P 和 $\mathfrak{G}$ 的凸包, 就是以球 $\mathfrak{G}$ 的一块境界面和顶点 P 的一个圆锥面为表面的凸体, 以致这个凸体的体积超过 $\mathfrak{K}$ 的体积. 于是 $\mathfrak{M}$ 的所有凸体都在过 P 且与 $\mathfrak{G}$ 同心的球 $\mathfrak{G}_P$ 之内.

现在, 我们可应用上述的选择定理 (§18, I) 到这个集合 $\mathfrak{M}$ 来而且借助于它来证明: 在 $\mathfrak{M}$ 的所有凸体里存在这样一个凸体 $\mathfrak{L}$, 它的表面积 $\leqslant$ 其他所有的表面积. 实际上, 从集合 $\mathfrak{M}$ 可选出一个凸体序列 $\mathfrak{K}_1, \mathfrak{K}_2, \mathfrak{K}_3, \cdots$ 使其表面积 $O_1, O_2, O_3, \cdots$ 收敛于 $\mathfrak{M}$ 的所有凸体的表面积的下界 O_0. 由于序列 $\mathfrak{K}_1, \mathfrak{K}_2, \mathfrak{K}_3, \cdots$ 是均匀有界的, 从它可选出收敛的子序列 $\mathfrak{K}_{n_1}, \mathfrak{K}_{n_2}, \mathfrak{K}_{n_3}, \cdots$. 设

$$\lim_{j\to\infty} \mathfrak{K}_{n_j} = \mathfrak{L}.$$

根据泛函 $O_{\mathfrak{K}}$ 和 $J_{\mathfrak{K}}$ 的连续性 (§17, V) 得知 $\mathfrak{L}$ 的体积等于 $\mathfrak{K}_n$ 的体积的极限值, 即等于 $\mathfrak{K}$ 的体积 J, 而且

$$O_{\mathfrak{L}} = \lim O_{n_j} = O_0.$$

从 $\mathfrak{K}_n \geqslant \mathfrak{G}$ 还得出关系 $\mathfrak{L} \geqslant \mathfrak{G}$, 就是 $\mathfrak{L}$ 属于 $\mathfrak{M}$.

现在 Steiner 的对称化帮我们去认识: $\mathfrak{L}$ 是球. 实际上, 假如 $\mathfrak{L}$ 不是球, 过 $\mathfrak{G}$ 的中心就可引这样一个平面使 $\mathfrak{L}$ 没有平行于它的对称平面 (参照 §15, Ⅱ).

关于这平面实现的对称化当然把 $\mathfrak{S}$ 变到它本身, 而且把 $\mathfrak{L}$ 变到另一个等体积的凸体 $\widetilde{\mathfrak{L}}$, 后者也包含 $\mathfrak{S}$, 从而也属于 $\mathfrak{M}$, 但比 $\mathfrak{L}$ 有较小的表面积, 这显然是矛盾的.

综合以上所述, 我们便可看出: *和 $\mathfrak{K}$ 有等体积的球具有比 $\mathfrak{K}$ 不大的表面积.*

换成一个公式来说: $\mathfrak{K}$ 的体积与表面积之间成立关系式

$$O^3 - 36\pi J^2 \geqslant 0.$$

但是, 当 $\mathfrak{K}$ 不是球时, 只有大于符号成立. 这是因为, 这时通过对称化, 从 $\mathfrak{K}$ 可以推导新凸体 $\widetilde{\mathfrak{K}}$ 而且得到

$$J = \widetilde{J}, \quad 和 \quad O > \widetilde{O},$$

从而

$$O^3 - 36\pi J^2 > \widetilde{O}^3 - 36\pi \widetilde{J}^2 \geqslant 0.$$

这样一来, 我们终于证明了最后结果: 对于非球形的凸体来说, 它的体积与表面积之间存在着不等式

$$O^3 - 36\pi J^2 > 0.$$

§20. 一些补充注记①

I. 论对凸的对照体的限制

对不等式

$$O^3 - 36\pi J^2 \geqslant 0$$

的证明, 相比平面几何中对相应公式

$$L^2 - 4\pi F \geqslant 0$$

的证明, 曾经是在极其狭隘的假设之下推导出来的, 因为我们在空间里从头就局限于凸曲面之故.

如同论证圆的等周性质时那样, 人们或许有可能有用一样的方法一般地掌握球的相应性质的主张. 为此, 人们曾观察空间里作为球的明确的 (不

①可以不读.

一定是一对一) 而且连续映像的最一般闭曲面 Φ. 为这目的, 首先有必要定义 Φ 的表面积 O. 人们为此用三角网遮盖像球, 找出 Φ 上的对应点并且相应地用直线段把它们连接起来, 以致形成一个全由三角形做成的 Φ 的 "内接" 多面体 $\mathfrak{V}$. 设 δ 为球面三角网的最大边. 如最早 H. A. Schwarz 所举出的, 人们再也不能通过逼近公式去定义

$$O_{\Phi}=\lim_{\delta\to 0}O_{\mathfrak{V}},$$

而恰相反, 要按 Lebesgue 通过下列公式来定义:

$$O_{\Phi}=\liminf_{\delta\to 0}O_{\mathfrak{V}},$$

式中 "lim inf" 表示最小极限值. 这里的表面积仍旧被取做绝对值. 这样, 人们局限于其 O_{Φ} 是有限的一种曲面 Φ.

人们接着该可通过下列公式来定义 Φ 的体积 J_{Φ}:

$$J_{\Phi}=\lim J_{\mathfrak{V}},$$

而且必须证明, 从 O_{Φ} 的有限性导致极限值 J_{Φ} 的存在与有限性. 在这里, 体积应该被取为代数的, 于是应该被看成具有一定的符号的. 这样, 等周性质就被处理为下列定理:

如此定义的二量 J_{Φ} 和 O_{Φ} 之间永远成立不等式

$$O_{\Phi}^{3}-36\pi J_{\Phi}^{2}\geqslant 0$$

而且等号仅在球的场合出现.

这该说是球的等周性质能够想象到的最佳扩充.

为了把我们的证法扩充到这个更一般定理, 人们首先该把对称化拓广到这样的多面体 $\mathfrak{V}$ 的场合来, 其中 $\mathfrak{V}$ 有有限个角点, 不一定是凸的而可以自身相交, 但有球的连通. 人们关于平面 $z=0$ 的对称化是这样实现的:

$$\pm 2z(x,y)=\sum\varepsilon_{j}z_{j}(x,y),$$

式中, 这些 z_j 表示 $\mathfrak{V}$ 上具有已知 x 坐标和 y 坐标的点的 z 坐标而且按照曲面 $\mathfrak{V}$ 在这点的 z 轴有向平行线是从 "内部" 向 "外部" 还是与此相反之不同而确定 $\varepsilon_j=\pm 1$①. 接着, 人们该把二泛函 O_{Φ} 和 J_{Φ} 的 "连续性" 定理扩充到

①相当于 L. Kronecker 的确定中的 "示性数".

现在所论的场合而且最后必须阐明选择定理对于具备有限表面积 O_Φ 的曲面 Φ 是真的.

为了真正推导这一切, 该需要到 "ε 思维" 更高的代价, 而我们通过球的凸对照曲面 Φ 的限制大部分把它删掉.

如果人们已经证明了仅仅关于凸曲线的公式 $L^2-4\pi F\geqslant 0$, 那么便较容易地扩充到任意曲线去, 只要作下列考察就可以了: 设 $\mathfrak{S}$ 为平面曲线, 它是圆的一对一且连续的映像, 即所谓 Jordan 曲线, 而且设 $\mathfrak{K}$ 为构成 $\mathfrak{S}$ 的凸包境界的凸曲线, 那么我们有

$$F_{\mathfrak{K}}\geqslant F_{\mathfrak{S}},\quad L_{\mathfrak{K}}\leqslant L_{\mathfrak{S}}.$$

人们或许可以这样猜想: 空间几何里会有一种类似手段, 使从凸曲面过渡到球的任意对照曲面成为可能. 可是事实并不是这样. 我们取一个小球并插上许多细长的针. 于是这个 "刺猬" 的凸包将有很大的表面积, 只要我们对这个非凸体的刺猬充分增大刺长, 而保持所作刺猬的任意小的表面积, 只要它的体和刺真正是很细小的.

所以 H. A. Schwarz 的古典证法有对非凸的对照体也适用的优点, 而在 H. Minkowski 的新研究中, 尽管它还发展到别的方向, 凸对照体的限制仍然是不可缺的.

必须指出, Schwarz 的证明是仅在一些关于所容许的境界面的某些正则性限制的假设之下进行的; 例如, 人们可采用有限块正则解析曲面拼凑起一个境界面. 此外 Schwarz 对他的证法指出, 这些限制有可能按照 Steiner 的对称化加以改善 (Gesammelte mathematische Abhandlungen Ⅱ, 340 页). 对此, 他曾经把 §20, I 中描述的最初 Steiner 失误了的认识下的对称化转变过来, 如我们在凸曲面的场合所做过的那样, 而明确了对称化真正可使表面积减少 $O>\widetilde{O}$, 和仅在平凡的例外下的对称化才使 $O=\widetilde{O}$ 变为可能[①].

我们后文中将回到 Schwarz 和 Minkowski 的研究中去. 关于所论问题的文献必须指出: J. O. Müller 在他的学位论文 "Über die Minimaleigenschaft der Kugel" (Göttingen 1903) 中做了研究, 把 Schwarz 的证明整理进二重积分的一般等周问题论之中.

---

①不久前 L. Tonelli 曾指出, Schwarz 的证法可以这样改善, 使得对于对照曲面的一些假设尽可能废弃掉, Rend. Palermo **39** (1915).

Ⅱ. 关于二重积分的存在性

这就靠近了一种想法: 用二重积分以定义凸体的表面积而借此以稍为简化以前所述的证明过程. 这里人们该要证明的是, 当 $f(x,y)$ 是矩形 $\mathfrak{R}$ 上的凸函数时, 二重积分

$$\iint_{\mathfrak{R}} \sqrt{1+\left(\frac{\partial f}{\partial x}\right)^2+\left(\frac{\partial f}{\partial y}\right)^2}dxdy$$

必存在. 其中, 人们可把出现的一些导数像 §16, Ⅲ 后半中那样解释为一般化微商, 或者解释为单侧的导数, 这同样是正确的. 人们还可采用在 $\mathfrak{M}$ 上有界的这些导数. 这个课题可以立即归结为另外一个, 即证明

$$\iint_{\mathfrak{R}} \frac{\partial f}{\partial x}dxdy \quad 和 \quad \iint_{\mathfrak{R}} \frac{\partial f}{\partial y}dxdy$$

的可积分性.

对应的一维课题是如此简单 —— 是的, 人们只需证实单调函数的可积分性, 上面所提的问题的解答似乎就在手边.

我在这里为此素描 Carathéodory 先生惠函中的证明. 人们从 f 的凸性可以作出结论: $\partial f/\partial x$ 在所有位置是连续的, 只要它作为单独 x 的函数在这些位置是连续的. 然而 $\partial f/\partial x$ 在固定 y 之下是 x 的单调函数, 所以跳跃位置形成一个可列集. 人们从此按 G. Fubini 的定理①作出结论: $\partial f/\partial x$ 在 $\mathfrak{R}$ 上的不连续点的集合, 在 Lebesgue 的意义下有零测度而且积分

$$\iint_{\mathfrak{R}} \frac{\partial f}{\partial x}dxdy$$

无论在 Riemann 意义下还是 Lebesgue 意义下都存在. 完全同样成立关于 y 的导数的对应事项.

凸曲面 $z=f(x,y)$ 比方说可以在 $\mathfrak{R}$ 的所有有理点无一定的切平面, 人们对这一事实最简单地明确如下: 令

$$f(x,y)=X(x)+Y(y).$$

于是 X 和 Y 必须是各自变量的凸函数, 从而是单调函数的积分. 人们可以这样调整这些单调函数, 使它们在所有的有理点都是不连续的.

①可参照 Ch. J. de la Vallée-Poussin, Cours d' Analyse, Ⅱ 卷第二版 (Löwen 1912), 120 页; 或 Carathéodory 写的实函数论的著作 (Leipzig, B. G. Teubner, 1917).

Ⅲ. "凸体" 和 "凸函数" 等概念

凸曲线或卵形线早已为 Archimedes 所观察过. 比方, 他曾经指出, 两凸曲线中, 在外面的一条总是较长的. 凸多面体也曾经由 Cauchy 做出研究, 1813 年他证明了 Euler 关于凸多面体的一个主张, 就是: 它们通过其侧面的形状与顺序而被完全确定下来. 关于凸曲线和凸体的几何学研究创始于 Steiner, 接着为 L. Lindelöf (Mathem. Annalen **2**) 而且特别是, 为 H. Brunn 所钻研, 我们在后文中将回到这些结果来.

"凸" 这一概念近代来在别的数学分科也显得特别重要. C. Neumann 1877 年解决了对凸域的位势论的边界值问题. H. Minkowski 在他的 "数的几何学" (1896) 里对数论作出了凸体概念的最巨大应用而闻名于世. Carathéodory 为特征化一个具有正实部分的系数的幂级数而于 1907 年把凸体引进函数论中来.

关于凸体性质的综合论述, 人们可参考: H. Minkowski, Volumen und Oberfläche, Mathem. Annalen **57** (1903); C. Carathéodory, Über den Variabilitätsbereich der Fourierschen Konstanten von positiven harmonischen Funktionen, Rendiconti di Palermo **32** (1911) 和 E. Steinitz, Bedingt konvergente Reihen und konvexe Systeme, Crelles Journal **143** (1914).

著者在 Jahresbericht der Mathematikervereinigung **24** (1915), 195~209 页发表了关于凸体的 "选择定理", 其中简述了本书第一和第二部分里所讨论的对象. 在 §18 中所叙述的 "选择定理" 证明的掌握, 应归功于 Carathéodory 先生给我友好的通信. 我的原证明依赖于支持函数的微商的有界性, 而这又同 Hilbert 的一个定理 (Mathem. Annalen **59**) 有了联系.

不久前, E. Witt 把我们的选择定理大大拓广了, Hamburg, Abhandlungen **19** (1954). 选择定理的一个简单证明见于 H. Hadwiger 的书: Altes und Neues über konvex Körper, Basel 1955, §7: Metrik und Blaschkes Auswahlsatz. 更参考该书 22 页处所附的文献. W. Gross 在 Monatshefte Math. Phys. **18** (1917) 里, 用 Steiner 的对称化而避开了选择定理, 给球的等周主要性质作出了一个证明.

凸函数 (在没有可微性的假设下) 的研究最早似乎见于 O. Stolz 的书《微积分基础》第一卷 (Leipzig 1893 年版). 后来 J. L. Jensen 在 Acta mathematica

30 (1903) 做了深入研究. 他是通过下列二条件定义的凸函数 $f(x)$:

$$f\left(\frac{x_1+x_2}{2}\right) \geqslant \frac{1}{2}f(x_1)+\frac{1}{2}f(x_2) \tag{$*$}$$

和 $f(x)>m$, 即向下有界. 人们容易看出, 这个被包括在 §16, Ⅲ, 要求 (I) 之中的条件导致同一的区域内部连续函数, 这是这里将要观察的. 其中, 有界性的要求是主要的; 实际上, 人们如果放弃了它, 正如 F. Bernstein 和 G. Doetsch 在 Mathem. Annalen **76** (1915) 所指出那样, 也会存在具备凸性条件 $(*)$ 的全不连续函数. Jensen 的关于凸函数的中值定理虽然在几何处理下是被直接阐明了的, 但是 O. Hölder 在较弱的假设下, 更早地证明了这个定理: Über einen Mittelwertsatz, Göttinger Nachr. 1889.

如著者 1914 年在巴黎科学院报告 (Nouvelles évaluations de distances dans l'espace fonctionnel) 中阐明的那样, 人们可用 Stieltjes 积分表示凸函数, 例如表示成形式

$$f(x)=\int_a^b |x-t|d\varphi(t),$$

式中 $\varphi(t)$ 是递减函数. 详细的积分表示式的论证和对于某些极小问题的应用见于 G. Pick 和著者的论文: Distanzschätzungen im Funktionenraum Ⅱ, Mathem. Annalen **77** (1916). J. Radon 在其积分表达式的基础上推导了关于凸函数的其他结果 (Wiener Akademieberichte 1916).

更早些时候, E. Study 立足于 E. B. Christoffel 和 H. A. Schwarz, 同样在 Stieltjes 积分的应用下奠定了最一般解析函数, 使之导致一个圆域到任何凸域的共形映射; Vorlesungen Über ausgewählte Gegenstände der Geometrie, 2. Heft: Konforme Abbildung einfach zusammenhängender Bereiche, Leipzig und Berlin 1913 年版.

凸体在力学里, 尤其是在浮体论中也起着作用. 如果人们用平面而从一个体截下等体积的部分体, 那么这些 (均质的) 部分体的重心, 如 Ch. Dupin 所证明那样, 总是构成一个凸曲面, 即所谓浮力面. 这样, 在一定意义下, 与 Böhmer 在 Minkowski 指导下的关于凸曲线的高阶微分不变量的研究发生了联系, Elliptisch und hyperbolisch gekrümmte Ovale, Mathem. Annalen **60**. 对此, 人们还可参照 H. Mohrmann, Mathem. Annalen **72**, 285~291 页, 593~595 页.

"凸体" 和 "凸函数" 等概念容易地被拓广到最多样化, 但还没有被利用. 例如, 人们可在 Hilbert 函数空间定义凸体而且把支持函数搬到这里, 用以推

出一个“支持泛函”. 人们在凸函数体中可以考虑“凸泛函”, 对此将在后文中(§23, VI) 给出一些例子. 最后人们也可引进凸微分过程, 对此同样在后文中(§26, IV) 也给出一个例子.

在 §23, I 和附录中附有其他文献资料.

第三部分 凸体论中的 Schwarz, Brunn 和 Minkowski 的诸定理

§21. Schwarz 的构造法和 Brunn 的定理

I. H. A. Schwarz 的构造法

我们在第二部分的一些结果中, 即在与 Steiner 的对称化和凸体有关的选择定理中, 已经掌握了一切的辅助工具; 现将阐明, 用这些工具就足以按最简单方式导出现代研究成功的有关于凸体的其他种种结果.

设 $\mathfrak{K}$ 为具有内点的凸体. $\mathfrak{S}_1$ 和 $\mathfrak{S}_2$ 是这样两个相交于直线 $\mathfrak{a}$ 的平面, 设交角 α 是平角的无理数倍, 例如 $\alpha = \pi\sqrt{2}$. 我们按照 $\mathfrak{S}_1$ 的对称化而从 $\mathfrak{K}$ 导出凸体 $\mathfrak{K}_1$; 把它关于 $\mathfrak{S}_2$ 对称化为凸体 $\mathfrak{K}_2$, 又关于 $\mathfrak{S}_1$ 再度对称化为凸体 $\mathfrak{K}_3$. 当我们关于 $\mathfrak{S}_1$ 和 $\mathfrak{S}_2$ 交替地实施对称化下去时, 便可无限制地继续进行. 这样, 便产生了凸体的一个无限序列

$$\mathfrak{K} = \mathfrak{K}_0, \mathfrak{K}_1, \mathfrak{K}_2, \mathfrak{K}_3, \cdots, \mathfrak{K}_n, \cdots,$$

其中有奇数 n 脚码的凸体关于 $\mathfrak{S}_1$ 是对称的, 而有偶数 n 脚码的凸体关于 $\mathfrak{S}_2$ 是对称的.

我们将证明这个过程是收敛的:

收敛定理 序列 $\mathfrak{K}_0, \mathfrak{K}_1, \mathfrak{K}_2, \cdots$ 收敛于一个旋转凸体 $\mathfrak{L}$:

$$\lim_{n\to\infty} \mathfrak{K}_n = \mathfrak{L},$$

而且 $\mathfrak{L}$ 是以二对称平面 $\mathfrak{S}_1$ 和 $\mathfrak{S}_2$ 的交线 $\mathfrak{a}$ 为旋转轴的.

证明了这个定理, 我们就可从 $\mathfrak{K}$ 和 $\mathfrak{a}$ 造出旋转面 $\mathfrak{L}$ 来. 这是由于, 凡垂直于 $\mathfrak{a}$ 而与序列中的凸体相交的平面, 按照 §19, Ⅲ, 公式 (1) 都是以其与序列的各凸体的凸交域的对称化而构成等面积的凸域序列的, 因此与 $\mathfrak{L}$ 的交域即绕 $\mathfrak{a}$ 的圆域也有相等面积 (参照 §17, V 中所述, 面积和体积一样, 具有连续性). 这样, 我们获得了下列指令:

在每一个垂直于 $\mathfrak{a}$ 而且与凸体 $\mathfrak{K}$ 相交的平面上作绕 $\mathfrak{a}$ 的这样一个圆域, 使它的面积等于 $\mathfrak{K}$ 的相应截面的面积; 所有这些圆域构成旋转面 $\mathfrak{L}$.

这个作图法 (图 16) 是 Schwarz 在其著名的球的等周性质的证明中所利用过的, 因此称它为 "Schwarz 的构造法".

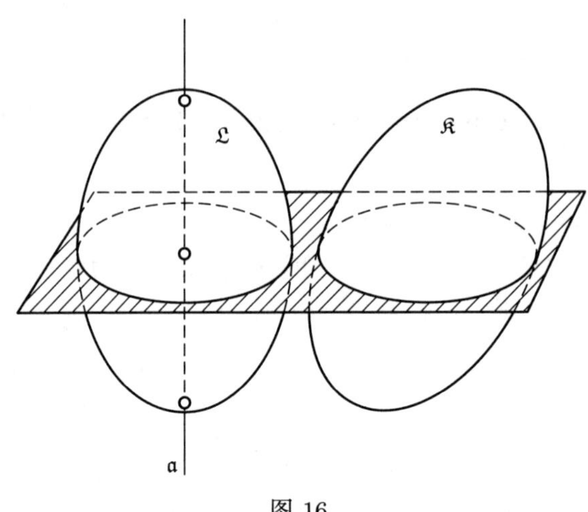

图 16

人们也称它为对凸体的 "圆化".

Ⅱ. 收敛性证明

收敛性定理的证明同我们的辅助方法完全合拍. 我们首先要阐明序列 $\mathfrak{K}_1, \mathfrak{K}_2, \mathfrak{K}_3, \cdots$ 的均匀有界. 以旋转轴 $\mathfrak{a}$ 上的一点为中心画一个球 $\mathfrak{M}$ 使 $\mathfrak{K}$ 被包含在其内, 即 $\mathfrak{M} > \mathfrak{K}$, 那么它也包含所有的 $\mathfrak{K}_n$. 这是因为, $\mathfrak{M}$ 在关于 $\mathfrak{S}_1$ 的对称化中依然不动, 于是 $\mathfrak{M} > \mathfrak{K}_1$. 同样, 对于以下的对称化也是如此.

现在该是应用前述的选择定理 (§18, I) 的时候了. 由此可见, 在 $\mathfrak{K}_0, \mathfrak{K}_1, \mathfrak{K}_2, \cdots$ 中明显地存在一个收敛子序列 $\mathfrak{K}_{n_1}, \mathfrak{K}_{n_2}, \mathfrak{K}_{n_3}, \cdots$ 而且我们将证明: 它的极限凸体

$$\mathfrak{L} = \lim_{k\to\infty} \mathfrak{K}_{n_k}$$

是以二平面 $\mathfrak{S}_1$ 与 $\mathfrak{S}_2$ 的交线 $\mathfrak{a}$ 为旋转轴的.

如果序列 $\mathfrak{K}_{n_1}, \mathfrak{K}_{n_2}, \mathfrak{K}_{n_3}, \cdots$ 包含序列 $\mathfrak{K}_1, \mathfrak{K}_3, \mathfrak{K}_5, \cdots$ 中的无限多个元素, 那么从这些元素关于 $\mathfrak{S}_1$ 的对称性得知 $\mathfrak{L}$ 作为对称凸体的极限也必对称于 $\mathfrak{S}_1$. 如果序列 $\mathfrak{K}_{n_1}, \mathfrak{K}_{n_2}, \mathfrak{K}_{n_3}, \cdots$ 还包含序列 $\mathfrak{K}_2, \mathfrak{K}_4, \mathfrak{K}_6, \cdots$ 中的无限多个元素, 人们同样证明 $\mathfrak{L}$ 关于 $\mathfrak{S}_2$ 的对称性. 然而 $\mathfrak{S}_1$ 与 $\mathfrak{S}_2$ 间的角是 π 的无理数倍, 从关于 $\mathfrak{S}_1$ 和 $\mathfrak{S}_2$ 的对称性以及 $\mathfrak{L}$ 是闭集这一性质便可推出 $\mathfrak{a}$ 是 $\mathfrak{L}$ 的旋转轴. 实际上, 人们对绕 $\mathfrak{a}$ 的任何旋转可用偶数倍关于 $\mathfrak{S}_1$ 和 $\mathfrak{S}_2$ 的反射任意逼近, 就是说, 旋转角 φ 可表示成如下的形式

$$\varphi = n \cdot 2\alpha + m \cdot 2\pi + \varepsilon,$$

式中, m 和 n 都是整数而且 $|\varepsilon|$ 是任意小.

我们还须考虑可以说是麻烦的场合, 即: 数列 $n_1, n_2, n_3, \cdots$ 仅含有有限个偶数或有限个奇数的场合. 我们将采用第一假定, 而且因为有限个元素对收敛性的观察并不起作用, 我们就等于假定 $n_1, n_2, n_3, \cdots$ 全是奇数. 这样一来, 我们便确定了极限体 $\mathfrak{L}$ 关于 $\mathfrak{S}_1$ 的对称性, 而且为了证明 $\mathfrak{L}$ 是以 $\mathfrak{a}$ 为旋转轴, 只需证明它关于 $\mathfrak{S}_2$ 的对称性.

我们根据 §19, Ⅶ, 末段证过的对称化性质得知, $\mathfrak{K}_0, \mathfrak{K}_1, \mathfrak{K}_2, \cdots$ 的表面积构成递降的或者至多是非递增的正数序列, 而且必趋近于一定的极限值 $O_{\mathfrak{L}}$, 而它根据在 §17, V 证过的表面积泛函的连续性是重合于 $\mathfrak{L}$ 的表面积.

现在让我们对序列 $\mathfrak{K}_{n_1}, \mathfrak{K}_{n_2}, \mathfrak{K}_{n_3}, \cdots$ 的所有凸体和 $\mathfrak{L}$ 关于 $\mathfrak{S}_2$ 实施对称化, 便获得凸体 $\mathfrak{K}_{n_1+1}, \mathfrak{K}_{n_2+1}, \mathfrak{K}_{n_3+1}, \cdots; \mathfrak{L}^*$. 然而从 §19, Ⅷ, 中段得知对称化和极限过程的可交换性, 所以

$$\mathfrak{L}^* = \lim_{k\to\infty} \mathfrak{K}_{n_k+1}.$$

因此, $\mathfrak{L}^*$ 的表面积等于 $\mathfrak{K}_{n_k+1}$ 的表面积的极限值, 即等于 $\mathfrak{L}$ 的表面积 $O_{\mathfrak{L}}$. 这就表明了, $\mathfrak{L}$ 的表面积经过关于 $\mathfrak{S}_2$ 的对称化并不减少, 那么按 §19, Ⅶ, 末段 $\mathfrak{L}$ 必有一个平行于 $\mathfrak{S}_2$ 的对称平面 $\mathfrak{T}$. 还剩下一个问题: 证明 $\mathfrak{T}$ 与 $\mathfrak{S}_2$ 重合.

Ⅲ. 关于重心

我们把体 $\mathfrak{K}_n$ 看作为具有均匀质量的东西而通过它的重心 S_n 的引进便可直观地了解这个结果. 对这时成立的相靠近的二定理, 我们可给出严密的算术基础, 这是由于: 如同对体积和表面积的性质打基础那样, 我们可通过多面体的对应定理的证法加以推导. 二定理如下:

I. 从

$$\lim_{k\to\infty} \mathfrak{K}_{n_k} = \mathfrak{L}$$

得出对应的重心

$$\lim_{k\to\infty} S_{n_k} = S_{\mathfrak{L}}.$$

Ⅱ. 如果我们把 $\mathfrak{K}$ 关于 $\mathfrak{S}_1$ 对称化为 $\mathfrak{K}_1$, 那么 $\mathfrak{K}_1$ 的重心 S_1 是 $\mathfrak{K}$ 的重心 S 在 $\mathfrak{S}_1$ 上的正投影 (垂足).

在 $\mathfrak{K}_1$ 的对称化中, 显然那些垂直于 $\mathfrak{S}_1$ 而且 $\mathfrak{K}$ 所赖以构成的细棒都是与 $\mathfrak{S}_1$ 相垂直地移动着, 所以各重心在 $\mathfrak{S}_2$ 上的正投影仍旧是各细棒的正投影的重心. 另一方面, S_1 又必然在 $\mathfrak{K}_1$ 的对称平面 $\mathfrak{S}_1$ 上.

从 Ⅱ 得知, $\mathfrak{K}_1, \mathfrak{K}_2, \mathfrak{K}_3, \cdots$ 的重心 $S_1, S_2, S_3, \cdots$ 都在 $\mathfrak{a}$ 的一个垂直平面上, 而且构成了下列的图 17. 根据 I 看出 $\mathfrak{L}$ 的重心 $S_{\mathfrak{L}}$ 在 $\mathfrak{a}$ 上. 另一方面, 它又必须在 $\mathfrak{T}$ 上. 然而 $\mathfrak{S}_2$ 和 $\mathfrak{T}$ 平行, 所以两平面合而为一.

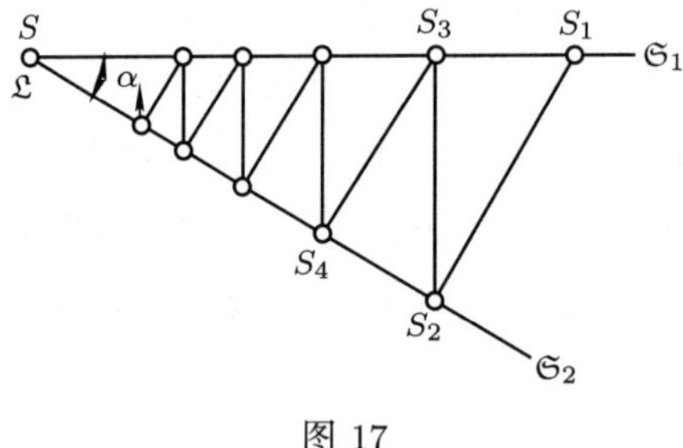

图 17

这样, 我们证明了一切从序列 $\mathfrak{K}, \mathfrak{K}_1, \mathfrak{K}_2, \cdots$ 挑选的任何收敛子序列都趋近于同一极限体 $\mathfrak{L}$, 即从 $\mathfrak{K}$ 通过 Schwarz 的构造法得来的那个体. 由此可见, 邻近测度 (§17, Ⅳ) 的序列

$$\nu_n = N(\mathfrak{K}_n, \mathfrak{L})$$

有着其任何子序列必包含所求的趋近于零的小序列这一性质. 因此断定: 整个序列

$$\lim_{n\to\infty} N(\mathfrak{K}_n, \mathfrak{L}) = 0.$$

所以我们等价地有

$$\mathfrak{L} = \lim_{n\to\infty} \mathfrak{K}_n \qquad \text{(证毕)}.$$

IV. H. Brunn 的一个定理

迄今已证明的是, Schwarz 的构造法是可以通过 Steiner 对称化的极限过程来推导的. 我们从对称化的性质还可引出各种不同的推论, 其中尤为简单的是下列一个:

我们通过一个凸体 $\mathfrak{K}$ 和一根轴线 $\mathfrak{a}$ 并且按 H. A. Schwarz 的构造法得来的旋转体 $\mathfrak{L}$ 也是凸的.

这个美丽定理最初是 1887 年 H. Brunn 在他的思维丰富的 (München) 学位论文 "卵形线与卵形面" 中证明了的. 后来, H. Minkowski 指出, 从圆的极小性质可容易推导出来, 比如运用如下的方法.

设 $\mathfrak{B}$ 是平面 $z = 0$ 上的一个凸域. 我们在空间子域 $0 \leqslant z \leqslant 1$ 里确定所有这样的点 A 的全体, 对 A 必有 $\mathfrak{B}$ 的点 B 使得线段 BA 和 z 轴间的角 $\leqslant \pi/4$. 我们容易证明所有这种点 A 的整体具备凸体的三个特征 (§15, I). 每个平面 $z = \lambda$ $(0 \leqslant \lambda \leqslant 1)$ 和 $\mathfrak{K}$ 相交于凸域 $\mathfrak{B}_\lambda$, 它在 $z = 0$ 上的基足是由其点到 $\mathfrak{B}$ 的距离 $\leqslant \lambda$ 定义的. 这两 "平行域" $\mathfrak{B}, \mathfrak{B}_\lambda$ 的面积 F, F_λ 和周长 L, L_λ 之间显然存在着关系式

$$\begin{aligned} F_\lambda &= F + L\lambda + \pi\lambda^2, \\ L_\lambda &= L + 2\pi\lambda. \end{aligned} \tag{1}$$

原来, 从 Schwarz 的构造法得来的绕 z 轴的旋转体 $\mathfrak{L}$, 其凸性表现是在平面 $z = 0, = \lambda, = 1$ 上的三个平行圆的半径间的不等式

$$\gamma_\lambda \geqslant (1 - \lambda)\gamma_0 + \lambda\gamma_1.$$

然而

$$\pi\gamma_0^2 = F, \quad \pi\gamma_\lambda^2 = F_\lambda, \quad \pi\gamma_1^2 = F_1,$$

所以我们有

$$\sqrt{F_\lambda} \geqslant (1 - \lambda)\sqrt{F} + \lambda\sqrt{F_1}.$$

从 (1) 代进 F_λ, F_1 的值, 并经过平方有理化和简化之后,

$$L^2 - 4\pi F \geqslant 0.$$

这不外乎是圆的极小性质的不等式, 我们在本书第一部分已经推导过 (§11). 只是在这里对它的证明并没有比前述的广泛, 因为这里仅局限于凸域之故, 而且现在没有证明: 等号限于圆才成立.

最后的事实自然给出了对 Brunn 定理的一个改进, 而这同样是这位几何学家所获得的定理, 我们可作如下的叙述:

从 $\mathfrak{K}$ 通过 Schwarz 构造法得来的旋转体 $\mathfrak{L}$ 的一条 "带", 即介于旋转轴的二垂直平面之间的 $\mathfrak{L}$ 的一块面, 当且仅当 $\mathfrak{K}$ 上的对应面带是锥体带时才成为旋转锥带.

文中, 第二锥体当然不一定是旋转锥而且柱面是被看成锥面的特殊情况的. 用我们的辅助工具验证这个改进, 并不带来什么困难, 但是由于下文 (参照 §22, V) 中即将处理完全对应的课题, 我们在这里只是提一提.

还必须指出, 人们用十分初等的方法推导上述的 Brunn 定理, 或者同样归结为 Minkowski 关于所谓 "混合表面积" 的不等式 (参照 §23, V), 比起这里所用的方法要简便得多, 正如 G. Frobenius 近来特别简单的表述那样. 这样, 我们从外表上看, 好像用大炮打麻雀似的 (杀鸡用了牛刀 —— 译者注). 但是, 我们的方法比之于更简便方法却有巨大的优点, 就是用之足以拓广 Brunn 定理到任何 n 维 ($n = 4, 5, \cdots$) 空间去. 我们在 §22 将特别讨论最靠近的高维 $n = 4$ 的场合, 其中还要转移研究, 以致我们无须从 Euclid 的普通三维空间里自找麻烦.

V. H. A. Schwarz 的一个定理

在我们通过极限过程从凸体 $\mathfrak{K}$ 到 Schwarz 的变换体 $\mathfrak{L}$ 的推导中, 对称化的性质必然给出下列定理 (尽管这里不再利用它):

$\mathfrak{K}$ 和 $\mathfrak{L}$ 的体积和表面积之间成立下列关系式:

$$J_{\mathfrak{K}} = J_{\mathfrak{L}}, \quad O_{\mathfrak{K}} \geqslant O_{\mathfrak{L}},$$

而且在第二个关系式中, 当且仅当 $\mathfrak{K}$ 具有与 $\mathfrak{L}$ 的旋转轴平行的旋转轴时, 等号才成立.

Schwarz 构造法的这个性质还适用于将最小表面积和定体积的凸体的空间问题归结为平面问题, 就是: 确定那些满足极小条件的旋转面的子午线

问题. 这就是 Schwarz 对球的等周性质给出著名证明的基本思想. 从此人们看出 Steiner, Schwarz, Brunn 和 Minkowski 等的思想之间的密切联系了.

§22. Brunn 和 Minkowski 定理

I. 凸体的线性族和凸性族

设 $\mathfrak{K}_0$ 和 $\mathfrak{K}_1$ 为任何二凸体. P_0 是 $\mathfrak{K}_0$ 的任一点而且 P_1 是 $\mathfrak{K}_1$ 的任一点. 我们把线段 P_0P_1 划分为定比 $\theta : 1-\theta$ $(0 \leqslant \theta \leqslant 1)$ 时, 便有界点

$$P_\theta = (1-\theta)P_0 + \theta P_1.$$

当我们把 $\mathfrak{K}_0, \mathfrak{K}_1$ 和 θ 固定下来而使 P_0 和 P_1 分别遍回凸体 $\mathfrak{K}_0$ 和 $\mathfrak{K}_1$ 时, P_θ 同样绘出一个凸体 $\mathfrak{K}_\theta$, 对它记作

$$\mathfrak{K}_\theta = (1-\theta)\mathfrak{K}_0 + \theta\mathfrak{K}_1.$$

实际上, 从 $\mathfrak{K}_0$ 和 $\mathfrak{K}_1$ 的有界性和闭性也得出 $\mathfrak{K}_\theta$ 的这些性质. 又设 P_θ 和 Q_θ 为 $\mathfrak{K}_\theta$ 的任意两点, 那么它们的连线段也在 $\mathfrak{K}_\theta$ 内, 因为从

$$P_\theta = (1-\theta)P_0 + \theta P_1,$$
$$Q_\theta = (1-\theta)Q_0 + \theta Q_1$$

和线性组合

$$(1-\Theta)P_\theta + \Theta Q_\theta = (1-\theta)\{(1-\Theta)P_0 + \Theta Q_0\} + \theta\{(1-\Theta)P_1 + \Theta Q_1\}, \quad 0 \leqslant \Theta \leqslant 1$$

得知各花括号里的表示点分别属于 $\mathfrak{K}_0$ 和 $\mathfrak{K}_1$.

如果人们令 θ 取遍数值 $0 \leqslant \theta \leqslant 1$, 那么凸体 $\mathfrak{K}_\theta$ 组成凸体的 "线性族", 而连接了 $\mathfrak{K}_0$ 和 $\mathfrak{K}_1$. 这样一些族该说是继 Steiner 的研究之后而首次在 Brunn 的学位论文中被观察到的.

后文中, 下述的定理将被应用而借以明确一个线性族中的凸体的界点之间究竟有什么联系:

要使 $\mathfrak{K}_0$ 和 $\mathfrak{K}_1$ 的两点 P_0 和 P_1 通过线性组合

$$P_\theta = (1-\theta)P_0 + \theta P_1, \quad 0 < \theta < 1$$

成为

$$\mathfrak{K}_\theta = (1-\theta)\mathfrak{K}_0 + \theta\mathfrak{K}_1$$

的一个界点, 充要条件是: P_0 和 P_1 各为 $\mathfrak{K}_0$ 和 $\mathfrak{K}_1$ 的界点, 而且过各点存在着这二凸体的同指向的平行支持平面.

"同指向的平行支持平面" 是指同指向平行而且指向 $\mathfrak{K}_0$ 和 $\mathfrak{K}_1$ 的外向法线的二支持平面. 人们可看出这样的情况 (图 18 示意了平面上的类似作图): 二凸体

$$(1-\theta)P_0 + \theta\mathfrak{K}_1 \quad 和 \quad (1-\theta)\mathfrak{K}_0 + \theta P_1 \tag{$*$}$$

分别与 $\mathfrak{K}_1$ 和 $\mathfrak{K}_0$ 有相似位置, 两者都包含了点 P_θ 而且被 $\mathfrak{K}_\theta$ 所包含 (图中 $\theta = 1/2$, 而且二凸体 $(*)$ 有密阴影线). 这样, 当 P_θ 必须是 $\mathfrak{K}_\theta$ 的界点时, 过 P_θ 就必然有一个作为双方凸体 $(*)$ 的支持平面. 因此, 在对应点 P_0 和 P_1 实际上便有同各体 $\mathfrak{K}_0, \mathfrak{K}_1$ 成相似位置的凸体的同指向平行支持平面. 反之, 这个条件显然也是充分的.

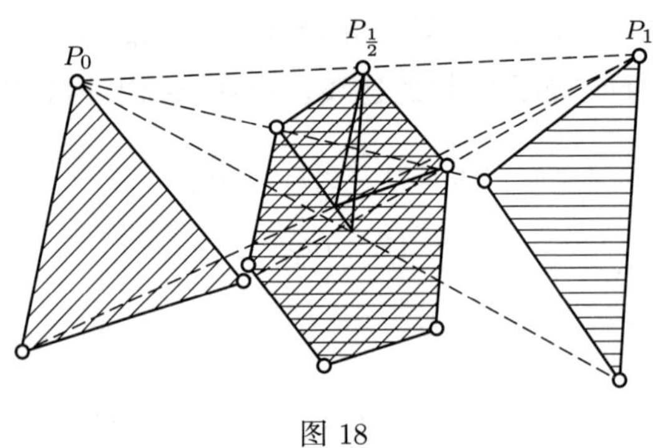

图 18

从此得出例如这样的结论: 如果 $\mathfrak{E}_0$ 和 $\mathfrak{E}_1$ 是 $\mathfrak{K}_0$ 和 $\mathfrak{K}_1$ 的同指向平行支持平面, 那么 $(1-\theta)\mathfrak{E}_0 + \theta\mathfrak{E}_1$ 是 $\mathfrak{K}_\theta$ 的同指向平行支持平面. 因而, 支持函数自然是同样线性组合着的.

此外, 我们特别地获得 Brunn 的一个定理的证明, 而这个定理的含义经过 Minkowski 才显示出正确的光辉并且可用我们前文 (§16, Ⅲ) 所导进的凸函数概念表达如下:

主要定理 线性族

$$\mathfrak{K}_\theta = (1-\theta)\mathfrak{K}_0 + \theta\mathfrak{K}_1$$

中的各体 $\mathfrak{K}_\theta$ 的体积 $J(\theta)$ 的立方根是参变量 θ $(0 \leqslant \theta \leqslant 1)$ 的 (向上) 凸函数.

为了证明这个定理, 我们除了线性族的概念外, 还要导进一个同凸函数相类似的概念, 即凸体的“凸性族”这一广泛概念:

设凸体 $\mathfrak{K}_\theta$ 的一系明确地对应于线段 $0 \leqslant \theta \leqslant 1$ 上的参变量 θ 的值. 又设对应于参变量值

$$\theta = \lambda_1\theta_1 + \lambda_2\theta_2 \ \ (\lambda_1 \geqslant 0, \lambda_2 \geqslant 0, \lambda_1 + \lambda_2 = 1)$$

的凸体总是包含凸体

$$\lambda_1\mathfrak{K}_{\theta_1} + \lambda_2\mathfrak{K}_{\theta_2},$$

而后者属于 $\mathfrak{K}_{\theta_1}$ 和 $\mathfrak{K}_{\theta_2}$ 间的线性族 $(0 \leqslant \theta_1 \leqslant 1, 0 \leqslant \theta_2 \leqslant 1)$, 或者用记号表之如下:

$$\mathfrak{K}_{\lambda_1\theta_1+\lambda_2\theta_2} \geqslant \lambda_1\mathfrak{K}_{\theta_1} + \lambda_2\mathfrak{K}_{\theta_2};$$

那么称这凸体族为凸性族.

任何线性族是凸性族, 但是反过来不成立. 我们将会看到对称化是如何对凸性族起着作用的.

II. 凸性族的对称化

我们将证明:

一个凸性族的凸体经过与同一基平面 $z=0$ 有关的对称化之后, 我们所获得的凸体仍属于一个凸性族 (图 19).

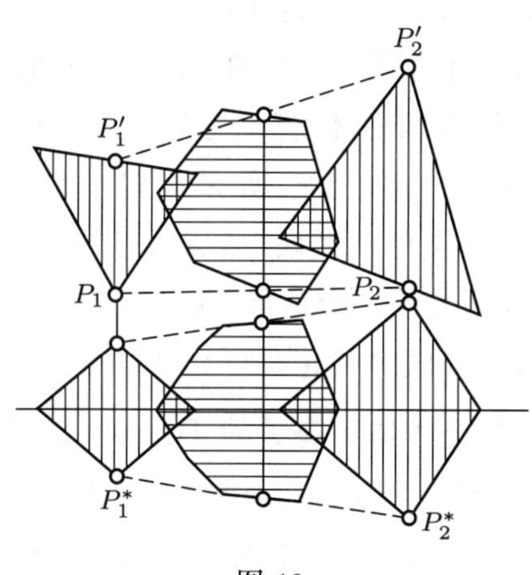

图 19

实际上, 设 $\mathfrak{K}^*_{\theta_1}$ 和 $\mathfrak{K}^*_{\theta_2}$ 是对称化族中的二凸体, 它们是从原族的凸体 $\mathfrak{K}_{\theta_1}$ 和 $\mathfrak{K}_{\theta_2}$ 生成的; P^*_1 是 $\mathfrak{K}^*_{\theta_1}$ 的一点, P^*_2 是 $\mathfrak{K}^*_{\theta_2}$ 的一点, 而且 z_1 和 z_2 是它们的 z

坐标. 那么, 在过 P_1^* 并与 z 轴平行的线上必有 $\mathfrak{K}_{\theta_1}$ 的二点 P_1, P_1', 其间的距离等于 $2|z_1|$ 而且在过 P_2^* 并与 z 轴平行的线上必有 $\mathfrak{K}_{\theta_2}$ 的二点 P_2, P_2', 其间的距离等于 $2|z_2|$. 如果我们把这二同指向线段 P_1P_1', P_2P_2' 线性组合成

$$\lambda_1\overline{P_1P_1'} + \lambda_2\overline{P_2P_2'},$$

那么根据假设便获得体

$$\mathfrak{K}_{\lambda_1\theta_2+\lambda_2\theta_2}$$

中的一个线段, 因为原族是凸性的. 经过与 $z=0$ 有关的对称化之后所导出的线段 PP' 落在对称化了的体

$$\mathfrak{K}^*_{\lambda_1\theta_1+\lambda_2\theta_2}$$

之内. 然而这个线段恰恰是可通过与 $z=0$ 有关的对称线段的线性组合

$$\overline{PP'} = \lambda_1\overline{P_1^*P_1'^*} + \lambda_2\overline{P_2^*P_2'^*}$$

而导出的. 所以我们证明了对称化了的族的凸性:

$$\mathfrak{K}^*_{\lambda_1\theta_1+\lambda_2\theta_2} \geqslant \lambda_1\mathfrak{K}^*_{\theta_1} + \lambda_2\mathfrak{K}^*_{\theta_2}.$$

特别是, 从这定理得出: 一个线性族通过对称化而变换成凸体的一个凸性族, 但是如我们即将例示的那样, 这个凸性族不一定是线性的.

例如, 我们取两根不垂直于 $z=0$ 的线段. 如果把这些线段线性组合起来, 那么人们就会一般得到四面体, 然后通过与 $z=0$ 有关的对称化之后所得到的是有六个界面的多面体. 反之, 如果人们先把两线段关于 $z=0$ 实施对称化, 那么便得到 $z=0$ 上的两线段, 然后通过线性组合仍旧得到 $z=0$ 上的一些线段, 就是说, 得到另外一个结果. 我们下文中 (§22, Ⅳ) 将回到这样的课题: 线性组合在什么时候同对称化是可交换的?

Ⅲ. 与一个线性族的凸体体积有关的 Brunn 定理的证明

我们已经到了用 Ⅱ 的辅助方法来证明 Ⅰ 中所提的主要定理的时候了, 就是: 对于线性族 $\mathfrak{K}_\theta = (1-\theta)\mathfrak{K}_0 + \theta\mathfrak{K}_1$ 中的凸体, 其体积 $J(\theta)$ 满足这样的关系:

$$\sqrt[3]{J(\theta)}$$

是参变量 θ 的凸函数.

我们采用三平面 $\mathfrak{S}_1, \mathfrak{S}_2, \mathfrak{S}_3$, 它们仅有一个公共点 M 而且交角中至少有两个都是 π 的无理数倍. 我们把线性族 $\mathfrak{K}_\theta$ 对 $\mathfrak{S}_1$ 实施对称化且由此获得凸性族 $\mathfrak{K}_\theta^1$. 然后, 把 $\mathfrak{K}_\theta^1$ 对 $\mathfrak{S}_2$ 实施对称化而得族 $\mathfrak{K}_\theta^2$, 又从此通过对 $\mathfrak{S}_3$ 的对称化而得族 $\mathfrak{K}_\theta^3$. 接着, $\mathfrak{K}_\theta^3$ 再对 $\mathfrak{S}_1$ 实施对称化, 等等. 各族 $\mathfrak{K}_\theta^n$ $(n = 1, 2, 3, \cdots)$ 按 Ⅱ 都是凸性的而且根据体积这一泛函关于对称化的不变性得知, $\mathfrak{K}_\theta^n$ 中的各体的体积都相等.

从一个凸体 $\mathfrak{K}_\theta$ 按此方式涌现出来的凸体序列 $\mathfrak{K}_\theta^1, \mathfrak{K}_\theta^2, \mathfrak{K}_\theta^3, \cdots$ 收敛于一个以 M 为中心的球 $\mathfrak{L}_\theta$:

$$\mathfrak{L}_\theta = \lim_{n\to\infty} \mathfrak{K}_\theta^n.$$

实际上, 人们完全和 §21, Ⅱ, Ⅲ 中一样地证明: 任何收敛的子序列收敛于一个极限体, 它必须关于 $\mathfrak{S}_1, \mathfrak{S}_2, \mathfrak{S}_3$ 是对称的, 因此只能是一个球. 至于序列的有界性问题, 我们可以这样来理解: 以 M 为中心画一个球, 使包含 $\mathfrak{K}_\theta$ 在内, 这个球从而也包含序列 $\mathfrak{K}_\theta^n$ 的所有体. 收敛性证明的奠基, 一方面是依赖于选择定理, 而另一方面是依赖于对称化性质.

我们有 (§17, V)

$$J(\mathfrak{L}_\theta) = \lim_{n\to\infty} J(\mathfrak{K}_\theta^n) = J(\theta).$$

另一方面, 从序列 $\mathfrak{K}_\theta^n$ 的凸性又有

$$\mathfrak{K}_{\lambda_1\theta_1+\lambda_2\theta_2}^n \geqslant \lambda_1\mathfrak{K}_{\theta_1}^n + \lambda_2\mathfrak{K}_{\theta_2}^n,$$

通过极限过程 $n\to\infty$ 便得出

$$\mathfrak{L}_{\lambda_1\theta_1+\lambda_2\theta_2} \geqslant \lambda_1\mathfrak{L}_{\theta_1} + \lambda_2\mathfrak{L}_{\theta_2},$$

就是说, 同心球族 $\mathfrak{L}_\theta$ 也是凸性的. 这就给出了球 $\mathfrak{L}_\theta$ 的半径 $r(\theta)$ 应有的关系

$$r(\lambda_1\theta_1 + \lambda_2\theta_2) \geqslant \lambda_1 r(\theta_1) + \lambda_2 r(\theta_2)$$

而且由于球半径和体积立方根成比例,

$$\sqrt[3]{J(\lambda_1\theta_1 + \lambda_2\theta_2)} \geqslant \lambda_1\sqrt[3]{J(\theta_1)} + \lambda_2\sqrt[3]{J(\theta_2)}. \tag{1}$$

然而函数

$$\sqrt[3]{J(\theta)}$$

是非负的, 从而是有下界的, 所以它在区间 $0 \leqslant \theta \leqslant 1$ 的凸性被包含在公式 (1) 之中, 因此定理证毕.

还有留下来的问题必须解决, 问 (1) 中的等号什么时候成立, 即: 凸曲线

$$y = \sqrt[3]{J(x)}$$

的一段在什么时候会变成直线段? 为此, 我们只需补充 II 中关于凸性族对称化的研究, 而进行确定: 一个线性族在对称化中什么时候仍变为凸体的线性族.

IV. 线性族的对称化

设

$$\mathfrak{K}_\theta = (1-\theta)\mathfrak{K}_0 + \theta\mathfrak{K}_1$$

是线性凸体族. 我们把族中的每一凸体 $\mathfrak{K}_\theta$ $(0 \leqslant \theta \leqslant 1)$ 关于同一平面 $z=0$ 对称化而且提问: 如此生成的凸体 $\mathfrak{K}_\theta^*$ 在什么时候仍形成一个线性族

$$\mathfrak{K}_\theta^* = (1-\theta)\mathfrak{K}_0^* + \theta\mathfrak{K}_1^*$$

呢?

我们在 $z=0$ 上取这么一点 P_0, 使过它的铅直线即 z 轴的平行线和体 $\mathfrak{K}_0, \mathfrak{K}_0^*$ 都交于线段 $\overline{Q_0R_0} = \overline{Q_0^*R_0^*}$, 而且线段的长度不是零 —— 这之所以可能, 是由于: 如我们必须假定那样, $\mathfrak{K}_0, \mathfrak{K}_1$ 从而 $\mathfrak{K}_0^*, \mathfrak{K}_1^*$ 都含有内点. 过 Q_0^* (至少) 有 $\mathfrak{K}_0^*$ 的支持平面 $\mathfrak{S}_0^*$ 而且过 R_0^* 因此有 $\mathfrak{S}_0^*$ 关于 $z=0$ 的对称支持平面 $\mathfrak{T}_0^*$.

我们引 $\mathfrak{K}_1^*$ 的支持平面 $\mathfrak{S}_1^*$ 和 $\mathfrak{T}_1^*$ 使分别同向平行于 $\mathfrak{S}_0^*$ 和 $\mathfrak{T}_0^*$. 人们对此是这样考虑的: 比如 $\mathfrak{S}_0^*$ 和 $\mathfrak{S}_1^*$ 不仅是平行, 而且从 $\mathfrak{K}_0^*$ 的内部向 $\mathfrak{S}_0^*$ 所引的有向法线与从 $\mathfrak{K}_1^*$ 的内部向 $\mathfrak{S}_1^*$ 所引的有向法线也以各自的指向互相平行. 设 Q_1^*, R_1^* 是关于 $z=0$ 的两对称点, 而且这些点是支持平面 $\mathfrak{S}_1^*, \mathfrak{T}_1^*$ 和 $\mathfrak{K}_1^*$ 的公共点; 又设 P_1 是线段 $\overline{Q_1^*R_1^*}$ 的平分点 (图 20).

现在假定这对称族是线性的, 那么按前文 I 中段的结果得出 $\mathfrak{K}_\theta^*$ 的两支持平面

$$\mathfrak{S}_\theta^* = (1-\theta)\mathfrak{S}_0^* + \theta\mathfrak{S}_1^*,$$

$$\mathfrak{T}_\theta^* = (1-\theta)\mathfrak{T}_0^* + \theta\mathfrak{T}_1^*,$$

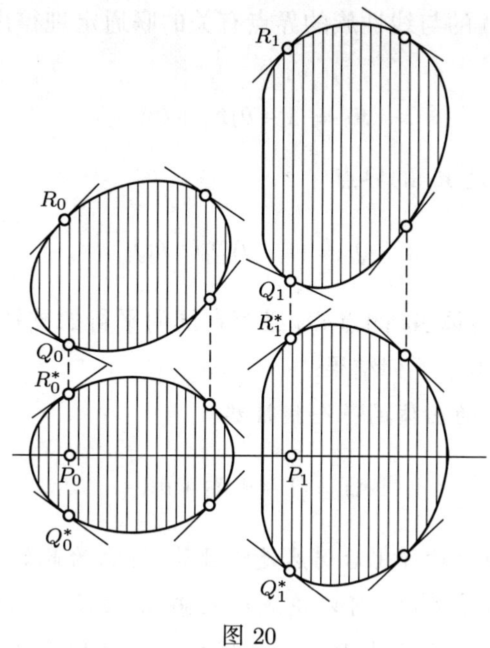

图 20

它们和体 $\mathfrak{K}_\theta^*$ 的公共点是

$$Q_\theta^* = (1-\theta)Q_0^* + \theta Q_1^*,$$

$$R_\theta^* = (1-\theta)R_0^* + \theta R_1^*.$$

如果过

$$P_\theta = (1-\theta)P_0 + \theta P_1$$

引铅直线, 使它与对应于同一 θ 的体 $\mathfrak{K}_\theta^*$ 常相交, 只要是 $P_0 \neq P_1$, 那么我们获得铅直线段 $\overline{Q_\theta^* R_\theta^*}$ 的线性族, 而这些线段充实了上下面都用直线围成的凸域 $\mathfrak{B}^*$ (梯形).

同样, 如过 P_θ 引铅直线使它与对应的体 $\mathfrak{K}_\theta$ 相交, 那么像线性族的定义所给出那样, 我们得到线段 $\overline{Q_\theta R_\theta}$ 的一个凸性族, 而这些线段在 $P_0 \neq P_1$ 时充实了一个凸域 $\mathfrak{B}$. 然而 $\mathfrak{B}^*$ 是从 $\mathfrak{B}$ 经过对称化而得来的, 并且 $\mathfrak{B}^*$ 是一个梯形, 所以 $\mathfrak{B}$ 也只能是梯形, 就是说, 线段 $\overline{Q_\theta R_\theta}$ 的一族同样是线性的:

$$Q_\theta = (1-\theta)Q_0 + \theta Q_1,$$

$$R_\theta = (1-\theta)R_0 + \theta R_1.$$

从上述 (§22, I) 的与线性族的界点有关的联通定理得出结论: 如果 $\mathfrak{K}_\theta$ 是凸体

$$\mathfrak{K}_\theta = (1-\theta)\mathfrak{K}_0 + \theta\mathfrak{K}_1$$

的线性族而且 Q_θ 是 $\mathfrak{K}_\theta$ 的界点

$$Q_\theta = (1-\theta)Q_0 + \theta Q_1$$

的线性族, 那么在各体 $\mathfrak{K}_\theta$ 的点 Q_θ 必存在同向平行的支持平面.

这样, 我们找出了下列结果:

设有具备内点的凸体的一个线性族

$$\mathfrak{K}_\theta = (1-\theta)\mathfrak{K}_0 + \theta\mathfrak{K}_1,$$

它经过关于水平面的对称化后仍然是线性族, 那么为此的必要条件是: 对 $\mathfrak{K}_0$ 和 $\mathfrak{K}_1$ 的铅直弦 $\overline{Q_0R_0}, \overline{Q_1R_1}$ 可以使成对应偶, 以致过 Q_0 和 Q_1 必有 $\mathfrak{K}_0$ 和 $\mathfrak{K}_1$ 的同向平行支持平面而且过 R_0 和 R_1 同样也有这种情况.

图 20 示意了二维场合的对应关系.

容易看出, 所述的条件也是充分的, 但对此不再叙述.

V. Minkowski 对 Brunn 定理的补充

我们从 Ⅳ 现在可以导出一个结论:

一个线性族

$$\mathfrak{K}_\theta = (1-\theta)\mathfrak{K}_0 + \theta\mathfrak{K}_1$$

在任意对称化之后要仍是一个线性族, 充要条件是: $\mathfrak{K}_0$ 和 $\mathfrak{K}_1$ 相似且有相似位置.

实际上, 设 $\mathfrak{S}_0$ 和 $\mathfrak{S}_1$ 是 $\mathfrak{K}_0$ 和 $\mathfrak{K}_1$ 的两同向平行支持平面, 且与 $\mathfrak{K}_0, \mathfrak{K}_1$ 分别只有一个公共点 Q_0, Q_1. 于是过 Q_0 和 Q_1 分别引 $\mathfrak{K}_0$ 和 $\mathfrak{K}_1$ 的任意平行弦 $\overline{Q_0R_0}$ 和 $\overline{Q_1R_1}$, 那么总是要存在一个过 R_0 而接 $\mathfrak{K}_0$, 和另一个过 R_1 而接 $\mathfrak{K}_1$ 的平行支持平面. 显然, 这件事当且仅当 $\mathfrak{K}_0$ 和 $\mathfrak{K}_1$ 相似且有相似位置时才可能.

现在该是我们对 Ⅲ 中所证的 Brunn 定理做补充的时候了, 就是:

凡具有内点的凸体的一个线性族, 其体 $\mathfrak{K}_\theta$ 的体积的立方根

$$\sqrt[3]{J(\theta)}$$

只当族的所有凸体相似且有相似位置时, 即仅在这个平凡的场合才是 θ 的线性函数.

这个事实曾为 Brunn 所申述过, 但首次给以严密证明的是 Minkowski. 从上述的思考看来, 这个补充自然会带来如下的结果: 如果 $\mathfrak{K}_\theta$ 没有相似位置, 我们便可把这族如此对称化, 使所生成的对称化族是凸性的, 但不退化为线性:

$$\mathfrak{K}_\theta^* > (1-\theta)\mathfrak{K}_0^* + \theta\mathfrak{K}_1^*, \quad 0 < \theta < 1.$$

于是, 从上述的 Brunn 的原定理得知, 函数

$$\varphi(\theta) = \sqrt[3]{J((1-\theta)\mathfrak{K}_0^* + \theta\mathfrak{K}_1^*)}$$

是凸的 (有可能是线性的). 然而函数

$$\sqrt[3]{J(\theta)} = \sqrt[3]{J(\mathfrak{K}_\theta^*)}$$

和 $\varphi(\theta)$ 共有二端点, 而对于 $0 < \theta < 1$ 的值则前者 $> \varphi(\theta)$, 所以不能是线性的. 证毕.

下述的注意事项可能是值得想一想的: 假如 Brunn 的原定理已被证明了的话, 那么如我们所推导那样, 我们就无须经过极值过程而用完全初等的方法, 由对称化性质简单地推导这个 "补充". 相反地, 在这里 Brunn 和 Minkowski 的研究中, 令人受到一种感觉, 似乎最初在 "补充" 中有过主要困难. 这样, Steiner 的对称化方法在这一点上显示了所赋予的别种辅助手段.

VI. Minkowski 不等式

我们在这里将放弃重现 Minkowski 在掌握 Brunn 定理的过程中关于凸体的 "混合体积" 的一般不等式, 而相反地仅局限于引导 Minkowski 对球所牵涉的一些推论.

设 $\mathfrak{K}_0$ 是一个凸体, 我们为了能应用微分几何到这里来而假定凸体的界面是连续弯曲的. 于是距离 1 的外平行曲面同样围成了一个凸体 $\mathfrak{K}_1$. 我们观察凸体的线性族

$$\mathfrak{K}_\theta = (1-\theta)\mathfrak{K}_0 + \theta\mathfrak{K}_1, \quad 0 \leqslant \theta \leqslant 1.$$

它们的界面互相平行, 而且与 $\mathfrak{K}_0$ 的界面相距 θ.

$\mathfrak{K}_\theta$ 的体积 $J(\theta)$ 按照 Steiner[①]可表示为公式

$$J(\theta) = J + O\theta + M\theta^2 + \frac{4\pi}{3}\theta^3.$$

式中, J 和 O 表示 $\mathfrak{K}_0$ 的体积和表面积, M 是由 Steiner 新引进的 $\mathfrak{K}_0$ 的一个积分不变量, 即所谓平均曲率积分

$$M = \iint \frac{1}{2}\left(\frac{1}{R_1} + \frac{1}{R_2}\right) dO,$$

其中括号里的式子表示 $\mathfrak{K}_0$ 的平均曲率, 而且 dO 是它的表面积元素.

按照前述的 Brunn-Minkowski 定理得知: 函数

$$\sqrt[3]{J(\theta)}$$

是凸的而且除非 $\mathfrak{K}_0$ 和 $\mathfrak{K}_1$ 有相似位置, 也即 $\mathfrak{K}_0$ 是球, 不可能是线性的[②]. 所以我们有

$$\frac{d^2 J(\theta)^{1/3}}{d\theta^2} \leqslant 0 \quad \text{当所有的 } \theta \geqslant 0.$$

然而我们有

$$-\frac{9}{2}J(\theta)^{5/3}\frac{d^2 J(\theta)^{1/3}}{d\theta^2} = (O^2 - 3JM) + (MO - 12\pi J)\theta + (M^2 - 4\pi O)\theta^2.$$

所以总是成立

$$\begin{aligned} &O^2 - 3JM \geqslant 0, \\ &M^2 - 4\pi O \geqslant 0. \end{aligned} \tag{I}$$

三不变量 J, M, O 之间的这些不等式都是 Minkowski 所推导出来的. 从这两不等式立刻推出 Schwarz 的老不等式

$$O^3 - 36\pi J^2 \geqslant 0. \tag{II}$$

在球的场合, 上列三关系式中的等号都成立. 至于那些能使 (I) 的第一式或第二式的等号成立的凸体总集问题, 按照我们的推导法对它进行研究时, 即使通过 Brunn 定理的补充也得不出任何结论. 可是反之, 如果在 (I) 的

①论平行曲面. 全集 II, 173~176 页.

②只有球才能和其平行体有相似位置, 我们证之如下: 设 $\mathfrak{K}_0$ 是这样一个体, $\mathfrak{L}$ 是球. 于是各体 $(1-\theta)\mathfrak{K}_0+\theta\mathfrak{L}$ 是 $\mathfrak{K}_0$ 的平行体, 从而与 $\mathfrak{K}_0$ 本身相似. 这样一来, $\mathfrak{L} = \lim\{(1-\theta)\mathfrak{K}_0+\theta\mathfrak{L}\}$ 当 $\theta \to 1$ 时, 也必须和 $\mathfrak{K}_0$ 相似. 证毕.

两式中的等号都成立, 从而在 (Ⅱ) 中的等号也成立, 我们便可确定这仅限于球的场合. 因此, 我们重新获得了 §19 的主要结果.

这里还提出一个新结果: 在具有一定表面积的所有凸体中, 只有球才能获得平均曲率积分的最小值 (Minkowski).

等式 $M^2 - 4\pi O = 0$ 仅仅对于球成立, 这是可以期望的, 但是同样为 Minkowski 所指出[①], $O^2 - 3JM = 0$ 对于某些非球状的体也是可能的.

那么, 在什么凸体才会成立 $O^2 - 3JM = 0$ 呢? 这个问题最初有 G. Bol, Hamburg, Abhandlungen **15** (1943) 的解释.

Ⅶ. 对 $M^2 - 4\pi O \geqslant 0$ 的第二证明

在本书第二部分里发展的理论可以使之对立于另一个同质的理论, 而用以实现它的是: 一个新的对称化取代了迄今常用的 Steiner 对称化. 我们在这里仅局限于一点点的叙述.

设 $\mathfrak{K}$ 是任一凸体, $\mathfrak{K}'$ 是 $\mathfrak{K}$ 关于一个平面 $\mathfrak{S}$ 的对称体. 我们从 $\mathfrak{K}$ 和 $\mathfrak{K}'$ 且经过线性组合 (§22, I) 作出体

$$\mathfrak{K}^* = \frac{1}{2}\mathfrak{K} + \frac{1}{2}\mathfrak{K}',$$

它关于 $\mathfrak{S}$ 是对称的. 从 $\mathfrak{K}$ 到 $\mathfrak{K}^*$ 的变换将作为关于平面 $\mathfrak{S}$ 的新对称化而被引进.

这个新对称化具备三个重要性质, 述之如下:

1. 新体 $\mathfrak{K}^*$ 也是凸的.

2. 新体 $\mathfrak{K}^*$ 和旧体有同一的平均曲率积分:

$$M = M^*.$$

3. 当 $\mathfrak{K}$ 不以 $\mathfrak{S}$ 的平行平面为对称平面时, 新体 $\mathfrak{K}^*$ 的表面积总是大于旧体 $\mathfrak{K}$ 的表面积:

$$O < O^*.$$

在例外的场合, $\mathfrak{K}$ 和 $\mathfrak{K}^*$ 重合, 因此

$$O = O^*.$$

① 全集 Ⅱ, 259 页.

我们用完全对应的方法可证明这三个性质, 正如对 Steiner 对称化的三性质 (§15, Ⅲ) 的证明那样. 其中, 我们对第 2 点必须指出, 平均曲率积分原来在 Ⅵ 中仅对于连续弯曲的凸体作了定义, 它自然也可拓广到任意凸体去, 如同我们把最初只对于多面体为已知的体积和表面积等概念拓广到任意凸体去一样 (参见下文 V, 公式 (9)).

我们曾经从旧的对称化推导了 Schwarz 的不等式

$$O^3 - 36\pi J^2 \geqslant 0.$$

如果以新对称化为出发点, 完全同样的思想便导致 Minkowski 不等式

$$M^2 - 4\pi O \geqslant 0.$$

从这新对称化也立即推出下列结论:

$$M^2 - 4\pi O = 0$$

仅在球的场合成立.

§23. 补 充 事 项[①]

I. 文献

在这第三部分所叙述的理论中, 基本工作是 Schwarz 的论著. 球比其他等体积的体具有较小的表面积 —— 这定理的证明见于 Göttinger Nachrichten (1884), 1~13 页, 全集 Ⅱ (1890), 327~340 页. 其次是 Brunn 的论文 "Ovale und Eiflächen" (München 1887) 和 "Kurven ohne Wendepunkte" (München 1889) 及最后 Minkowski 的论文 "Volumen und Oberfläche" (Mathem. Annalen **57** (1903), 447~495 页, 全集 Ⅱ (1911), 230~276 页).

Minkowski 对 Brunn 定理补充所给出的证明, 最近由 J. Radon (Wiener Akademieberichte 1916) 大大地简化了.

不等式 $M^2 - 4\pi O \geqslant 0$ 也曾经为 Hurwitz 所证明, 证明其实是借助了球面调和函数. 论文 "Sur quelques applications géométriques des séries de Fourier" (Annales de l'école normale supérieure (3) **19** (1902), 357~408 页). 人们为此参照

[①] 可以不读.

后文 (本节, Ⅳ). 关于 §21, §22 中叙述的内容, 可参考 H. Hadwiger 的书: Altes und Neues über konvexe Körper (凸体论今昔), Basel 1955. 这里有这些对象的新颖、简练而美丽的表述.

Hilbert 曾把 Minkowski 的一部分理论按照积分方程重新奠定了基础, 载于他的第六 "Mitteilung" 之中 (Göttinger Nachrichten 1910, 355~417 页, 出版书籍 Grundzüge einer allgemeinen Theorie der linearen Integr algleichengen, Leipzig und Berlin 1912, 242~258 页).

有限个乃至无限个凸曲线之和 (或加 —— Addition) 曾为 H. Bohr 所利用, 借以达到解析数论研究的目的; Oversigt over det Danske Videnskabernes Selskabs Forhandlinger 1913.

Brunn 关于一个凸体的截面的定理有初等证明, 见 W. Blaschke: Beweise zu Satzen von Brunn und Minkowski über die Minimaleigenschaft des Kreises, Jahresber. der D. Mathematikervereinigung **23** (1914), 210~234 页. 这里简括地启发一下, 人们是如何运用三角级数以简单推导这些定理的, 下面还要叙述的明晰证明, 则归功于 W. Wirtinger.

Ⅱ. Wirtinger 的引理

设 $f(\varphi)$ 是周期 2π 的函数, 它的导函数 $f'(\varphi)$ 是有界跳跃的. 如果

$$\int_0^{2\pi} f(\varphi)d\varphi = 0,$$

那么成立不等式

$$\int_0^{2\pi} f(\varphi)^2 d\varphi \leqslant \int_0^{2\pi} f'(\varphi)^2 d\varphi$$

而且等号的成立仅限于 $f(\varphi)$ 具有形式

$$f(\varphi) = a\cos\varphi + b\sin\varphi$$

之时.

这个定理的假设还可以降低①; 当我们利用 $f'(\varphi)$ 和 $f(\varphi)$ 的 Fourier 系数时, 证明可化为最简单. 设

$$\pi a_n = \int_0^{2\pi} f'(\varphi)\cos n\varphi \cdot d\varphi,$$

$$\pi b_n = \int_0^{2\pi} f'(\varphi)\sin n\varphi \cdot d\varphi,$$

① 只需假定 f' 是可积函数.

那么按部分积分便得到 $f(\varphi)$ 的系数:

$$\alpha_n = -\frac{b_n}{n}, \quad \beta_n = +\frac{a_n}{n}.$$

由于 $a_0 = \alpha_0 = 0$, 我们从 Fourier 正交系的所谓完备性关系得出下列方程:

$$\int_0^{2\pi} f(\varphi)^2 d\varphi = \pi \sum_{n=1}^{\infty} \left(\frac{a_n^2 + b_n^2}{n^2} \right),$$

$$\int_0^{2\pi} f'(\varphi)^2 d\varphi = \pi \sum_{n=1}^{\infty} (a_n^2 + b_n^2).$$

两边相减, 便有 Wirtinger 的引理.

Ⅲ. 应用

设 $h_0(\varphi)$ 为平面 $z=0$ 上一个凸域 $\mathfrak{B}_0$ 的支持函数, 就是设 $\mathfrak{B}_0$ 是由条件

$$x\cos\varphi + y\sin\varphi \leqslant h_0(\varphi), \quad z = 0$$

定义的而且对于 φ 的每一值, $\mathfrak{B}_0$ 至少有一点 x, y 使等号成立. 同样, 在平面 $z=1$ 上, 以 $h_1(\varphi)$ 为支持函数的第二凸域 $\mathfrak{B}_1$ 决定于

$$x\cos\varphi + y\sin\varphi \leqslant h_1(\varphi), \quad z = 1.$$

于是在平面 $z=\theta$ $(0<\theta<1)$ 上, 就有域 $\mathfrak{B}_\theta$

$$x\cos\varphi + y\sin\varphi \leqslant (1-\theta)h_0(\varphi) + \theta h_1(\varphi)$$

作为所在平面与 $\mathfrak{B}_0$ 和 $\mathfrak{B}_1$ 的凸包的交集而出现. 必须证明, $\mathfrak{B}_\theta$ 的面积的平方根

$$\sqrt{F(\theta)}$$

是凸函数.

面积 F 按支持函数 h 的表达公式是

$$2F = \int_0^{2\pi} (h^2 - h'^2) d\varphi. \tag{$*$}$$

在所论的场合, 我们有

$$F(\theta) = (1-\theta)^2 F_0 + 2(1-\theta)\theta M + \theta^2 F_1,$$

式中, F_0 和 F_1 分别表示 $\mathfrak{B}_0$ 和 $\mathfrak{B}_1$ 的面积而且 M 是 Minkowski 所导进的二凸域的 "混合面积":

$$2M=\int_0^{2\pi}(h_0h_1-h_0'h_1')d\varphi. \tag{**}$$

这里, 支持函数 $h(\varphi)$ 总是 (在 §16, Ⅲ 的意义下) 有微商的, 而且如人们所能阐明那样, 它是有界跳跃的①.

我们现在注意到 $\mathfrak{B}_0$ 和 $\mathfrak{B}_1$ 的周长 L_0 和 L_1 决定于下列公式:

$$L_0=\int_0^{2\pi}h_0d\varphi,\quad L_1=\int_0^{2\pi}h_1d\varphi, \tag{L}$$

以致函数

$$f(\varphi)=\frac{h_0(\varphi)}{L_0}-\frac{h_1(\varphi)}{L_1}$$

必须满足

$$\int_0^{2\pi}f(\varphi)d\varphi=0.$$

应用上述引理, 我们便获得

$$\frac{F_0}{L_0^2}-\frac{2M}{L_0L_1}+\frac{F_1}{L_1^2}\leqslant 0 \tag{F}$$

或

$$M\geqslant\frac{1}{2}\left(\frac{L_1}{L_0}F_0+\frac{L_0}{L_1}F_1\right).$$

然而

$$\left(\sqrt{\frac{L_1}{L_0}F_0}-\sqrt{\frac{L_0}{L_1}F_1}\right)^2\geqslant 0,$$

所以

$$\frac{L_1}{L_0}F_0+\frac{L_0}{L_1}F_1\geqslant 2\sqrt{F_0F_1}$$

而因此得到

$$M\geqslant\sqrt{F_0F_1}. \tag{M}$$

这个由 Minkowski 所导出的、关于二面积与混合面积间的关系式 (M), 不外乎是对

$$\sqrt{F(\theta)}$$

①Jahresbericht der Mathem. Ver. **23**, 230 页.

的保凸性的解析表示. 从上述引理得知, 等号只限于 $\mathfrak{B}_0$ 和 $\mathfrak{B}_1$ 相似且有相似位置时成立.

上列更精密的不等式 (F) 也曾经为 Frobenius 所推导①.

如果 $\mathfrak{B}_1$ 是半径 1 的圆, 那么

$$h_1(\varphi) = 1,$$

于是

$$2M = L_0$$

而且

$$F_1 = \pi, \quad L_1 = 2\pi,$$

这样再一次从 (M) 推出我们的老公式

$$L_0^2 - 4\pi F_0 \geqslant 0.$$

Ⅳ. Wirtinger 引理在球面上的拓广

我们将扼要地阐明, 在球面上的几何中有一些类似 Wirtinger 引理的对应事项并且如同应用了三角函数展开, 借以推导成果一样, 自然可用球面调和函数来作相应定理的推导:

设在一个以原点为中心的球面上定义了正则解析函数 f, 它的均值是零:

$$\int f \cdot d\omega = 0 \quad (d\omega: \text{球的面元素}), \tag{1}$$

那么一定成立

$$\int f^2 \cdot d\omega \leqslant \frac{1}{2} \int \Delta f \cdot d\omega, \tag{2}$$

式中 Δf 表示 *E. Beltrami* 的第一阶微分参数②. 等号仅限于 f 具有形如

$$f = ax + by + cz \tag{3}$$

之时成立.

①Berliner Akademieberichte **28** (1915), 397 页.

②可参照 G. Scheffers, Theorie der Flächen, Leipzig 1913, 428 页, 在那里把 Δf 写成 Δff, 或 G. Darboux, Leçons sur la théorie generale des surfaces Ⅲ (Paris 1894), 194 页. 这些积分都是在球的全表面上进行的. 一些假设可能在这里也受到了限制.

实际上, 设

$$f = X_0 + X_1 + X_2 + \cdots \quad (X_0 = 0) \tag{4}$$

是 f 按球面调和函数的展开, 那么由此运用球面调和函数的微分方程

$$\Delta_2 X_n = +n(n+1)X_n = 0, \tag{5}$$

便不难[①]导出 f 的第二阶微分参数的展开式

$$\Delta_2 f = -\sum_{n=1}^{\infty} n(n+1)X_n. \tag{6}$$

按照 G. Green 公式[②]我们有

$$\int \Delta f \cdot d\omega = -\int f \cdot \Delta_2 f \cdot d\omega. \tag{7}$$

由于球面调和函数构成一个完备的正交系, 从此便得出

$$\int f^2 \cdot d\omega = \sum_{n=1}^{\infty} \int X_n^2 \cdot d\omega,$$

$$\int \Delta f \cdot d\omega = \sum_{n=1}^{\infty} n(n+1) \int X_n^2 d\omega.$$

我们还可推导出

$$\int f^2 \cdot d\omega - \frac{1}{2}\int \Delta f \cdot d\omega = -\frac{1}{2}\sum_{n=2}^{\infty}(n-1)(n+2)\int X_n^2 d\omega, \tag{8}$$

而所求的结果被包括在这公式之中.

现在, 如果我们从此希望推导出与凸体有关的相当于前述不等式 (F) 和 (M) 的对象, 就得转向一个具有支持函数 H 的凸体的平均曲率积分的 Minkowski 公式

$$M = \int H \cdot d\omega \tag{9}$$

和同一几何学家对表面积的有关公式

$$O = \int \left(H^2 - \frac{1}{2}\Delta H\right) d\omega, \tag{10}$$

①这里利用 Green 公式 $\int g \cdot \Delta_2 f \cdot d\omega = \int f \cdot \Delta_2 g \cdot d\omega$; 参照上面引用的 Darboux 的书, 200 页, 或其他资料.

②同样见 Darboux.

后者恰类似一个凸域的面积公式

$$F=\frac{1}{2}\int(h^2-h'^2)d\varphi$$

并且我们同样可以推导这些公式. 这样, 通过 Ⅲ 的完全对应的思考而比如: 作为不等式

$$L^2-4\pi F\geqslant 0$$

的类似, 重新达到 Minkowski 不等式

$$M^2-4\pi O\geqslant 0.$$

同样, 这个公式也曾为 Hurwitz 所奠基.

V. 关于表面积的 Minkowski 公式

设 $K=1:R_1R_2,H$ 和 $d\omega$ 分别为一个凸曲面的总曲率、支持函数和球面表示的元素, 那么成立它的体积公式

$$J=\frac{1}{3}\int R_1R_2Hd\omega. \tag{11}$$

由此得出距 ρ 的外平行曲面的体积

$$J(\rho)=\frac{1}{3}\int(R_1+\rho)(R_2+\rho)(H+\rho)d\omega.$$

然而根据 Steiner (§22, Ⅵ)

$$J(\rho)=J+\rho O+\rho^2M+\rho^3\frac{4\pi}{3},$$

所以比较两公式中 ρ 的对应系数, 其结果为

$$O=\frac{1}{3}\int\{R_1R_2+(R_1+R_2)H\}d\omega. \tag{12}$$

可是另一方面,

$$O=\int R_1R_2d\omega$$

而且和 (12) 对照之后便有

$$\boxed{O=\frac{1}{2}\int(R_1+R_2)Hd\omega}. \tag{13}$$

为了要按照 Beltrami 微分参数改写这个 Minkowski 公式, 我们在这里引用 Weingarten 公式[1]

$$R_1 + R_2 = 2H + \Delta_2 H, \tag{14}$$

因而得到

$$O = \int \left(H + \frac{1}{2}\Delta_2 H\right) H d\omega. \tag{15}$$

接着, 通过 Green 公式 (7) 的应用而得出所求的结果:

$$\boxed{O = \int \left(H^2 - \frac{1}{2}\Delta H\right) d\omega}. \tag{10}$$

重新应用这公式到平行曲面上去, 我们有

$$\begin{aligned} O(\rho) &= O + \rho \cdot 2M + \rho^2 \cdot 4\pi \\ &= \int \left\{(H+\rho)^2 - \frac{1}{2}\Delta H\right\} d\omega \end{aligned}$$

而且由此经过其中关于 ρ 的线性项系数的比较, 得出

$$\boxed{M = \int H d\omega}. \tag{9}$$

VI. 凸泛函

在 §22, I 里, 我们曾经定义如何把凸体 $\mathfrak{K}_0, \mathfrak{K}_1$ 线性组合起来.

$$(1-\theta)\mathfrak{K}_0 + \theta\mathfrak{K}_1, \quad 0 \leqslant \theta \leqslant 1,$$

结果仍然是一个凸体. 这样, 所有凸体的总体具有凸性, 因为我们通过线性组合 (其实是通过其和为 1 的二正系数的线性组合), 而从总体中的二元仍然导出总体中的一元. 如果人们局限于那些在一个定球内的凸体集 $\mathfrak{M}$, 那么它除了凸性外, 还具备有界性质而且根据选择定理 (§18, I) 也具有闭性. 正如从点结构造出凸体那样, 我们从凸体可以建成更高级的凸性集使它具备对应的性质.

如同我们在一个凸域内定义一个凸函数那样, 在如此由凸体组成的凸体集 $\mathfrak{M}$ 里同样可以定义 "凸泛函" 并且实际作为一个例子就有体积的立方根

$$\sqrt[3]{J_{\mathfrak{K}}} = V_{\mathfrak{K}}.$$

[1] Festschrift der technischen Hochschule, Berlin 1884. 更参照 L. Bianchi, 微分几何讲义, Leipzig und Berlin 1910, 140 页.

从 Brunn 定理 (§22, I) 立即知道

$$V_{(1-\theta)\mathfrak{K}_0+\theta\mathfrak{K}_1} \geqslant (1-\theta)V_{\mathfrak{K}_0}+\theta V_{\mathfrak{K}_1}.$$

而且除了这里有界性采取特别形式

$$V_{\mathfrak{K}} \geqslant 0$$

而外, 上列公式将被采用作为泛函 V 的凸性的定义.

按 Minkowski 公式也可容易证明, 表面积的平方根是为凸泛函给出的第二例. 反之, 平均曲率积分则是线性泛函.

然而人们还可通过别种方式来定义凸体的线性组合并从此导致一些新事实. 例如, 设二凸体 $\mathfrak{K}_0$ 和 $\mathfrak{K}_1$ 有同一基足 $\mathfrak{G}$:

$$\mathfrak{K}_0 \begin{cases} (x,y) \text{ 在 } \mathfrak{G} \text{ 内}, \\ g_0(x,y) \leqslant z \leqslant f_0(x,y), \end{cases}$$

$$\mathfrak{K}_1 \begin{cases} (x,y) \text{ 在 } \mathfrak{G} \text{ 内}, \\ g_1(x,y) \leqslant z \leqslant f_1(x,y), \end{cases}$$

注意到 $\mathfrak{K}_0$ 和 $\mathfrak{K}_1$ 的对称化, 我们就可如下地把它们线性联系起来, 使得凸体

$$\mathfrak{K}_\theta = (1-\theta)\mathfrak{K}_0+\theta\mathfrak{K}_1$$

决定于条件

$$\mathfrak{K}_\theta \begin{cases} (x,y) \text{ 在 } \mathfrak{G} \text{ 内}, \\ (1-\theta)g_0+\theta g_1 \leqslant z \leqslant (1-\theta)f_0+\theta f_1. \end{cases}$$

这时同上面相反, 泛函 $J_{\mathfrak{K}}$ 是线性的而且 $O_{\mathfrak{K}}$ 是向下凸的.

最后, 我们还可以这样把任意凸体的线性联系定义起来, 使得 $O_{\mathfrak{K}}$ 是一个线性泛函. 实际上, 把 $\mathfrak{K}$ 的界面的 Gauss 曲率倒数 $1:K=R_1R_2$ 看作外法线方向 $\alpha:\beta:\gamma$ 的函数而给定时, 根据 Minkowski 得知: $\mathfrak{K}$ 除了平移外是唯一地决定了的 (见后文附录 IX, D). 因此, 人们也可这样定义凸体的线性组合, 使单位球上 $\alpha^2+\beta^2+\gamma^2=1$ 的所属函数 $1:K$ 代替支持函数. 这样, 表面积

$$O=\int\frac{d\omega}{K} \quad (d\omega: \text{球的面元素})$$

显然是一个线性泛函而且 $\sqrt[3]{J}$ 在这场合也是凸的, 如 G. Herglotz 按照 Hilbert 对 Minkowski 理论中的公式①作了证明那样.

①参照 §22, I 后段引用的文献.

研究 “凸性变分问题” 的性质, 可能是有价值的一般化.

对等周问题特别美丽的研究, 是 E. Schmidt 在 1939—1948 年的 Mathem. Nachrichten 和 Mathem. Annalen 上发表的. 对此还有他的希腊学生 A. Dinghas 1939—1949 年的许多论文.

第四部分　凸体极值中的新课题

§24. 在一个凸曲面内可无滑动地滚转的最大球的决定

I. 整体微分几何

"凸域" (或简称 "卵形") 和 "凸体" (或 "卵形体") 等概念, 除了对前述的等周问题外, 还对一系列关于极值的问题给出了动机, 其中大部分问题是初等性质的, 但其余则导致错综的变分问题. 人们于此所获得的一些结果, 如经常表述那样, 属于 "整体微分几何". 这就是说, 一方面, 微分几何中的大部分定理关系到所观察的几何图形在一个元素充分狭窄的邻近, 而另一方面, 在整体微分几何里所建立的那些定理, 则是与凸域和凸体的境界曲线 (简称界线) 和境界曲面 (简称界面) 在其整个引申中有关的①.

我们可用一个例子来说明这两类课题的差别. 自从 Gauss 以来, 人们在微分几何中多次处理了曲面的变形问题, 就是如何变更曲面的形状而保持其上所引的曲线弧长不变. 人们可以证明, 一个 "曲面" 在某些正则性假设下, 它的一充分小片总是可以无限多样变形的. 在整个延伸中的曲面说来, 情况完全不是这样. 是的, 人们还不能全面了解可变形性问题. 但是, H. Liebmann, Hilbert, Weyl, Cohn-Vossen, Blaschke, Herglotz, Caccioppoli, A. D. Alexandrow,

①下文假定 "局部" 微分几何的基础是已知的. 可参照 W. Blaschke, Einführung in die Differentialgeometrie, Springer Verlag 1950.

Pogorelow, Rembs, Grotemeyer 和其他人都号召过讨论这个问题而且比如, 证明了定理: 人们不撕破一个卵形面就不可能 “变形” 它①.

关于几何图形的无穷小性质与整体性质之间的联系这一类问题, 也就是整体微分几何②的问题, 自然而然地会给我们带来相当大的困难. 然而, 正是因为这样, 这些问题变为更加自然, 更加有趣, 以致人们总是希望把整个局部微分几何, 例如 L. Bianchi 所作出很大贡献的巨著教程, 仅仅看成为一项预备工作.

确实, 这些整体课题中最简单的是要使它和凸闭曲面即凸体的境界曲面紧密联系在一起. 对此, 我们在这里比方说, 要开始树立这样一个问题: 在一个曲面上, Gauss 曲率的最大与最小值同它们总体之间的关联问题.

为此目的, 我们眼前在本段里首先将叙述一些后文可能要用到的相靠近定理.

Ⅱ. 一凸曲线的最小和最大密切圆

有内点的一个凸域的境界是由一条凸曲线 $\mathfrak{G}$ 所构成的. 因为我们总是假定凸域是有界的, 所以我们一辈子假定凸曲线是闭曲线, 尽管下述事项中的某些结论对于同类的开曲线也成立.

我们将假定曲线 $\mathfrak{G}$ 上的曲率是连续变化着的. 这样一来, 曲线上 (至少) 有最小密切圆的一点以及 (至少) 有最大密切圆的一点. 这里 $\mathfrak{G}$ 在 P 的密切圆是指在 P 与 $\mathfrak{G}$ 相切且 $\mathfrak{G}$ 在 P 的曲率倒数为半径的圆.

现在取两条这样连续弯曲的凸曲线 $\mathfrak{G}$ 和 $\mathfrak{G}_0$, 它们相切于一点 S 并且在这点都位于它们的公共切线的同一侧 (图 21). 我们设想 $\mathfrak{G}$ 和 $\mathfrak{G}_0$ 都向正向前进着而且这两曲线的切线也相应地取向. 这样一来, 下列定理成立:

如果两条取正向的连续弯曲凸曲线 $\mathfrak{G}$ 和 $\mathfrak{G}_0$ 在一点 S 有同方向而且在有同向平行切线的两点, $\mathfrak{G}$ 的曲率总是 $\geqslant \mathfrak{G}_0$ 的曲率, 那么曲线 $\mathfrak{G}$ 整个被包含在由 $\mathfrak{G}_0$ 所围成的凸域之内.

为了证明, 我们应用在 §23, Ⅲ 曾经引进的 “支持函数”, 它是一个定点 (比如 S 点) 到切线的距离, 这时还有一个定方向 (比如在 S 点的切线). 设

①参考附录 Ⅸ, C. D.

②关于整体微分几何的问题, 特别可参考 S. S. Chern (陈省身), Topics in Differential Geometry (mimeographed), Princeton 1951.

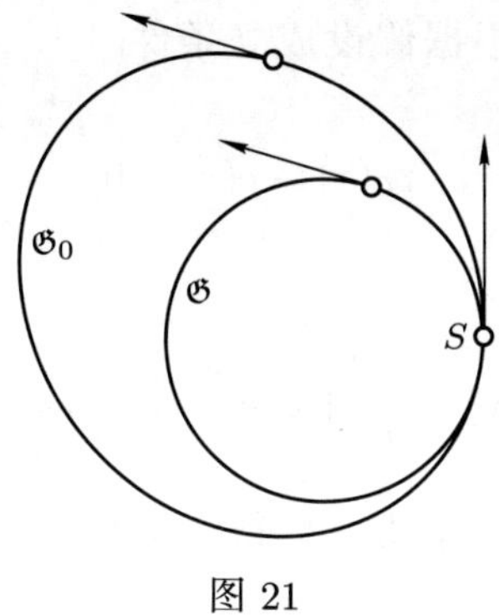

图 21

$h(\tau), h_0(\tau)$ 分别是这两函数, 那么便有初始条件

$$h(0) = 0, \quad h'(0) = 0;$$

$$h_0(0) = 0, \quad h_0'(0) = 0.$$

我们还须从支持函数 $h(\tau)$ 算出密切圆半径 $\rho(\tau)$. 对于一个圆,

$$h(\tau) = \rho(1 - \cos\tau),$$

所以

$$\rho = h + h''.$$

然而在曲率半径的计算中, 仅仅出现到二阶为止的导数, 所以对于任何曲线成立公式

$$\rho(\tau) = h(\tau) + h''(\tau). \tag{1}$$

反过来, 如果 $\rho(\tau)$ 是已知的, 那么我们通过二阶线性微分方程组 (1) 在初始条件 $h(0) = h'(0) = 0$ 下的积分, 便导出 $h(\tau)$. 我们有

$$h(\tau) = \int_0^\tau \rho(\sigma)\sin(\tau - \sigma)d\sigma.^{①} \tag{2}$$

因为这函数是周期 2π 的, 所以我们作为关闭条件而得出

$$\int_{-\pi}^{+\pi} \rho(\sigma)\cos\sigma d\sigma = 0, \quad \int_{-\pi}^{+\pi} \rho(\sigma)\sin\sigma d\sigma = 0.$$

①我们也可导进弧长 s 而改写这个公式为

$$h(\tau) = \int_0^\tau \sin(\tau - \sigma) \cdot ds(\sigma),$$

该式也可用于零曲率的点出现的场合而无须更改.

现在让我们回到定理来. 根据假设成立条件

$$\rho_0(\tau) - \rho(\tau) \geqslant 0. \tag{3}$$

由 (2) 可见

$$h_0(\tau) - h(\tau) = \int_0^\tau \{\rho_0(\sigma) - \rho(\sigma)\} \sin(\tau - \sigma) d\sigma.$$

当 τ 在区间 $0 \leqslant \tau \leqslant \pi$ 取值时, 从 (3) 得知被积函数非负, 于是

$$h_0(\tau) \geqslant h(\tau) \tag{4}$$

而且同样在 $-\pi \leqslant \tau \leqslant 0$ 时也成立这关系. 然而按 (4) 实际上已明确了 $\mathfrak{G}$ 被包含在 $\mathfrak{G}_0$ 内的情况 (证毕).

我们指出二三推论于下:

我们画这样一个圆使它和一凸曲线 $\mathfrak{G}_0$ 从内部相切; 如果圆的半径 $\leqslant \mathfrak{G}_0$ 的所有曲率半径, 那么这圆决不突出 $\mathfrak{G}_0$ 之外.

设一凸曲线 $\mathfrak{G}$ 和一个圆从内部相切; 如果圆的半径 $\geqslant \mathfrak{G}$ 的所有曲率半径, 那么 $\mathfrak{G}$ 整个在圆内.

作为另外的特殊情况还给出了一些关系, 其中一部分是曾由 Hurwitz 运用三角函数而导出的结果:

一条连续弯曲凸曲线的周长和面积介于它的最小和最大密切圆的周长和面积之间.

为要把这些定理拓广到空间几何去, 现在我们首先将插进一段小辅助观察.

Ⅲ. 与曲面曲率有关的 Euler 公式的一个对偶对象

设 P 是一个曲面的正则点而且 $\mathfrak{T}$ 是过 P 的切线. 我们对曲面安上切柱面, 使其母线有 $\mathfrak{T}$ 的方向, 并且决定这柱面的法截面属于 $\mathfrak{T}$ 的曲率半径 R. 我们将确定 R 在 $\mathfrak{T}$ 的方向变化中如何变更的规律.

由于一切仅仅关系到二阶为止的导数, 所以我们不妨用密切抛物面以代替曲面而前者的方程在适当的坐标选择下可写成

$$2z = \frac{x^2}{R_1} + \frac{y^2}{R_2}. \tag{5}$$

于是 P 落在原点而且 R_1, R_2 是所论曲面在 P 的二主曲率半径. 抛物面在点 (x,y,z) 的切平面的方程在活动坐标 (ξ,η,ζ) 表示之下是

$$z+\zeta=\frac{x\xi}{R_1}+\frac{y\eta}{R_2} \tag{6}$$

而且这切平面的位置决定于比值

$$\frac{x}{R_1}:\frac{y}{R_2}:-1. \tag{7}$$

另一方面, 把所论抛物面的法线的方向余弦写成下列形式:

$$\cos\alpha\sin\varphi:\sin\alpha\sin\varphi:-\cos\varphi,$$

我们通过与 (7) 的比较而获得切点的坐标

$$x=R_1\cos\alpha\tan\varphi,\quad y=R_2\sin\alpha\tan\varphi. \tag{8}$$

P 到切平面 (6) 即

$$z+\zeta=(\xi\cos\alpha+\eta\sin\alpha)\tan\varphi \tag{9}$$

的距离因此等于

$$h=z\cos\varphi=(R_1\cos^2\alpha+R_2\sin^2\alpha)\frac{\sin^2\varphi}{2\cos\varphi}. \tag{10}$$

所求的曲率半径 R 可按前段 II 的公式 (1) 来决定:

$$R=\left[h+\frac{\partial^2 h}{\partial\varphi^2}\right]_{\varphi=0}.$$

人们找出

$$R=R_1\cos^2\alpha+R_2\sin^2\alpha. \tag{11}$$

这就是后文中我们所欲利用的结果并且在某些意义下与 Euler 关于曲率半径的著名公式

$$\frac{1}{\rho}=\frac{\cos^2\alpha}{R_1}+\frac{\sin^2\alpha}{R_2} \tag{12}$$

是对偶的.

我们还必须指出: 如果 $R_1>0$ 而且 $R_2>0$, 那么, 从 (11) 便有

$$R_1\leqslant R\leqslant R_2. \tag{13}$$

IV. 空间课题的解

现在设 $\mathfrak{F}$ 是凸曲面, 即具备内点的一凸体的境界曲面[①]. 我们将假定 $\mathfrak{F}$ 为连续弯曲的, 就是 Gauss 曲率 (总曲率)

$$\frac{1}{R_1}\cdot\frac{1}{R_2}$$

和平均曲率

$$\frac{1}{R_1}+\frac{1}{R_2}$$

在 $\mathfrak{F}$ 上都是连续函数.

下面, 我们提出一个问题:

如何尽可能决定大值 R, 使得在 $\mathfrak{F}$ 的任意点 P 能作出半径为 R 且在 P 从内部与 $\mathfrak{F}$ 相切的球, 而不使它突出 $\mathfrak{F}$ 之外呢?

人们也可换句话说: 怎样取定尽可能最大球的半径使球能在 $\mathfrak{F}$ 的内部无限制地滚动呢?

R 不能大于法截线在其与 $\mathfrak{F}$ 的切点 P 处的曲率半径, 这是显然的, 因为不然的话, $\mathfrak{F}$ 便会浸透到球的内部. 所以 R 必然要小于或等于 $\mathfrak{F}$ 在其所有点的一切这种曲率半径中的最小者. 我们将阐明等号的出现:

所求的半径 R 等于 $\mathfrak{F}$ 在所有点的主曲率半径中的最小者.

为此, 仅需证明: 在 $\mathfrak{F}$ 的任一点 P 相切的这样大球决不突出于 $\mathfrak{F}$ 之外; 用同样的语言表达, 就是 $\mathfrak{F}$ 决不渗透到这个在 P 相切的球内部去. 假如我们相反地作出假设, 说 $\mathfrak{F}$ 的一点 Q 落在这个球内了. 我们决定这样的方向 (或者存在许多方向时, 取其中之一) 使平行于 $\mathfrak{F}$ 在 P 和在 Q 的切平面, 然后把 $\mathfrak{F}$ 和球双方射影到所定方向的垂直平面上, 设 $\mathfrak{G}$ 是 $\mathfrak{F}$ 的正投影的界线, 而且称所论的球的垂足的界线为 $\mathfrak{K}$. 那么 $\mathfrak{K}$ 是一个圆, 它同 $\mathfrak{G}$ 在 P 的垂足 P' 相切并且 $\mathfrak{G}$ 要过 Q 的垂足 Q', 即落在 $\mathfrak{K}$ 内的 Q' 点. 另一方面, 根据 (13) 得知 $\mathfrak{G}$ 的曲率半径都是 $\geqslant R$, 因而按 II 的结果又得出: 在 P' 与 $\mathfrak{G}$ 相切的半径 R 的圆必须在 $\mathfrak{G}$ 的内部. 这样, 发生了矛盾.

完全同样, 我们可证关于从内部与 $\mathfrak{F}$ 相切且包含 $\mathfrak{F}$ 于其内的球的对应定理. 比如, 我们可把这个事实刻画如下:

凡能使 $\mathfrak{F}$ 无限制地滚动于其内部的最小球, 是以 $\mathfrak{F}$ 的最大主曲率半径为半径的.

---

①今后 "凸曲面" 总是指闭的凸曲面.

如果 $\mathfrak{F}$ 在某些个地点的曲率消失了, 那么主曲率半径中不存在最大的, 从而所述性质的球也就不存在了.

§25. 凸曲面所应受到的曲率限制①

I. 问题的提出和归结到的旋转面

下列课题将是进行解决的对象:

设一个连续弯曲凸曲面 $\mathfrak{F}$ 的二项事实为已知: (A) $\mathfrak{F}$ 在所有点的 Gauss 曲率 K 满足关系式

$$K \geqslant \frac{1}{A^2}$$

和 (B) 容有半径为 R 且不突出于 $\mathfrak{F}$ 之外的一个球.

要找出 $\mathfrak{F}$ 的两点间的距离在 $\mathfrak{F}$ 的这些限制之下的上界.

如果我们照例把一个有界凸闭集合的两点间距离的极大值记作这集的 "直径", 那么就可掌握本课题如下: 找寻 $\mathfrak{F}$ 的直径的上界.

我们还可用稍为不同的方法定义 $\mathfrak{F}$ 的直径 D. 实际上, 设 P 和 Q 为 $\mathfrak{F}$ 上具有距离 D 的两点, 那么 $\mathfrak{F}$ 必落在两个各以 P 和 Q 为中心、D 为半径的球的交集里. 从此立即得出, $\mathfrak{F}$ 在 P 和 Q 的二切平面必须平行, 而且垂直于连接线段 PQ. 因此, 我们便可判定: 一个凸曲面 $\mathfrak{F}$ 的直径也等于 $\mathfrak{F}$ 的平行切平面间的最大距离.

现在即将阐明: 按 H. A. Schwarz 的构造法 (§21, I) 就可以把一个满足 (A) 和 (B) 的连续弯曲凸曲面 $\mathfrak{F}$ 归结为一个连续弯曲凸旋转面, 使它同样满足二条件 (A) 和 (B) 而且与原曲面有同一直径.

当这事实被理解为正确时, 我们便可以在旋转面中找寻直径的上界.

II. Schwarz 构造法的应用

Schwarz 的构造法将以下述方式被应用到这里来. 设 P 和 Q 是 $\mathfrak{F}$ 的这样两点, 它们间的距离等于 $\mathfrak{F}$ 的直径 D. 我们通过 Schwarz 的构造法把 $\mathfrak{F}$ 所围成的凸体 $\mathfrak{K}$ 引导到以 P 和 Q 的连线 $\mathfrak{a}$ 为旋转轴的旋转体 $\tilde{\mathfrak{K}}$ 去. 这样, 当 $\mathfrak{K}$ 和 $\tilde{\mathfrak{K}}$ 为 $\mathfrak{a}$ 的任何垂直平面所截断时, 两个截面凸域具有相等的面积 —— 这是从构造法的定义性质推导出来的. 必须阐明的是:

①参照 W. Blaschke: Aufgaben der Differentialgeometrie im grossen, Sitzungsber, Berliner Mathem. Gesellsch. **15** (1916), 62~69 页.

1. $\widetilde{\mathfrak{K}}$ 也是凸的而且是连续弯曲的;

2. 当 $\mathfrak{K}$ 的境界面 $\mathfrak{F}$ 满足与 Gauss 曲率有关的关系式 $K \geqslant 1 : A^2$ 时, 同一关系式对于 $\widetilde{\mathfrak{K}}$ 的境界面 $\widetilde{\mathfrak{F}}$ 也成立;

3. 当 $\mathfrak{F}$ 包含半径 R 的球时, $\widetilde{\mathfrak{F}}$ 同样也包含一样大的球;

4. $\mathfrak{F}$ 和 $\widetilde{\mathfrak{F}}$ 的直径相等.

让我们按顺序检查一下这几点吧. $\widetilde{\mathfrak{K}}$ 仍然是凸的这桩事已为 Brunn 所证明而且在 §21, Ⅳ 得到了证实. $\widetilde{\mathfrak{K}}$ 仍然是连续弯曲的这桩事, 也是很容易明了的, 只要我们把 Schwarz 构造法化为一个公式, 然后应用周知的积分符号下进行求导的法则就行了.

至于最困难的第 2 点则将保留到后文中加以解决. 如以前 (§21) 已经利用过那样, 我们通过重复与极限过程, 从 Steiner 的对称化推导 Schwarz 的构造法, 就会达到目的.

第 3 点是自明的, 如果我们对一个被包含在 $\mathfrak{F}$ 内且半径为 R 的球应用 Schwarz 的构造法, 那么它仍变为半径相同且落在 $\widetilde{\mathfrak{F}}$ 内的一个球 (证毕).

我们转到最后一点!

Ⅲ. 直径的不变性

$\widetilde{\mathfrak{F}}$ 的旋转轴 $\mathfrak{a}$ 既包含了 $\mathfrak{F}$ 的两点 P 和 Q, 它们间的距离又等于 $\mathfrak{F}$ 的直径 D. $\mathfrak{a}$ 在 P 和 Q 的垂直平面从而是 $\mathfrak{F}$ 的切平面 (本节, I), 并且 Schwarz 的构造法是在这二平面之间进行的, 所以这二平面也是 $\widetilde{\mathfrak{F}}$ 的切平面, 还分别以 P 和 Q 为切点. 因此, $\widetilde{\mathfrak{F}}$ 的直径 $\widetilde{D}$ 总是 $\geqslant PQ = D$. 如果此外再能证明 $\widetilde{D} \leqslant D$ 也成立的话, 那么便可证实双方的直径相等.

一般地, 我们将证明:

设 $\widetilde{\mathfrak{F}}$ 是从 $\mathfrak{F}$ 通过某些 Schwarz 的构造法而推导出来的①, 那么所属的直径之间成立关系式

$$\widetilde{D} \leqslant D.$$

为这目的, 我们首先证明下列与对称化的相应性质有关的 Bieberbach 定理②:

直径在对称化中要减少或至少不增大.

①当然, 这应理解为所围成的凸体是由 Schwarz 的构造法互相联系着的.

②Über eine Extremaleigenschaft des Kreises, DMV-Jahresbericht **24** (1915), 247~250 页.

设 $\mathfrak{K}$ 是原先的凸体而且 $\widetilde{\mathfrak{K}}$ 是被对称化了的 (关于水平面 $\mathfrak{G}$ 的) 凸体. 设 $\widetilde{P}$ 和 $\widetilde{Q}$ 是 $\widetilde{\mathfrak{K}}$ 上有最大距离 $\widetilde{D}$ 的两点. 我们引分别过 $\widetilde{P}$ 和 $\widetilde{Q}$ 的二铅直线. 它们和 $\mathfrak{K}$ 的最高交点分别设为 P_2 和 Q_1, 最低交点分别设为 P_1 和 Q_2. 这样一来, 如图 22 所示①, 我们有

$$2\widetilde{P}\widetilde{Q} \leqslant P_1Q_1 + P_2Q_2,$$

从此得出

$$\widetilde{D} \leqslant D \qquad \text{(证毕)}.$$

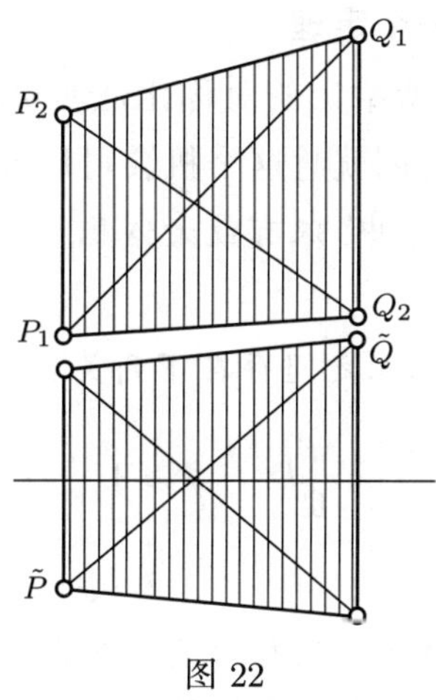

图 22

另一方面, 我们正如在体积和表面积 (§17, V) 的场合证明过的那样, 一个凸体 $\mathfrak{K}$ 的直径 $D_{\mathfrak{K}}$ 在同一意义下是连续泛函, 就是说, 从

$$\mathfrak{L} = \lim_{n\to\infty} \mathfrak{K}_n$$

得出

$$D_{\mathfrak{L}} = \lim_{n\to\infty} D_n.$$

实际上, 如果我们采用邻近测度 (§17, IV) 作为收敛的定义, 我们立即得知

$$|D_{\mathfrak{K}_1} - D_{\mathfrak{K}_2}| \leqslant 2N(\mathfrak{K}_1, \mathfrak{K}_2)$$

而连续性已被蕴涵于其中.

①这个事实通过平行移动可以归结为: 在两个同底同高的三角形中, 等腰三角形有最小的周长.

现在让我们通过 Steiner 对称化的极限过程再一次导出 Schwarz 的构造法而为此交互两个以 π 的无理数倍角相交的平面 $\mathfrak{S}_1, \mathfrak{S}_2$ 作对称化 (参照 §21, I), 那么所对应凸体的直径组成一个递减的序列

$$D \geqslant D_1 \geqslant D_2 \geqslant D_3 \geqslant \cdots,$$

因而, 从此得出所求的结果

$$\widetilde{D} = \lim_{n\to\infty} D_n \leqslant D.$$

Ⅳ. Bieberbach 的一个定理

从上述的 Bieberbach 所给出的对称化性质可以推导同样由 Bieberbach 所给出的球的最大性质, 我们就趁这个机会可以插进这个结果:

在直径给定的所有凸体中, 球有最大体积.

换言之:

一个凸体[①]*的直径与体积之间存在下列关系式:*

$$\frac{\pi}{6}D^3 - J \geqslant 0 \tag{B}$$

而且等号只限于球时成立.

实际上, 设 $\mathfrak{K}$ 为任意凸体. 我们通过两两直交的三平面的对称化, 把 $\mathfrak{K}$ 引导到一个新凸体 $\widetilde{\mathfrak{K}}$, 于是 $\widetilde{\mathfrak{K}}$ 以这三平面的交点为中心. 这两凸体的体积和直径之间存在着关系式

$$J = \widetilde{J}, \quad D \geqslant \widetilde{D}.$$

所以, 要证明

$$\frac{\pi}{6}D^3 - J \geqslant 0,$$

我们只要证明

$$\frac{\pi}{6}\widetilde{D}^3 - \widetilde{J} \geqslant 0.$$

然而, 当人们以 $\widetilde{\mathfrak{K}}$ 的中心为中心, $\widetilde{D}$ 为直径作球时, 这个球必包含 $\widetilde{\mathfrak{K}}$ 在其内部, 从而很快地看出最后的不等式. 实际上, 假如 $\widetilde{\mathfrak{K}}$ 上有一点落在球外的话, 那么这点关于 $\widetilde{\mathfrak{K}}$ 的公共中心的对称点也必须落在 $\widetilde{\mathfrak{K}}$ 上, 于是这二对称点间的距离必须要大于直径 $\widetilde{D}$ 了.

[①] 拓广到非凸点集, 是平凡的; 我们只要为此引进凸包 (§16, V) 就可以了.

为了证实 (B) 中的等号仅在球的场合成立, 我们须阐明, 比方说, 下面的一个引理, 而这是没有任何困难的 (参照图 22):

如果从一个凸体通过对称化而得到了一个球, 那么在原先凸体不是球的场合下, 它必须有较大的直径:

$$D > \widetilde{D}.$$

V. 总曲率在对称化中的抑制

与 Ⅲ 中所阐明的直径不变性的情况相类似地, 我们现在还可证实本节, Ⅱ 里叙述过的 Schwarz 构造法中唯一遗留下来的第 2 点, 我们首先证明:

当一个具有连续弯曲境界曲面 $\mathfrak{F}$ 的凸体 $\mathfrak{K}$ 被对称化为另一个凸体 $\widetilde{\mathfrak{K}}$ 时, $\widetilde{\mathfrak{K}}$ 的境界曲面 $\widetilde{\mathfrak{F}}$ 也是连续弯曲的. 此外, 如果 $1 : A^2$ 和 $1 : \widetilde{A}^2$ 分别表示 $\mathfrak{F}$ 和 $\widetilde{\mathfrak{F}}$ 的 Gauss 曲率的最小值, 那么

$$\frac{1}{A^2} \leqslant \frac{1}{\widetilde{A}^2}.$$

与 §16, Ⅱ 末段里所处理的相类似, 我们把 $\mathfrak{K}$ 看成由下列形式给定的:

$$\mathfrak{K}\begin{cases}(x,y) \text{ 在凸域 } \mathfrak{G} \text{ 内},\\ -g(x,y) \leqslant z \leqslant f(x,y),\end{cases}$$

式中, f 和 g 是在 $\mathfrak{G}$ 内定义的凸函数. 我们通过关于 $z=0$ 的对称化而从 $\mathfrak{K}$ 导出

$$\widetilde{\mathfrak{K}}\begin{cases}(x,y) \text{ 在凸域 } \mathfrak{G} \text{ 内},\\ -\dfrac{1}{2}\{f(x,y)+g(x,y)\} \leqslant z \leqslant \dfrac{1}{2}\{f(x,y)+g(x,y)\}.\end{cases}$$

首先, 我们观察一个基足 (x,y) 落在 $\mathfrak{G}$ 上的位置和在这个位置的总曲率. 令

$$K(\theta) = \frac{rt - s^2}{(1+p^2+q^2)^2},$$

其中

$$\begin{aligned}
p &= (1-\theta)\frac{\partial f}{\partial x} + \theta\frac{\partial g}{\partial x} = (1-\theta)p_0 + \theta p_1,\\
q &= (1-\theta)\frac{\partial f}{\partial y} + \theta\frac{\partial g}{\partial y} = (1-\theta)q_0 + \theta q_1,\\
r &= (1-\theta)\frac{\partial^2 f}{\partial x^2} + \theta\frac{\partial^2 g}{\partial x^2} = (1-\theta)r_0 + \theta r_1,
\end{aligned}$$

$$s=(1-\theta)\frac{\partial^2 f}{\partial x\partial y}+\theta\frac{\partial^2 g}{\partial x\partial y}=(1-\theta)s_0+\theta s_1,$$
$$t=(1-\theta)\frac{\partial^2 f}{\partial y^2}+\theta\frac{\partial^2 g}{\partial y^2}=(1-\theta)t_0+\theta t_1.$$

于是 $K(\theta)$ 或详尽地 $K(x,y;\theta)$ 在 $\theta=0$ 时表示 $\mathfrak{K}$ 的“上部分”境界曲面在基足 (x,y) 的点的总曲率; 在 $\theta=1$ 时则表示 $\mathfrak{K}$ 的“下部分”境界曲面在同一基足 (x,y) 的点的总曲率; 最后, 在 $\theta=\dfrac{1}{2}$ 时则表示 $\widetilde{\mathfrak{F}}$ 在同一基足 (x,y) 的两点的总曲率.

如果我们能够证明: 或成立

$$K\left(\frac{1}{2}\right)\geqslant K(0),$$

或成立

$$K\left(\frac{1}{2}\right)\geqslant K(1),$$

那么所欲证明的尽在其中了. 为此, 我们将证明

$$\sqrt{K(\theta)}\geqslant\varphi(\theta),$$

式中, φ 表示一个单调函数, 它同 $\sqrt{K(\theta)}$ 在区间 $0\leqslant\theta\leqslant 1$ 的二端点相一致.

以 u^2 记 K 的分子 $rt-s^2$, 那么 $u(\theta)$ (>0) 首先在线段 01 上是 θ 的凸函数. 为此, 人们只需阐明: 关于 u 和 θ 的二次方程 $u^2=rt-s^2$ 在 (θ,u)-平面上决不表示双曲线, 就是说, 一定有 θ 的值使 $u^2<0$. 我们把 $r:s=\xi$ 和 $t:s=\eta$ 看作直角坐标, 那么 $rt-s^2\geqslant 0$ 或者 $\xi\eta\geqslant 1$ 是二次曲线 (等边双曲线) 的内部而且 $(r_0,t_0,s_0),(r_1,t_1,s_1)$ 是二次曲线的两个这样的内点 (确切地说, 非外点). 因此, 在它们的连线上一定有二次曲线的一个外点

$$(1-\theta)r_0+\theta r_1,\quad (1-\theta)s_0+\theta s_1,\quad (1-\theta)t_0+\theta t_1$$

使得在这里实际上终于使 $rt-s^2<0$.

又令

$$1+p^2+q^2=v(\theta),$$

那么 $v(\theta)$ 是向下凸的, 这是因为: 左边实质上是正的, 从而上列方程在 (θ,v)-平面上表示抛物线, 它自然落在 θ 轴的上方并且是无限伸长的.

从 u 和 v 的这些凸性得知: 当 $0 \leqslant \theta \leqslant 1$ 时,

$$u(\theta) \geqslant (1-\theta)u(0)+\theta u(1),$$
$$v(\theta) \leqslant (1-\theta)v(0)+\theta v(1),$$

所以

$$\sqrt{K(\theta)} \geqslant \varphi(\theta),$$

其中

$$\varphi(\theta)=\frac{(1-\theta)\sqrt{r_0 s_0-t_0^2}+\theta\sqrt{r_1 t_1-s_1^2}}{(1-\theta)(1+p_0^2+q_0^2)+\theta(1+p_1^2+q_1^2)}.$$

这个函数在 (θ,φ)-平面上是由一条以二坐标轴的平行线为渐近线的双曲线所表示的, 或者是由一条直线所表示的, 而其实, 它在 01 是单调的. $\sqrt{K(\theta)}$ 从而 $K(\theta)$ 在这线段上的最小值必然是在这线段的一端处取得的.

现在我们还须研究 $\mathfrak{F}$ 和 $\widetilde{\mathfrak{F}}$ 的这样一些位置, 它们的基足都落在 $\mathfrak{G}$ 的境界线上, 也就是在那里的切平面都垂直于水平面, 即和 z 轴平行的位置. 由于一切仅仅与二阶为止的导数有关, 我们可用密切抛物面来代替 $\mathfrak{F}$ 在这样一点的情况并且在适当的坐标选择下, 可把抛物面的方程写成

$$2y=Ax^2+2Bxz+Cz^2. \tag{1}$$

解出 z,

$$Cz=-Bx\pm\sqrt{(B^2-AC)x^2+2Cy}.$$

通过关于 $z=0$ 的对应化, 便导出

$$C^2z^2=(B^2-AC)x^2+2Cy$$

或

$$2Cy=(AC-B^2)x^2+C^2z^2. \tag{2}$$

从 (1) 和 (2) 可以找出这二抛物面在原点的总曲率, 也即 $\mathfrak{F}$ 和 $\widetilde{\mathfrak{F}}$ 在具有垂直切平面的对应点的总曲率, 它们有同一值

$$K=AC-B^2.$$

因此, $\widetilde{\mathfrak{F}}$ 的总曲率决不小于 $\mathfrak{F}$ 在对应点的总曲率. 由此导出本段开头所述的定理的正确性.

VI. 总曲率在极限过程中的抑制

为了从已证实的事实, 即总曲率的极小值在对称化过程中并不减少, 能够推导在 Schwarz 的构造法中的同样的抑制, 我们只需要下列的论据:

设 $\mathfrak{K}_1, \mathfrak{K}_2, \mathfrak{K}_3, \cdots$ 是连续弯曲凸体的一个收敛集合, 而且极限体

$$\mathfrak{L} = \lim_{n\to\infty} \mathfrak{K}_n$$

同样也是连续弯曲的. 那么我们对于 $\mathfrak{L}$ 的境界曲面 $\mathfrak{F}$ 的各点 P 可以找出一个收敛点集

$$\lim_{n\to\infty} P_n = P,$$

使得 P_n 在 $\mathfrak{K}_n$ 的境界曲面 $\mathfrak{F}_n$ 上, 而且 $\mathfrak{F}_n$ 在 P_n 的总曲率趋近 $\mathfrak{F}$ 在 P 的总曲率

$$\lim_{n\to\infty} K(P_n) = K(P).$$

设 a 为 $\mathfrak{L}$ 的境界曲面 $\mathfrak{F}$ 上最小的主曲率半径. 我们作出 $\mathfrak{F}$ 的向外和向内且相隔距离 ε 的二平行曲面 $\mathfrak{F}_{+\varepsilon}$ 和 $\mathfrak{F}_{-\varepsilon}$. 只要是 $0<\varepsilon<a$, 这二曲面同样是凸的. 从收敛概念得知, $\mathfrak{K}_n$ 的境界曲面 $\mathfrak{F}_n$ 当 $n>n_\varepsilon$ 时, 必落在 $\mathfrak{F}_{+\varepsilon}$ 与 $\mathfrak{F}_{-\varepsilon}$ 之间.

我们在 $\mathfrak{F}$ 上取下一小块 $\varPhi$, 比方说, 在 $\mathfrak{F}$ 的一点周围作一小球使它从 $\mathfrak{F}$ 割下一小块. 以 $\varPhi_n$ 表示 $\mathfrak{F}_n$ 上对应的小块, 就是引 $\varPhi$ 的法线, 它们在小于 ε 的点和 $\mathfrak{F}_n$ 相交而形成的小块. 于是人们容易看出, 由于 $\varPhi_n$ 和 $\varPhi$ 的表面积 F_n 和 F 之间的保凸性一定成立关系式

$$\lim_{n\to\infty} F_n = F \tag{$*$}$$

(实际上, F_n 大于 $F_{-\varepsilon}$ 上对应于 $\varPhi$ 的曲面块的表面积而小于 $F_{+\varepsilon}$ 上对应曲面块的表面积, 后者增加了 $\varPhi$ 的周长的 2ε 倍).

现在, 我们来寻找所论二曲面 $\mathfrak{F}, \mathfrak{F}_n$ 在单位球上的球面映像, 只要过球中心引这二曲面的外向法线的同指向平行线使与球面相交就可以了.

设 P 和 P_n 是 $\varPhi$ 和 $\varPhi_n$ 上的对应点, 就是在 $\varPhi$ 的同一法线上的两点; 又设 $\overline{P}, \overline{P}_n$ 是它们的球面表示, 那么如我们即将证明那样, 这些映像的球面距离满足

$$\cos \overline{P}\,\overline{P}_n > \frac{a-\varepsilon}{a+\varepsilon},$$

就是: 对应的球面映像随着 ε 的减少而均匀地互相接近.

人们可以这样证明: $a-\varepsilon$ 是 $\mathfrak{F}_{-\varepsilon}$ 上的最小主曲率半径, 因而在 P 的对应点 $P_{-\varepsilon}$ 和 $\mathfrak{F}_{-\varepsilon}$ 相切且以 $a-\varepsilon$ 为半径的球, 根据 §23, Ⅲ 末段的结论必落在 $\mathfrak{F}_{-\varepsilon}$ 内. 然而 $\mathfrak{F}_{-\varepsilon}$ 落在 $\mathfrak{F}_n$ 内, 于是得出 (参照图 23) 所求的不等式

$$\cos \overline{P}\,\overline{P}_n \geqslant \cos \delta,$$

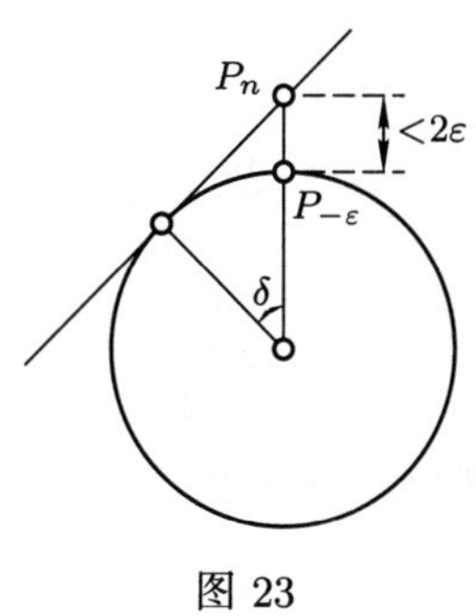

图 23

式中

$$\cos \delta > \frac{a-\varepsilon}{a+\varepsilon}.$$

这样一来, 如果 $\overline{\Phi}$ 和 $\overline{\Phi}_n$ 是 Φ 和 Φ_n 的球面表示映像, 那么 $\overline{\Phi}_n$ 的境界必介于距 $\overline{\Phi}$ 的境界为

$$\arccos \frac{a-\varepsilon}{a+\varepsilon}$$

的二平行曲线之间. 从此得出: $\overline{\Phi}$ 和 $\overline{\Phi}_n$ 的表面积 $\overline{F}$ 和 $\overline{F}_n$ 满足

$$\overline{F} = \lim_{n\to\infty} \overline{F}_n. \qquad (**)$$

然而人们可从总曲率 K 计算表面积 $\overline{F}$ 和 $\overline{F}_n$:

$$\overline{F} = \int_{\Phi} K dF, \quad \overline{F}_n = \int_{\Phi_n} K dF_n.$$

按积分学第一中值定理来改写, 我们还有

$$\overline{F} = F \cdot K(\Phi), \quad \overline{F}_n = F_n \cdot K(\Phi_n),$$

式中 $K(\Phi)$ 和 $K(\Phi_n)$ 分别表示 Φ 和 Φ_n 上总曲率的平均值. 通过边边相除并通过极限过程, 我们在 $(*)$ 和 $(**)$ 的向导下终于获得

$$\lim_{n\to\infty} K(\Phi_n) = K(\Phi).$$

然而 $\mathfrak{F}$ 的曲面小块 Φ 是可以选成为任意小的, 所以上述关于总曲率收敛性的预告结果的正确性也就在其中了.

现在让我们通过 Schwarz 的构造法, 从一个凸体 $\mathfrak{K}$ 作出交互对称化而生成的凸体 $\mathfrak{K}_1, \mathfrak{K}_2, \mathfrak{K}_3, \cdots$ 的序列, 借以逼近凸体 $\widetilde{\mathfrak{K}}$ (§21, I), 那么按照 V (§25) 得知总曲率的对应最小值之间成立

$$\frac{1}{A^2} \leqslant \frac{1}{A_1^2} \leqslant \frac{1}{A_2^2} \leqslant \frac{1}{A_3^2} \leqslant \cdots$$

并且由上面证明了的结果

$$\frac{1}{\widetilde{A}^2} \geqslant \lim_{n\to\infty} \frac{1}{A_n^2},$$

从这二关系式便有

$$\frac{1}{A^2} \leqslant \frac{1}{\widetilde{A}^2}.$$

这恰恰是在 §25, Ⅱ 下段所提的主张的第 2 点, 而这些主张的证明至此全部结束.

Ⅶ. 为对旋转面的证明而作的一些准备

迄今我们已经证明了下列事项: 设一个连续弯曲的凸曲面具有直径 D, 满足 (A) 曲率限制 $K \geqslant \dfrac{1}{A^2}$ 和 (B) 包含着半径 R 的一个球, 那么人们通过 Schwarz 构造法的应用, 可以把它变换为具有相等直径 D 的连续弯曲的凸旋转面, 还同样满足二假定 (A) 和 (B), 并且其实是旋转面在旋转轴上的两点 P 和 Q 具有距离 D.

我们还可把所获得的旋转面再一次关于线段 PQ 的对称平面实施对称化, 这里直径 D 根据本节, Ⅲ 是不变的, 并且二假定 (A) 和 (B) (分别根据本节, V 和本节, Ⅱ 末段的结论) 也是不变的.

在给定 A 和 R 的条件下, 我们为了找出直径 D 的上界, 只需将注意力集中到这样一个凸旋转面, 它有着关于其 "赤道平面" 的对称位置并且它的两极 P 和 Q 相隔距离 D.

由于这样的曲面 $\mathfrak{F}$ 包含半径 R 的一个球而且关于线段 PQ 的中点 M 是对称的, 所以它也包含另一个从第一个与 M 有关的反射而得来的球. 因此, 以 M 为中心、R 为半径的球也必须被包含在 $\mathfrak{F}$ 内, 因为这个球被包含在上述关于 M 的两个对称球的凸包之内. 这样, 我们得到

$$PQ = D \geqslant 2R$$

而且同样关于 $\mathfrak{F}$ 的赤道圆的半径 R_0 成立

$$R_0 \geqslant R.$$

另一方面, 量 $1:A^2$ 和 R 的给定并非可互不依赖而必须采取

$$A \geqslant R.$$

实际上, 我们选取旋转轴为 z 轴, 其铅直线可以是指向上方的, 并把 $\mathfrak{F}$ 在其一点的外向法线的方向余弦记作 X, Y, Z, 又以 dF 表示 $\mathfrak{F}$ 的曲面元素而且以 $d\overline{F}$ 表示 $\mathfrak{F}$ 的球面表示的曲面元素. 那么有

$$\int \frac{Z}{K} d\overline{F} = \int Z dF.$$

显然, 第二积分表示 $\mathfrak{F}$ 的曲面片 (在其上作积分的曲面片) 在赤道平面上的投影. 如果在 “上” 半球 $\mathfrak{H}$ 计算第一积分, 我们就得到赤道圆的面积 πR_0^2:

$$\int_{\mathfrak{H}} \frac{Z}{K} d\overline{F} = \pi R_0^2.$$

然而从

$$K \geqslant \frac{1}{A^2}$$

得出

$$\int_{\mathfrak{H}} \frac{Z}{K} d\overline{F} \leqslant A^2 \int_{\mathfrak{H}} Z \cdot d\overline{F} = \pi A^2$$

而且有

$$\pi A^2 \geqslant \pi R_0^2$$

或者按 $A > 0, R_0 > 0$ 终于导出

$$A \geqslant R_0 \geqslant R.$$

VIII. 纺锤形的常总曲率旋转面

当 $A > R_0$ 时, 确实存在常总曲率的纺锤形旋转面, 总曲率 $K = 1 : A^2$, 这曲面是由其子午线

$$x = R_0 \cos\sigma, \quad y = 0, \tag{3}$$
$$z = \int_0^\sigma \sqrt{A^2 - R_0^2 \sin^2\sigma} d\sigma, \quad |\sigma| \leqslant \frac{\pi}{2}$$

绕 z 轴旋转而成的 (图 24). 式中, σ 是和子午线的弧长成比例的. 这旋转面 $\mathfrak{F}_0$ 是凸的而且是连续弯曲的, 但它和旋转轴的二交点 P_0, Q_0 则除外, 在这里有尖点出现. 在其他所有点的总曲率等于常数 $1 : A^2$①. 当 $A = R_0$ 时, $\mathfrak{F}_0$ 变为半径是 R_0 的球.

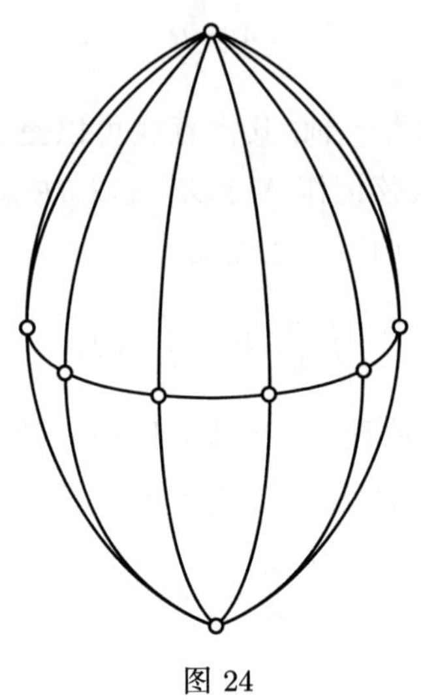

图 24

我们将证明:

设 $\mathfrak{F}$ 是一个凸的、连续弯曲的而且关于其赤道平面对称的旋转面, 其总曲率满足不等式

$$K \geqslant \frac{1}{A^2}.$$

那么它必被包含在旋转面 $\mathfrak{F}_0$ 之内, 后者具有常总曲率 $1 : A^2$, 并且和 $\mathfrak{F}$ 有公共赤道平面.

为了证明, 我们采用的旋转轴为 z 轴, 赤道平面为 (x, y)-平面. 我们考察 $\mathfrak{F}_0$ 和 $\mathfrak{F}$ 在四分之一平面

$$x \geqslant 0, \quad y = 0 \quad z \geqslant 0$$

① 人们在所有微分几何教程中都可找出对这种常总曲率旋转面的处理. 比如, 可参照 B. G. Scheffers: Theorie der Flächen, 第二版, Leipzig 1918 年 139 页、140 页.

上的子午线 $\mathfrak{S}_0$ 和 $\mathfrak{S}$ 的曲线弧, 而且设它们的参数表示为

$$\mathfrak{S}_0 \begin{cases} x = x_0(\tau), \quad y = 0, \quad z = z_0(\tau); \\ 0 \leqslant \tau \leqslant \tau_0, \end{cases}$$

$$\mathfrak{S} \begin{cases} x = x(\tau), \quad y = 0, \quad z = z(\tau); \\ 0 \leqslant \tau \leqslant \dfrac{\pi}{2}, \end{cases}$$

式中, 参数 τ 是正 z 轴与曲线切线之间的角 (参照图 25).

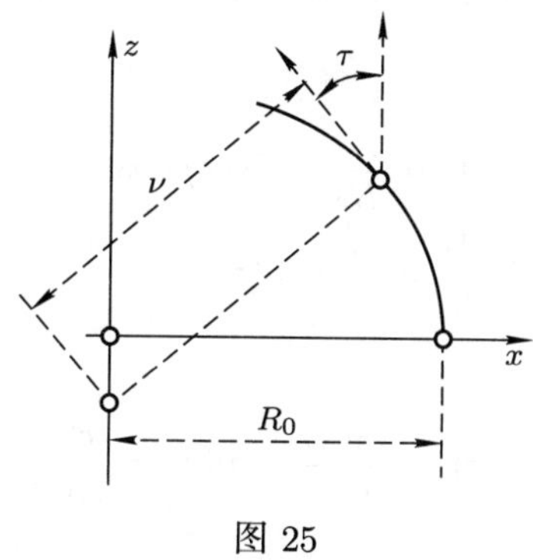

图 25

于是须证明的是, 弧 $\mathfrak{S}$ 落在 $\mathfrak{S}_0$ 的内部.

首先必须阐明: 永远成立关系式

$$x_0(\tau) \leqslant x(\tau).$$

为此, 我们在旋转面 $\mathfrak{F}_0$ 和 $\mathfrak{F}$ 上考察由 $\mathfrak{S}_0$ 和 $\mathfrak{S}$ 的部分弧经旋转而生成的两条带的基足. 设这两部分弧决定于 0 到 τ 的参数值, 那么基足的面积是

$$\pi\{R_0^2 - x_0(\tau)^2\} = \int \frac{Z}{K_0} d\overline{F},$$

$$\pi\{R_0^2 - x(\tau)^2\} = \int \frac{Z}{K} d\overline{F}.$$

式中采用了 VII 中的同一记号而且积分是在球面表示所属的带上进行的. 然而, 从假设

$$\frac{1}{K_0} = A^2 \geqslant \frac{1}{K}$$

得出

$$\pi\{R_0^2 - x_0(\tau)^2\} \geqslant \pi\{R_0^2 - x(\tau)^2\},$$

所以实际上成立

$$x_0(\tau) \leqslant x(\tau).$$

人们从此还可推导 $\mathfrak{S}_0$ 和 $\mathfrak{S}$ 的对应曲率半径 ρ_0 和 ρ 之间的关系:

$$\rho_0(\tau) \geqslant \rho(\tau).$$

实际上, 一个旋转面的主曲率半径, 一方面等于其子午线的曲率半径, 而另一方面等于曲面法线与旋转轴的交点到曲面点的距离 ν (参照图 25)①. 这样, 我们有

$$A^2 = \frac{1}{K_0} = \rho_0(\tau) \cdot \nu_0(\tau),$$
$$\frac{1}{K} = \rho(\tau) \cdot \nu(\tau).$$

式中

$$\nu_0(\tau) = \frac{x_0(\tau)}{\cos \tau}, \quad \nu(\tau) = \frac{x(\tau)}{\cos \tau}.$$

从假定

$$\frac{1}{K_0} \geqslant \frac{1}{K} \quad 或 \quad \rho_0(\tau) \cdot \nu_0(\tau) \geqslant \rho(\tau) \cdot \nu(\tau)$$

和上面已证的关系式

$$x_0(\tau) \leqslant x(\tau) \quad 即 \quad \nu_0(\tau) \leqslant \nu(\tau)$$

得出所欲证的不等式

$$\rho_0(\tau) \geqslant \rho(\tau).$$

从此可以断定 (完全和 §24, Ⅱ 的定理一样): 那里的公式 (2) 保证了 $\mathfrak{S}$ 落在 $\mathfrak{S}_0$ 内且因而 $\mathfrak{F}$ 落在 $\mathfrak{F}_0$ 内的正确性.

Ⅸ. 一些成果

凡具有常总曲率 $1 : A^2$ 和赤道圆半径 R_0 $(R_0 < A)$ 的纺锤形旋转面 $\mathfrak{F}_0$, 其两极 P, Q 间的距离 D_0 与 R_0 的关系已如本节, Ⅷ 中的公式 (3) 表示:

$$D_0 = 2\int_0^{\pi/2} \sqrt{A^2 - R_0^2 \sin \sigma} \cdot d\sigma. \tag{4}$$

① 人们再可参看 Scheffers 的教程 138 页.

如果连续弯曲的旋转面 $\mathfrak{F}$ 和 $\mathfrak{F}_0$ 有公共赤道面而落在 $\mathfrak{F}_0$ 内, 那么它的直径 D 自然要小于 $\mathfrak{F}_0$ 的直径

$$D < D_0,$$

因为 $\mathfrak{F}$ 由于连续曲率性决不包含 $\mathfrak{F}_0$ 的尖点 P 和 Q. 然而, 我们可使它任意接近这些尖点, 所以 D_0 是 D 的上界.

我们在 $\mathfrak{F}$ 的内部有了一个半径为 R 且与 $\mathfrak{F}$ 同心的球 ($R \leqslant R_0$). 人们指出, 经过 (4) 关于 R_0 的求导立即看出: 积分 (4) 是 R_0 的递减函数, 所以由

$$D < 2\int_0^{\pi/2} \sqrt{A^2 - R_0^2 \sin^2 \sigma} \cdot d\sigma$$

和 $R_0 \geqslant R$ 便导出

$$D < 2\int_0^{\pi/2} \sqrt{A^2 - R^2 \sin^2 \sigma} \cdot d\sigma. \tag{5}$$

然而这样得来的结果却表明了这公式的一般性, 对非旋转面也成立. 于是我们有:

设 $\mathfrak{F}$ 为这样一个连续弯曲凸曲面, 在其一点的总曲率 K 满足条件

$$K \geqslant \frac{1}{A^2}$$

而且它包含半径 R $(< A)$ 的一个球在内. 那么成立与它的直径 D 有关的不等式

$$D < 2\int_0^{\pi/2} \sqrt{A^2 - R^2 \sin^2 \sigma} \cdot d\sigma.①$$

人们可任意接近 D 的这个上界, 只要对一个常总曲线 $1 : A^2$ 和赤道圆半径 R 的纺锤形旋转面的两尖点磨平些.

我们曾经证明 (本节, Ⅶ 末段) R 必须被取为 $\leqslant A$ 的事实. 人们对此容易作一个补充: 当且仅当 $\mathfrak{F}$ 是球时, $R = A$. 倘若 $\mathfrak{F}$ 包含半径 A 的球在其内, 那么 $\mathfrak{F}$ 的各垂足的面积必须 $\geqslant \pi A^2$. 然而 $\mathfrak{F}$ 的总曲率处处 $\geqslant 1 : A^2$, 按本节, Ⅶ 中的推论这个面积又必须 $\leqslant \pi A^2$. 所以只留下唯一可能性 $= \pi A^2$ 而且 $\mathfrak{F}$ 决不包含半径 A 的球外点, 否则 $\mathfrak{F}$ 的垂足将 $> \pi A^2$ 而发生矛盾. 因此, $\mathfrak{F}$ 和这球合而为一.

设 $\mathfrak{F}$ 是总曲率处处 $\geqslant 1 : A^2$ 的凸曲面; 如果它含有半径为 A 的球, 那么 $\mathfrak{F}$ 必和这球重合.

①关于这个完全椭圆积分表可参照 E. Janke 和 F. Emde 著函数表, Leipzig 和 Berlin 1909, 68 页.

X. O. Bonnet 的一个定理

如我们已指出那样, R 的函数

$$\int_0^{\pi/2} \sqrt{A^2 - R^2 \sin^2 \sigma} \cdot d\sigma$$

在区间 $0 \leqslant R \leqslant A$ 里是递减的. 所以令 $R = 0$, 便可增大这个表达式. 这样, 从不等式 (5) 得到较简单的不等式

$$D < \pi A. \tag{6}$$

如果一个凸曲面在其所有点的总曲率 $\geqslant 1 : A^2$, 那么曲面上两点的距离总是 $< \pi A$ 的.

这个不等式在这里是作为更一般不等式的特殊情况而导出的,它于 1855 年早就为 O. Bonnet 所发现①. 这里我们还可补充一点, 就是两点间的距离可以任意接近这个上界 πA, 正如我们可把它看成为常曲率 $1 : A^2$ 的充分细的 (R_0 充分小) 旋转面, 但其两尖点该是已经被磨圆了的②. 这是因为, 随着 $R_0 > 0$ 的减少, 二尖点间的距离

$$D_0 = 2\int_0^{\pi/2} \sqrt{A^2 - R_0^2 \sin^2 \sigma} \cdot d\sigma$$

趋近数值 πA.

我们在这里将穿插 Bonnet 曾经用以抵达其结果的、富于思想的艺术, 虽然他于此利用了变分法的工具而我们却不假设为已知的.

设 $\mathfrak{G}$ 为凸曲面 $\mathfrak{F}$ 上的一条测地线, P 是 $\mathfrak{G}$ 的一点而且 s 是 $\mathfrak{G}$ 的从 P 量起的弧长. 那么 Jacobi 条件表明, $\mathfrak{G}$ 在两点 P 和 Q 之间, 仅当 Q 不在 P 的 "共轭" 点 P^* 的另一侧时, 才有可能给出 $\mathfrak{F}$ 的最短连接曲线, 而在 P^*, $\mathfrak{G}$ 最初和过 P 的测地线包络相切. 要找出共轭点也即 s 的对应值, 人们解微分方程

$$\frac{d^2p}{ds^2} = -K(s)p,$$

求其在 $s = 0$ 处消失的解 $p(s)$. 那么 p 的最近零点恰恰对应于共轭点 P^*. 式中, $K(s)$ 表示 $\mathfrak{F}$ 在 $\mathfrak{G}$ 的一点的总曲率, 所对应的参数是 s. 从 $K \geqslant 1 : A^2$ 我

---

①Paris, Comptes Rendus **40** (1855), 1311~1313 页. 也可参照 G. Darboux, Théorie générale des surfaces, 卷 Ⅲ, 103 页.

②这个注记最初应该归于 F. Hausdorff.

们可以按 J. C. F. Sturm 的著名定理判定, Jacobi 微分方程的零点比起方程

$$\frac{d^2p}{ds^2} = -\frac{1}{A^2}p$$

的更相互靠近些, 因此 P 和 P^* 的测地距离 $s \leqslant \pi A$①.

如果人们知道了 $\mathfrak{F}$ 上的两点间常有一条最短的连线存在并且它是测地线, 那么可判定: $\mathfrak{F}$ 的任何二点的测地距离总是 $\leqslant \pi A$, 因此它们的空间距离 $< \pi A$.

这类以 Bonnet 的总结形式出现的缺陷, 其实就是缺少了存在性证明, 后来 D. Hilbert 在他的变分法工作中才弥补了这个缺陷.

§26. 对曲率的其他限制

I. 问题的提出和其到旋转面的归结

在前节里提出并解决了的课题, 可以有一个完全类似的和在某种意义下对偶的对立面②, 并还可用相当简化的方法给予处理, 就是如下所述:

设对一个连续弯曲的凸曲面 $\mathfrak{F}$ 给定了: (A) $\mathfrak{F}$ 在所有点的 Gauss 曲率满足条件

$$K \leqslant \frac{1}{B^2}$$

和 (B) 假定 $\mathfrak{F}$ 被包含在半径 S 的球内. 试找出 $\mathfrak{F}$ 的二平行切平面之间的距离的下界.

我们对一个凸曲线 $\mathfrak{F}$ 的二平行切平面间的距离中的最小者记作它的"厚度" 而且我们的课题于是变成: 寻找那些满足二假设 (A) 和 (B) 的所有曲面 $\mathfrak{F}$ 的厚度的下界.

我们把解问题的思考过程叙述如下. 这里取代 Schwarz 构造法而起救世天使作用的是相应的措施, 通过它而使 $\mathfrak{F}$ 变换为一个仍旧满足二假设 (A) 和 (B) 的凸旋转曲面. 人们可以最简括地按照 $\mathfrak{F}$ 的支持函数 (§16, VI) 来描述这个措施. 让我们设想在 $\mathfrak{F}$ 的内部选定坐标原点 M 而且把 $\mathfrak{F}$ 表示到中心为 M 的单位球上, 就是用平行 (外向) 曲面法线表示. 我们以正的支持函数 H, 即从 M 到 $\mathfrak{F}$ 的切平面的距离来覆盖这个球面表示, 并且令 H 为球面上

①如果我们将这微分方程解释为力学中的振动方程, 便直接到达 Sturm 定理; 定理是说平凡的事实: 这振动在增加力之下减弱.

②参考 §25 总标题的脚注中提到的本书作者的报告.

经度 φ 和纬度 ψ 的函数. 这里, 我们采用极坐标系的这样一条轴 $\mathfrak{a}$, 使它垂直于 $\mathfrak{F}$ 的那对 (或者有多对时, 取其一对) 切平面, 其间的距离恰等于 $\mathfrak{F}$ 的厚度. 我们于是作函数

$$H(\psi)=\frac{1}{2\pi}\int_{-\pi}^{+\pi}H(\varphi,\psi)d\varphi.$$

这恰恰是一个凸曲面 $\widetilde{\mathfrak{F}}$ 的支持函数, 而其实是以 $\mathfrak{a}$ 为旋转轴的旋转面的支持函数.

P. Funk① 在调和球面函数论中引进了一个表达式, 我们将应用它来表达这个从 $\mathfrak{F}$ 到 $\widetilde{\mathfrak{F}}$ 的引导作图法, 即 Schwarz 构造法的对偶面, 并记它为 $\mathfrak{F}$ 的硬化. 如果我们能阐明如此得到的硬化了的曲面 $\widetilde{\mathfrak{F}}$ 真正满足二条件 (A) 和 (B) 的话, 那么我们只需着眼于旋转面. 换句 (分析地表达其意义的) 话说, 在所提的极小课题中不再出现二变量的未知函数, 而相反, 只需处理单变量的这种函数.

Ⅱ. 硬化的性质

现在我们对硬化了的曲面 $\widetilde{\mathfrak{F}}$ 必须阐述相应于 §25, Ⅱ 中的四点的内容如下:

1. $\widetilde{\mathfrak{F}}$ 仍旧是连续弯曲的凸曲面.
2. $\widetilde{\mathfrak{F}}$ 的总曲率仍旧满足条件 $\widetilde{K}\leqslant\dfrac{1}{B^2}$.
3. $\widetilde{\mathfrak{F}}$ 仍在半径为 S 的一个球的内部.
4. $\widetilde{\mathfrak{F}}$ 的厚度等于 $\mathfrak{F}$ 的厚度.

为证明第 1 点, 我们必须阐明 $\widetilde{\mathfrak{F}}$ 的子午线的曲率半径都是正的. 然而从 §24, Ⅱ, 公式 (1) 人们找出

$$\widetilde{H}+\frac{d^2\widetilde{H}}{d\psi^2}=\frac{1}{2\pi}\int_{-\pi}^{+\pi}\left(H+\frac{\partial^2 H}{\partial\psi^2}\right)d\varphi.$$

括号内的表达式是这样一条曲线的曲率半径, 曲线本身决定于支持函数 $H(\varphi,\psi)$, 但其中 φ 是固定的, 而且代表了 $\mathfrak{F}$ 在赤道平面的一个平行平面上投影的轮廓, 它显然是凸曲线. 所以我们有

$$H+\frac{\partial^2 H}{\partial\psi^2}>0$$

且因此, 实际上也成立

$$\widetilde{H}+\frac{d^2\widetilde{H}}{d\psi^2}>0,$$

①Mathem. Annalen **77** (1916), 137 页.

即所欲证明的.

关于第 2 点, 我们将作为最困难的一点而照例把它放到最后面去. 对第 3 点的证实则通过下述的观察是容易给以肯定的, 就是: 第一, 如果两凸曲面 $\mathfrak{F}$ 和 $\mathfrak{G}$ 中有一个在另一个的内部 ($\mathfrak{F} < \mathfrak{G}$), [并且它们有公共的给出厚度的平行支持平面的方向,][①] 那么被硬化到同一旋转轴去的两曲面 $\widetilde{\mathfrak{F}} < \widetilde{\mathfrak{G}}$. 第二, 我们通过球 $\mathfrak{G}$ 的硬化而得到同样大小的球 $\widetilde{\mathfrak{G}}$.

对第 4 点, 我们先证明: *如果一个曲面 $\mathfrak{F}$ 被硬化为另一曲面 $\widetilde{\mathfrak{F}}$, 那么所属的厚度之间必成立关系式 $\widetilde{\Delta} \geqslant \Delta$*. 实际上, 设

$$\widetilde{\Delta} = \widetilde{H}(\psi_0) + \widetilde{H}(\psi_0 + \pi),$$

则

$$\widetilde{\Delta} = \frac{1}{2\pi}\int_{-\pi}^{+\pi} \{H(\varphi, \psi_0) + H(\varphi, \psi_0 + \pi)\} d\varphi.$$

然而花括号中的式子 $\geqslant \Delta$, 所以得知所求的结果 $\widetilde{\Delta} \geqslant \Delta$. 另一方面, 在所论的场合, 我们可使旋转轴 $\mathfrak{a}$ 垂直于具有最小距离 Δ 的 $\mathfrak{F}$ 的二平行切平面. 这些显然也是 $\widetilde{\mathfrak{F}}$ 的切平面, 所以也成立 $\overline{\Delta} \leqslant \Delta$. 这样一来, 唯一的可能性是 $\overline{\Delta} = \Delta$.[②]

Ⅲ. 支持函数的微分几何

现在为了要证实我们的计划表中唯一尚未完成的第 2 点, 人们可以同前节 (§25) 相类似地进行研究, 使得硬化通过对称化的无穷极重复而被推导出来, 其中所指的对称化已被引进于 §22, Ⅶ 之中.

我们为了取得尽可能一目了然的公式, 把支持函数 $H(\varphi, \psi)$ 改写为直角坐标 (α, β, γ) 的函数, 以代替极坐标 (φ, ψ) 的函数, 而这两者之间有着下列联系:

$$\alpha = \cos\varphi\cos\psi, \quad \beta = \sin\varphi\cos\psi, \quad \gamma = \sin\psi.$$

由于 α, β, γ 间存在着方程

$$\alpha^2 + \beta^2 + \gamma^2 = 1, \tag{1}$$

①译者注: 这句是译者添加上去的; 如果 $\mathfrak{G}$ 是球, 那是多余的.

②顺便指出, 从此容易导出 Bieberbach 定理 (§25, Ⅳ) 的一个对偶定理: *在厚度为 Δ 的所有凸体中, 有常数平行切平面之间的距离的曲面才具备最小的平均曲率积分*. 这就是 Minkowski 的 "常幅曲面", 我们在后文附录中还要讲到它. 它的一个特征是直径与厚度的一致: $D = \Delta$.

我们对新支持函数 $H(\alpha,\beta,\gamma)$ 有必要假定齐性: 对于所有的 $\lambda > 0$,

$$H(\lambda\alpha,\lambda\beta,\lambda\gamma)=\lambda H(\alpha,\beta,\gamma). \tag{2}$$

从此, 以通过对 λ 的求导这一周知的方式便给出 H 的偏导数之间的恒等式

$$\alpha H_\alpha+\beta H_\beta+\gamma H_\gamma=H \tag{3}$$

和由此经过对 α,β,γ 的求偏导而得来的 H 的二阶导数间的关系式

$$\begin{cases}\alpha H_{\alpha\alpha}+\beta H_{\alpha\beta}+\gamma H_{\alpha\gamma}=0,\\ \alpha H_{\beta\alpha}+\beta H_{\beta\beta}+\gamma H_{\beta\gamma}=0,\\ \alpha H_{\gamma\alpha}+\beta H_{\gamma\beta}+\gamma H_{\gamma\gamma}=0.\end{cases} \tag{4}$$

式中, 我们采用了一些记法, 比如:

$$\frac{\partial H}{\partial\alpha}=H_\alpha \quad 和 \quad \frac{\partial^2 H}{\partial\alpha\partial\beta}=H_{\alpha\beta}.$$

设凸曲面 $\mathfrak{F}$ 是由支持函数 H 所表示的, 那么它的具有外向法线方向 α,β,γ 的切平面决定于 L. O. Hesse 的标准方程

$$\alpha x+\beta y+\gamma z=H, \tag{5}$$

而且此外, 切点 (x,y,z) 满足这个方程, 从此通过求导便可推出: 对于所有的 $d\alpha,d\beta,d\gamma$ 成立

$$(x-H_\alpha)d\alpha+(y-H_\beta)d\beta+(z-H_\gamma)d\gamma=0.$$

可是 $d\alpha,d\beta,d\gamma$ 满足条件

$$\alpha d\alpha+\beta d\beta+\gamma d\gamma=0,$$

即来自 (1) 的微分的条件. 所以我们有

$$x-H_\alpha=\mu\alpha,\quad y-H_\beta=\mu\beta,\quad z-H_\gamma=\mu\gamma.$$

并且从 (3) 和 (5) 得到 $\mu=0$.

这样, 我们获得了切点坐标的简便表示式

$$x=H_\alpha,\quad y=H_\beta,\quad z=H_\gamma. \tag{6}$$

设 R 是 $\mathfrak{F}$ 的一个主曲率半径, 于是对应的曲率中心的坐标为

$$\xi = H_\alpha - R\alpha, \quad \eta = H_\beta - R\beta, \quad \zeta = H_\gamma - R\gamma.$$

如果我们沿着 $\mathfrak{F}$ 的所属的曲率线前进, 那么按曲率线的定义得知: 方向 $d\xi, d\eta, d\zeta$ 必落在法线方向 α, β, γ. 这就给出了一些公式

$$\begin{aligned} H_{\alpha\alpha}d\alpha + H_{\alpha\beta}d\beta + H_{\alpha\gamma}d\gamma &= Rd\alpha + \lambda\alpha, \\ H_{\beta\alpha}d\alpha + H_{\beta\beta}d\beta + H_{\beta\gamma}d\gamma &= Rd\beta + \lambda\beta, \\ H_{\gamma\alpha}d\alpha + H_{\gamma\beta}d\beta + H_{\gamma\gamma}d\gamma &= Rd\gamma + \lambda\gamma. \end{aligned}$$

如果对两边按顺序乘上 α, β, γ 而边边相加, 从 (1), (4) 和

$$\alpha d\alpha + \beta d\beta + \gamma d\gamma = 0$$

就导出结果 $\lambda = 0$, 且因此导出 R 的方程

$$\begin{vmatrix} H_{\alpha\alpha} - R & H_{\alpha\beta} & H_{\alpha\gamma} \\ H_{\beta\alpha} & H_{\beta\beta} - R & H_{\beta\gamma} \\ H_{\gamma\alpha} & H_{\gamma\beta} & H_{\gamma\gamma} - R \end{vmatrix} = 0. \tag{7}$$

把右边展开为 R 的乘幂多项式并注意到二阶导数行列式按 (4) 必须消失; 我们用 R 除之, 便得到 R 的二次方程:

$$R^2 - (R_1 + R_2)R + R_1R_2 = 0,$$

式中

$$R_1 + R_2 = H_{\alpha\alpha} + H_{\beta\beta} + H_{\gamma\gamma}. \tag{8}$$

如果我们把下列两矩阵中的左边一个的代数余因子记成右边的矩阵, 即: 从矩阵

$$\begin{pmatrix} H_{\alpha\alpha} & H_{\alpha\beta} & H_{\alpha\gamma} \\ H_{\beta\alpha} & H_{\beta\beta} & H_{\beta\gamma} \\ H_{\gamma\alpha} & H_{\gamma\beta} & H_{\gamma\gamma} \end{pmatrix} \Rightarrow \begin{pmatrix} K_{\alpha\alpha} & K_{\alpha\beta} & K_{\alpha\gamma} \\ K_{\beta\alpha} & K_{\beta\beta} & K_{\beta\gamma} \\ K_{\gamma\alpha} & K_{\gamma\beta} & K_{\gamma\gamma} \end{pmatrix},$$

那么就有

$$R_1R_2 = K_{\alpha\alpha} + K_{\beta\beta} + K_{\gamma\gamma}. \tag{9}$$

另一方面, 由 (4) 可见

$$\frac{K_{\alpha\alpha}}{\alpha^2}=\frac{K_{\beta\beta}}{\beta^2}=\frac{K_{\gamma\gamma}}{\gamma^2}=\frac{K_{\beta\gamma}}{\beta\gamma}=\frac{K_{\gamma\alpha}}{\gamma\alpha}=\frac{K_{\alpha\beta}}{\alpha\beta}=\frac{1}{K}\tag{10}$$

并且由 (1), (9) 得出

$$R_1R_2=\frac{1}{K},$$

或者, 也可以综合写成关于所有 a,b,c 都成立的方程:

$$-\begin{vmatrix} H_{\alpha\alpha} & H_{\alpha\beta} & H_{\alpha\gamma} & a \\ H_{\beta\alpha} & H_{\beta\beta} & H_{\beta\gamma} & b \\ H_{\gamma\alpha} & H_{\gamma\beta} & H_{\gamma\gamma} & c \\ a & b & c & 0 \end{vmatrix}=(a\alpha+b\beta+c\gamma)^2R_1R_2.\tag{11}$$

IV. 总曲率在硬化中的抑制

人们可以把凸函数搬到三变量去而并无什么困难, 于是看出: 正根

$$\sqrt{rt-s^2}$$

在域 $rt-s^2>0$ 里是 (向上) 凸的. 完全一样的结果曾见于 §25, V 中段, 而是以别样形式作了表达. 所以从公式 (10) 得出: 在固定 H 中的 α,β,γ 之下,

$$U=\sqrt{R_1R_2}=\frac{1}{\sqrt{K}}$$

是凸的, 就是:

$$U\{(1-\theta)H^{(0)}+\theta H^{(1)}\}$$
$$\geqslant(1-\theta)U(H^{(0)})+\theta U(H^{(1)})$$

当

$$0\leqslant\theta\leqslant1.$$

人们就这样在 U 里有着凸微分过程的一个例子. 如果我们特别令

$$H^{(0)}=H(+\alpha,\beta,\gamma),\quad H^{(1)}=H(-\alpha,\beta,\gamma),$$
$$\theta=\frac{1}{2},$$

便导出那个在 §22, Ⅶ 中曾经考察过的关于平面 $x=0$ 的对称化, 并且得知, $U=\sqrt{R_1R_2}$ 在这过程中并不减少; 所以条件 $R_1R_2 \geqslant B^2$ 仍旧保持成立. 当我们接着再关于一个平面 $x\cos\omega - y\sin\omega = 0$ (ω 为 π 的无理数倍) 对称化它并且又关于 $x=0$ 再一次对称化, 以下依此类推时, 我们终于通过极限过程而到达硬化 (参照 §21). 所以, 对于如此获得的硬化了的曲面来说, 按 §25, Ⅵ 便可同样判定 $R_1R_2 \geqslant B^2$.

从此必然给出了所求的结果:

在硬化了的曲面 $\widetilde{\mathfrak{F}}$ 上, R_1R_2 的最小值大于 (不小于) 在原先曲面 $\mathfrak{F}$ 上的对应的最小值. 换言之: $\widetilde{\mathfrak{F}}$ 上的最大总曲率不大于 $\mathfrak{F}$ 上的最大总曲率.

条件

$$K \leqslant \frac{1}{B^2}$$

就这样, 在硬化过程中保持不变.

最后, 我们还要指出, 在不损害二假设 (A) 和 (B) (§26, I) 的情况下可把旋转面 $\widetilde{\mathfrak{F}}$ 变为一个具有垂直于旋转轴的对称平面的、从而有心的曲面并且为此只需把曲面 $\widetilde{\mathfrak{F}}$ 关于赤道平面线性组合对称化

$$\frac{1}{2}\widetilde{H}(+\psi) + \frac{1}{2}\widetilde{H}(-\psi).$$

V. 干酪形的常总曲率旋转面

当人们把曲线

$$\begin{aligned} x &= \sqrt{R_0^2 - B^2\sin^2\psi}, \quad y = 0, \\ z &= \int_0^{\psi} \sqrt{R_0^2 - B^2\sin^2\psi}\, d\psi \\ &\quad -(R_0^2 - B^2)\int_0^{\psi} \frac{d\psi}{\sqrt{R_0^2 - B^2\sin^2\psi}}, \\ &\quad -\frac{\pi}{2} \leqslant \psi \leqslant +\frac{\pi}{2} \end{aligned}$$

绕 z 轴旋转时, 所生成的曲面是常总曲率 $K=1:B^2$ 的曲面①, 并且对这样获得的曲面上下盖上半径 $\sqrt{R_0^2-B^2}$ 的两块圆板, 使扩大成一个凸闭曲面, 它所围成的凸体具有像荷兰干酪 (Harzer Käse) 似的形状 (图 26). 参变量 ψ 恰恰表示曲面法线与赤道平面的交角. 我们将其命名为 "干酪形" 的常总曲率旋转面, 以区别于前文的纺锤形的一种. 两个圆底间的距离也即干酪的厚度, 当然是

$$\begin{aligned}\Delta_0=\Delta_0(B,R_0)=2\int_0^{\pi/2}&\sqrt{R_0^2-B^2\sin^2\psi}d\psi\\&-2(R_0^2-B^2)\int_0^{\pi/2}\frac{d\psi}{\sqrt{R_0^2-B^2\sin^2\psi}}.\end{aligned}$$

我们可不经计算看出, 函数 $\Delta_0(B,R_0)$ 关于 R_0 是递减的: 对于 $0<R_0<\overline{R}_0$ 必有

$$\Delta_0(B,R_0)>\Delta_0(B,\overline{R}_0).$$

实际上, 在所属的子午线上

$$x(\psi)=\sqrt{R_0^2-B^2\sin^2\psi}<\overline{x}(\psi)=\sqrt{\overline{R}_0^2-B^2\sin^2\psi}$$

①人们比方可参考前面引用的 Scheffers 的书: 曲面论, 139 页以降和 Jahnke, Emde 的公式表, 46 页以降. [译者注: 在 $y=0$ 上, 曲线 (x,z) 是一条子午线而且在其一点 $P(\psi)$

$$\frac{dx}{d\psi}=-\frac{B^2\sin\psi\cos\psi}{\sqrt{R_0^2-B^2\sin^2\psi}},\quad \frac{dz}{d\psi}=\frac{B^2\cos^2\psi}{\sqrt{R_0^2-B^2\sin^2\psi}},$$

于是

$$\frac{ds}{d\psi}=\frac{B^2\cos\psi}{\sqrt{R_0^2-B^2\sin^2\psi}}.$$

另外, 从 P 引子午线的法线, 使与 z 轴相交于 A 点, 那么

$$R_1=\overline{PA}=\frac{x}{\sin\psi}=\frac{\sqrt{R_0^2-B^2\sin^2\psi}}{\sin\psi}.$$

又从

$$\frac{d^2x}{ds^2}=\frac{1}{R_2}\frac{dz}{ds}$$

容易算出

$$R_2=\frac{B^2\sin\psi}{\sqrt{R_0^2-B^2\sin^2\psi}}$$

所以 $R_1R_2=B^2$ (证毕).]

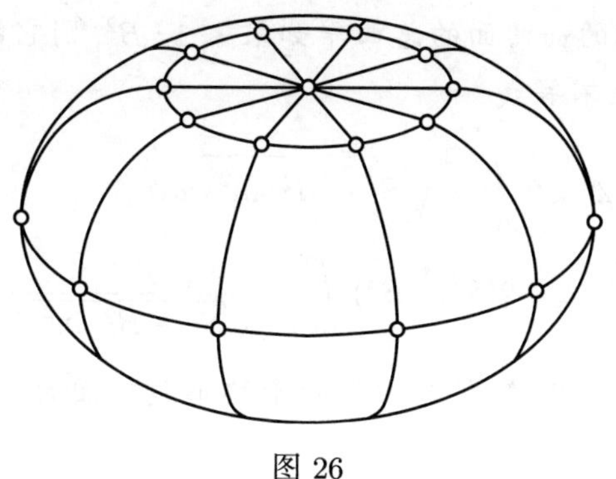

图 26

而且由于子午线的对应曲率半径之间成立一个方程, 即

$$B^2 = R_1 R_2 = \frac{x(\psi)}{\cos\psi} \cdot \rho(\psi) = \frac{\overline{x}(\psi)}{\cos\psi} \cdot \overline{\rho}(\psi),$$

所以得出

$$\rho(\psi) > \overline{\rho}(\psi)$$

并且从此和

$$\varDelta_0 = \int_{-\pi}^{+\pi} \rho(\psi)\cos\psi d\psi, \quad \overline{\varDelta}_0 = \int_{-\pi}^{+\pi} \overline{\rho(\psi)}\cos\psi d\psi$$

便有所欲证的结果 (参照 §25, Ⅷ)

$$\overline{\varDelta}_0 < \varDelta_0.$$

同 §25, Ⅷ 以降完全相类似地, 人们可以证实下述主张的正确性: 凡是一个有心的而且总曲率 $\leqslant 1 : B^2$ 的连续弯曲的凸旋转面必包含那个常总曲率为 $1 : B^2$ 而且有同一赤道平面的干酪形旋转面.

从此自然得出厚度 $\varDelta$ 与赤道圆半径之间成立的不等式

$$\varDelta > \varDelta_0(B, R_0)$$

而且根据 $\varDelta_0$ 的递减性立即获得

$$\varDelta > \varDelta_0(B, S),$$

式中 $S \geqslant R_0$ 表示外接球的半径.

然而这个关系如上所述, 不仅对于旋转面而且一般也成立:

一个连续弯曲的凸曲面的总曲率如果 $\leqslant 1:B^2$, 则它的厚度 Δ 与外接球的半径 S 之间成立不等式

$$\Delta > 2\int_0^{\pi/2}\sqrt{S^2-B^2\sin^2\psi}d\psi$$
$$-2(S^2-B^2)\int_0^{\pi/2}\frac{d\psi}{\sqrt{S^2-B^2\sin^2\psi}}.$$

当曲面无限接近常总曲率为 $1:B^2$ 的干酪形旋转面时, 人们在其中可以无限逼近到等号.

至于 $S\geqslant B$ 的必要性 (= 只在球时) 的证明, 完全和上述的 (§25, Ⅷ, Ⅸ) 对应不等式 $R\leqslant A$ 的一样.

Ⅵ. 平均曲率在硬化中的抑制

根据Ⅳ得知, 主曲率半径的乘积 R_1R_2 作为正凸函数 U 的平方, 本身是凸的①:

$$R_1R_2\{(1-\theta)H^{(0)}+\theta H^{(1)}\}$$
$$\geqslant(1-\theta)\cdot R_1R_2(H^{(0)})+\theta R_1R_2(H^{(1)}).$$

另一方面, 从 §26, Ⅲ, 公式 (8) 得出, 曲率半径之和是被线性地组合成的:

$$(R_1+R_2)\{(1-\theta)H^{(0)}+\theta H^{(1)}\}$$
$$=(1-\theta)(R_1+R_2)(H^{(0)})+\theta(R_1+R_2)(H^{(1)}).$$

因此, 对 "平均曲率"

$$\frac{R_1+R_2}{R_1R_2}=\frac{1}{R_1}+\frac{1}{R_2}=N$$

便有下列估价式:

$$N\{(1-\theta)H^{(0)}+\theta H^{(1)}\}$$
$$\leqslant\frac{(1-\theta)(R_1+R_2)(H^{(0)})+\theta(R_1+R_2)(H^{(1)})}{(1-\theta)R_1R_2(H^{(0)})+\theta R_1R_2(H^{(1)})},$$
$$\frac{1}{N}\{(1-\theta)H^{(0)}+\theta H^{(1)}\}$$
$$\geqslant\frac{(1-\theta)R_1R_2(H^{(0)})+\theta R_1R_2(H^{(1)})}{(1-\theta)(R_1+R_2)(H^{(0)})+\theta(R_1R_2)(H^{(1)})}.$$

①在下述的一些公式中, R_1R_2 和 (R_1+R_2) 不仅作为数的记号, 还作为微分算子来看待.

然而右侧 θ 的二函数都是单调的, 所以我们得出结论:

$$N\{(1-\theta)H^{(0)}+\theta H^{(1)}\}$$

介于 $N(H^{(0)})$ 与 $N(H^{(1)})$ 之间.

特别是, 关于 §22, VII 中的对称化成立这个结论. 通过重复和极限过程, 我们便获得与硬化有关的结论:

如果一个连续弯曲的凸曲面 $\mathfrak{F}$ 的平均曲率满足下列不等式:

$$\frac{1}{P}\leqslant\frac{1}{R_1}+\frac{1}{R_2}\leqslant\frac{1}{Q},$$

那么关于每个从 $\mathfrak{F}$ 经过硬化而得来的旋转面 $\widetilde{\mathfrak{F}}$ 也成立同一不等式.

为了处理这些课题, 人们可应用那些来自 §25, I 和 §26, I 中对问题的解法到这里来, 而为此只需以平均曲率的限制代替总曲率的限制.

附录　关于凸体的其他研究的瞭望

我们从圆和球的等周性质出发, 很自然地被引导到“凸域”和“凸体”等极其一般的几何图像去. 人们或许有权敢于这样主张: 这些图像的研究对于今天几何发展来说, 起到一个相类似的重要作用, 正如以前那样, 在射影几何的发明时代里带来了圆和球的别种一般化, 即圆锥曲线和二次曲面. 自然, 人们越多假定一个几何图形的特征为已知, 就越能对这图形多作叙述. 因此, 特别值得注目的是, 从凸性的弱要求却能引出如此美丽而深奥结论的这样一个库藏来.

今天该是总结如何从凸体论出发推导迄今为止的各种成果的时候了. 然而, 这全不在本小册的写作计划之内. 但是, 现在如果能在良好结束里导进一些和这里相关联的别种单独研究, 想必不至于到很不受欢迎的地步. 在本附录里, 我们将利用 G. Herglotz 的丰硕著述.

凸曲线和凸曲面在不含有直线段的假定下, 具有与一直线相交于两点的性质, 因而, 如人们 (一般) 所表达那样, 这些是“第二次”非解析的图像, 同它们相对立的是作为第二次解析图像的圆锥曲线和“织面”. 现时, 特别是有两位丹麦几何学家, 即: Ch. S. Juel 和 J. Hjelmslev 系统地研究这种甚至更高次的非解析图像. 这个几何学新种, 一方面介于拓扑与射影几何之间, 而另一方面又介于拓扑与初等几何之间, 凸图像 (Konvexen) 几何是作为最初的、基础的部分而从属于其中. 在这里, 这两位丹麦几何学家的主要力量是对非解析图像注进射影的性质, 而我们这里则把 Felix Klein 的 "爱尔朗根计划书"[①]意义下的初等几何性质作为前景来叙述[②].

I. 凸体垂足的面积

以下为了简便, 我们假设一个凸体的凸闭界面是正则解析的, 它的总曲率不等于零, 并在这个意义下简称 "卵形面".

我们将补充一方面这样一个卵形面的所有垂足 (正投影) 的面积之间, 而另一方面周长之间的连带关系.

让我们设想所论的卵形面 $\mathfrak{E}$ 通过各外向曲面法线的平行线唯一地被映射到单位球上而且把对应的二表面积元素记作 do 和 $d\omega$. 于是 $\mathfrak{E}$ 的 Gauss 曲率 K 决定于

$$do = \frac{d\omega}{K}.$$

现在, 设 ρ 为平行的投影射线的方向并以同一记号也表示单位球上的这样一点, 使其半径 (向径) 的方向是 ρ. 于是 $\mathfrak{E}$ 在方向 ρ 的垂足面积决定于表示式

$$F_\rho = \frac{1}{2}\int |\cos\widehat{\rho\sigma}| do_\sigma = \frac{1}{2}\int \frac{|\cos\widehat{\rho\sigma}|}{K_\sigma} d\omega_\sigma. \tag{I}$$

式中, 二重积分是遍及单位球的所有点而进行的.

我们引两个平面使与方向 ρ 垂直, 而且从一固定点到它们的距离都等于 F_ρ, 这样就把 F_ρ 当作 "支持函数" (§16, VI) 来掌握. 接着, 我们将证明: 所有这些平面包络成一个新的卵形面. 换言之:

当我们对 $\mathfrak{E}$ 的各外切柱面的母线引垂直的二平行平面, 使各平面离一个定点的距离都等于柱面的正截面面积时, 所有这些平面也包络成一个卵形面, 而其实是以定点为中心的卵形面.

按照支持函数 F_ρ 的积分表示 (I) 和下述事项, 便可看出这个定理, 就是: 一方面 $K_\rho > 0$, 而且另一方面, $|\cos\widehat{\rho\sigma}|$ 在固定 σ 时, 是一个凸体的支持函数, 这里的凸体是指方向 ρ 和长 2 的 (重复计算) 线段. 人们通过正线性组合, 便可从凸体的支持函数再导出这种函数 (§22, I 末段).

---

① Erlangen 1872. 刊登于 Mathem. Annalen **43**, 1893.

② 关于 Juel 和 Hjelmslev 意义下的研究可参照 J. Hjelmslev: Dienaturliche Geometrie, Hamburg Abh. Math. Seminar **2** (1923) 和 L. Locher-Ernst, Einführung in die freie Geometrie ebener Kurven, Birkhävser, Basel 1951.

人们也可以这样证明. 在单位球上导进点 ρ,σ 的直角坐标, 就可改写公式 (I) 为另一形式

$$F(\alpha_\rho,\beta_\rho,\gamma_\rho)=\frac{1}{2}\int\frac{|\alpha_\rho\alpha_\sigma+\beta_\rho\beta_\sigma+\gamma_\rho\gamma_\sigma|}{K_\sigma}d\omega_\sigma.$$

其中, 支持函数正如 Minkowski 经常采用那样, 关于 $\alpha_\rho,\beta_\rho,\gamma_\rho$ 是一次正齐次的, 所以我们立即知道在这种规范化下成立的凸性条件[①]

$$\begin{aligned}&F(\alpha_1+\alpha_2,\beta_1+\beta_2,\gamma_1+\gamma_2)\\ \leqslant\ &F(\alpha_1,\beta_1,\gamma_1)+F(\alpha_2,\beta_2,\gamma_2)\end{aligned}$$

是真的.

从得到的结果容易导出 Carathéodory 曾以猜想形式树立起来的一个定理: 设 F_1,F_2,F_3 是一个凸体在三个正交方向下的垂足面积, 那么对于任一垂足的面积 F 必成立

$$F^2\leqslant F_1^2+F_2^2+F_3^2.$$

Ⅱ. 凸体垂足的周长

我们在公式 (I) 中, 单独把点 σ 的主曲率半径 R_1,R_2 明显化:

$$2F_\rho=\int|\cos\widehat{\rho\sigma}|\cdot(R_1R_2)_\sigma\cdot d\omega_\sigma$$

并且应用这个公式到卵形面 $\mathfrak{E}$ 的 (向外) 距离为 ε 的凸平行曲面, 以代替 $\mathfrak{E}$; 那么有

$$\begin{aligned}&2(F_\rho+L_\rho\varepsilon+\pi\varepsilon^2)\\ =&\int|\cos\widehat{\rho\sigma}|\cdot(R_1+\varepsilon)_\sigma(R_2+\varepsilon)_\sigma\cdot d\omega_\sigma.\end{aligned}$$

式中, L_ρ 表示垂足的周长. 比较两边关于 ε 的一次项的结果, 我们得到值得注目的公式

$$2L_\rho=\int|\cos\widehat{\rho\sigma}|\cdot(R_1+R_2)_\sigma\cdot d\omega_\sigma. \tag{Ⅱ}$$

然而 $R_1+R_2>0$, 所以从此推出与从 (I) 推导的完全相应的定理:

---

①Minkowski 全集 Ⅱ, 231 页以降. 这种对支持函数的规范化也曾被利用于本书 §26, Ⅲ 里.

如果我们对一个卵形面 $\mathfrak{E}$ 的各外切柱面引垂直于其母线的二平面, 使它们从一个定点的距离等于柱面正截面的周长, 那么这些平面包络成一个有心的卵形面.

我们顺便指出, 从 (I) 导致 (II) 的变换很容易被应用于 n 维 $(n \geqslant 2)$ 空间的一个凸体的垂足去. 这时, 积分符下会出现 n 个主曲率半径的对称基函数①.

最后, 我们还要改写公式 (II), 使其中出现 $\mathfrak{E}$ 的支持函数 H, 于是有 (参照 §23, III 中的公式 (L))

$$L_\rho = \int_{\mathfrak{K}_\rho} H_\sigma d\sigma, \tag{$*$}$$

式中, 积分是遍及单位球上的大圆 $\mathfrak{K}_\rho$ 的弧长 $d\sigma$ (>0) 而进行的, 这个大圆的平面垂直于方向 ρ. 关于 $R_1 + R_2$ 已经成立了 Weingarten 公式 (参照 §23, V)

$$R_1 + R_2 = 2H + \Delta_2 H.$$

这样, 我们获得

$$2\int_{\mathfrak{K}_\rho} H_\rho d\sigma = \int |\cos\widehat{\rho\sigma}| \cdot (2H + \Delta_2 H)_\sigma \cdot d\omega_\sigma, \tag{$**$}$$

一个由 G. Herglotz 用别法②推导出来的公式, 下文中将应用它.

在单位球上的函数 L_ρ, 已经由这球的函数 H_σ 通过沿大圆 $\mathfrak{K}_\sigma$ 的积分而被确定了, P. Funk③称它为 H_σ 的 "圆积分". 如果用这种名词表达, 则可把上述的结果写成如下的形式:

一个卵形面的支持函数的积分仍是一个卵形面的支持函数.

---

①比方可参照 H. Weber 的代数学教程, I 卷, Braunschweig 1898 年版, 156 页.

②按照 Green (参考 Darboux III, 200 页)

$$\int_{\mathfrak{K}_\rho} \left(\varphi\frac{d\psi}{dn} - \psi\frac{d\varphi}{dn}\right) d\sigma = \int_{\mathfrak{K}_\rho} (\varphi\Delta_2\psi - \psi\Delta_2\varphi) d\omega,$$

式中 $\mathfrak{K}_\rho$ 表示以 ρ 为中心的半球而且 n 表示 $\mathfrak{K}_\rho$ 的外向法线. 令其中 $\varphi = H$ 和 $\psi = \alpha\alpha_\rho + \beta\beta_\rho + \gamma\gamma_\rho$, 那么

$$[\psi]\mathfrak{K}_\rho = 0, \quad \left[\frac{d\psi}{dn}\right]_{\mathfrak{K}_\rho} = -1, \quad \Delta_2\psi = -2\psi$$

而且代进 Green 公式后, 便直接得到公式 $(**)$.

③Mathem. Annalen **74** (1913), 特别是 284 页, 论文题为: Flächen mit lauter geschlossene geodätischen Linien. 1911 年 Göttingen Dissertation 的修改稿.

Ⅲ. Minkowski 的常幅体①

当一个卵形面的每对平行切平面有一定的距离 D 时, 我们按 Minkowski 称它为 "常幅" 卵形面 (参照 §26, Ⅱ 末段的脚注). 如果我们命名单位球上的二直径对端点为 $+\sigma$ 和 $-\sigma$, 那么对于一个常幅卵形面的支持函数必成立特征关系

$$H_{+\sigma} + H_{-\sigma} = D.$$

因此, 运用外切柱面 (的截口) 的周长公式 (*), 就立即看出: 从常幅得到常周长

$$\begin{aligned} L_\rho &= \int_{\mathfrak{K}_\rho} H_\sigma d\sigma \\ &= \int_0^\pi H_\sigma d\sigma + \int_0^\pi (D - H_\sigma) d\sigma = \pi D. \end{aligned}$$

然而, Minkowski 曾指出, 这个事实之逆也是真的, 就是说, 人们因此可以表述如下:

常幅的凸体和常周长的凸体是一致的.

为此, 我们必须阐明: 从

$$\int_{\mathfrak{K}_\sigma} H_\sigma d\sigma = \pi D \text{ (常数)}$$

推出

$$H_{+\sigma} + H_{-\sigma} = D.$$

我们将对球上的函数 H_σ 分解为 "偶" 部分 F_σ 和 "奇" 部分 G_σ, 对于前者成立

$$F_{+\sigma} - F_{-\sigma} = 0,$$

而对于后者则有

$$G_{+\sigma} + G_{-\sigma} = 0.$$

为此, 人们必须令

$$F_\sigma = \frac{1}{2}(H_{+\sigma} + H_{-\sigma}).$$

和

$$G_\sigma = \frac{1}{2}(H_{+\sigma} - H_{-\sigma}).$$

①Über die Körper konstanter Breite, Ges. W. Ⅱ, 277~279 页.

我们的课题给出了关于偶部分 F_σ 的条件

$$\int_{\mathfrak{K}_\sigma} F_\sigma d\sigma = \pi D$$

而我们必须由此推导的是 $2F_\sigma = D$. 如果人们还导入

$$F_\sigma - \frac{D}{2} = \Phi_\sigma,$$

那么对这个偶函数 Φ_σ 必须从圆积分为零

$$\int_{\mathfrak{K}_\rho} \Phi_\sigma d\sigma = 0$$

导出函数为零.

Minkowski 是通过下述方法作出证明的, 即把 Φ_σ 展开为球面调和函数的同时, 还指出: 一个偶数次调和函数的圆积分, 除了一个常因数有所区别外, 就是函数本身①. Funk 则按初等方法避免了级数展开, 而也到达了同一目标②.

必须指出, 关于常幅卵形面的二维类似, 即关于常幅凸曲线的问题有着很广泛的文献, 远溯到 L. Euler, 而且与概率论中的所谓 "针问题" 相联系着③.

IV. 常亮度的体

这里我们接近于这样的想法, 对 Minkowski 问题的提法多少加以变更并且提问: 在所有凸曲面中究竟有哪种曲面的正截口面积是常数? 由这样的曲面围成的凸体, 按照 Herglotz 的命名而称 "常亮度" 的卵形体. 其实, 我们这样理解: 它的表面均匀地发出光线, 并且当人们从一个方向看凸体时, 亮度是和这方向的垂足的面积成比例的④.

我们把这种卵形面的 Gauss 曲率

$$K = \frac{1}{R_1 R_2}$$

---

①参照下文 V 后部分脚注中的公式 (Φ).

②Mathem Annalen **74**, 286 页.

③人们参见 Mathem. Annalen **76** (1915), 504 页中的注解. 这个针问题按照发现者也称 "G. Buffon 的课题". 参照 A. A. Markoff (Liebmann), Wahrscheinlichkeitsrechnung, Leipzig 和 Berlin 1912 年版, 164 页 、167 页. 此外, W. Blaschke, Integralgeometrie, 第 3 版, Berlin, Deutscher Verlag der Wissenschaften 1956 年版.

④参考 Herglotz 的学位论文: Über die scheinbaren Heligkeitsverhältnisse· · ·, München 1902.

看作法线方向的函数而对它进行寻找, 这是因为: Minkowski 证明, 这个曲面实质上唯一决定于 Gauss 曲率[①]; 所以我们必须按 I 中的公式 (I) 解 "第一类积分方程"

$$\text{常数} = \int |\cos\widehat{\rho\sigma}| \cdot (R_1R_2)_\sigma \cdot d\omega_\sigma.$$

像前文 Ⅲ 中所做那样, 通过偶部分和奇部分的分解, 便达到结果如下:

$$(R_1R_2)_{+\sigma} + (R_1R_2)_{-\sigma} = \text{常数}$$

是常亮度卵形面的充要条件; 这时, 只要能够证明: 从偶函数 $\varPhi_\sigma$ 的方程

$$\int |\cos\widehat{\rho\sigma}| \cdot \varPhi_\sigma d\omega_\sigma = 0$$

得出函数 $\varPhi_\sigma$ 恒为零.

对此, 我们可按照 Herglotz 这样证明: 仍把它展开为偶球面调和函数——这些都是积分方程的 "固有函数"[②], 或者也可通过下述的步骤, 就是根据 Ⅱ 中的公式 (**) 把问题归结到上述的具有圆积分的泛函方程的解, 而对于后一点将在下文 (V) 再来回顾[③].

这样, 我们获得了定理: *一个卵形面当且仅当曲面在二平行平面的二切点处的主曲率半径之间存在关系式*

$$(R_1R_2)_{+\sigma} + (R_1R_2)_{-\sigma} = \text{常数}$$

时, 才是常亮度的卵形面.

下面附图 27 给出了一个常亮度卵形面的子午线截面的简例, 但它的界线并不是解析的. 子午线在直角坐标 (x, y, z) 之下, 用一个参变量 φ 可表达为下式:

$$\left.\begin{aligned} x &= \frac{A}{\sqrt{2}}\cos\varphi, \qquad\qquad y = 0, \\ z &= A\int_0^\varphi \sqrt{1 - \frac{\sin^2\varphi}{2}} \cdot d\varphi \end{aligned}\right\} \text{当 } 0 \leqslant \varphi \leqslant \frac{\pi}{2};$$

$$\left.\begin{aligned} x &= A\cos\left(\frac{\pi}{4} - \varphi\right), \qquad\qquad y = 0, \\ z &= A\left\{\frac{1}{\sqrt{2}} - \sin\left(\frac{\pi}{4} - \varphi\right)\right\} \end{aligned}\right\} \text{当 } -\frac{\pi}{4} \leqslant \varphi \leqslant 0.$$

---

① Ges. Werke Ⅱ, 130 页, 270 页以降. 也可参照本书末页上方的陈述.

② 参考后文 V 上方的注解中的公式 ($\varGamma$).

③ 参考 W. Blaschke 的讲演: Aufgaben der Differentialgeometrie im grossen, Sitzungsberichte der Berliner mathematischen Gesellschaft **15** (1916), Sitzung vom 15.Ⅻ. 1915, 62~67 页.

其中, z 轴是旋转轴. 所生成的旋转面是由一块常总曲率的旋转面和一块球面接合成的, 而且在这卵形面的棱上和尖点处的曲率半径必须使等于零.

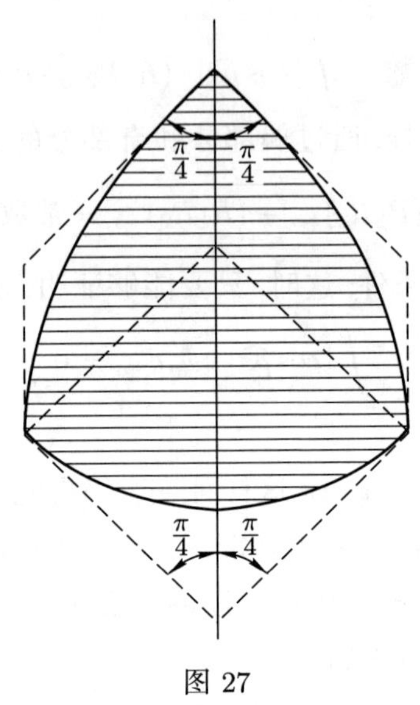

图 27

V. 有心凸体的积分表示

根据 I 和 II 中的公式 (I) 和 (II) 得知, 对有心卵形面的支持函数 H_ρ, 我们可用对称 "核" $|\cos\widehat{\rho\sigma}|$ 的形式来表示:

$$H_\rho = \frac{1}{4\pi}\int |\cos\widehat{\rho\sigma}| h_\sigma d\omega_\sigma. \tag{†}$$

式中, 函数 h_σ 始终被假定为在单位球上的偶函数 (III 中段), 而且积分仍是遍及单位球的全表面而进行的. 正如人们用 h_σ 关于球面调和函数展开就可看出那样, 这个关于 h_σ 的泛函方程是唯一可解的.

然而我们可用别种方法实现这个解为终结形式. 将

$$H_\rho = \frac{1}{2\pi}\int |\cos\widehat{\rho\sigma}| \cdot h_\sigma \cdot d\sigma$$

缩写成

$$H = \Gamma h,$$

令

$$(\Delta_2 + 2)H = \nabla H,$$

而且最后将圆积分

$$\frac{1}{2\pi}\int_{\mathfrak{K}_\sigma} H_\rho d\sigma$$

缩写为 ΦH, 那么 II 中的公式 (∗∗) 就可被缩写成

$$\Phi H = \Gamma\nabla H$$

或者

$$\Phi = \Gamma\nabla.$$

如果我们以符号 -1 表示逆算子, 那么便有①

$$\Gamma^{-1} = \nabla\Phi^{-1}.$$

这样, 算子 Γ 之逆是可从 Φ 之逆通过微分而被推出的.

然而 P. Funk 则把 Φ 之逆从 N. H. Abel 在其落下体问题 (Problem der Tautochrone) 中所利用过的积分还原出来②. 当我们采用点 ρ 为单位球面上一个极坐标系的北极, 并以 φ 表示径长, $\pi/2-\Theta$ 表示纬度时, 令

$$\widetilde{H}_\rho(\Theta) = \frac{1}{2\pi}\int_{-\pi}^{+\pi} H(\Theta,\varphi)d\varphi,$$

人们便按照 Funk 获得圆积分方程

$$H_\rho = \frac{1}{2\pi}\int_{\mathfrak{K}_\rho} f_\sigma d\sigma$$

①如果我们引进按球面调和函数的展开, 便立即看出, $\Phi = \nabla\Gamma$ 也成立, 从而 $\Gamma^{-1} = \Phi^{-1}\nabla$. 关于一个 n 次球面调和函数 X_n, 实际上成立微分方程 (§23, IV, 公式 (5))

$$\nabla X_n = -(n-1)(n+2)X_n \tag{∇}$$

而且对一个偶球面调和函数给出了圆积分

$$\Phi X_{2m} = (-1)^m \frac{1\cdot3\cdot5\cdot\cdots\cdot(2m-1)}{2\cdot4\cdot6\cdot\cdots\cdot2m} X_{2m}. \tag{Φ}$$

最后, 从算子 Γ 导出

$$\Gamma X_{2m} = (-1)^{m+1} \frac{1\cdot3\cdot5\cdot\cdots\cdot(2m-3)}{2\cdot4\cdot6\cdot\cdots\cdot(2m+2)} X_{2m}. \tag{Γ}$$

②参照已经引用过的 Mathem. Annalen **74** 中的学位论文. 另外, Abel, Resolution d'une Problème de méchanique (1826), Oeuvres, Kristiania 1881, 97~101 页或 Crelles Journal Bd. 1. 人们可见到 Abel 积分方程的解于 E. Goursat, Cours d'Analyse mathématique, Paris 1910, 卷 1, 343 页.

的解

$$f_\rho = H_\rho + \int_0^{\pi/2} \frac{d\widetilde{H}_\rho(\Theta)}{\cos\Theta}.$$

VI. 与有心卵形面有关的公式

设一个凸体的支持函数决定于积分表示 (†), 那么它与其有外向法线方向 ρ 的切平面的切点的坐标, 是可从 (†) 经过微分加以推导的 [参照 §26, Ⅲ (6)]:

$$x_\rho = \frac{1}{2\pi}\int \alpha_\sigma \cdot h_\sigma \cdot d\omega_\sigma,\quad y_\rho = \frac{1}{2\pi}\int \beta_\sigma \cdot h_\sigma \cdot d\omega_\sigma,$$
$$z_\rho = \frac{1}{2\pi}\int \gamma_\sigma \cdot h_\sigma \cdot d\omega_\sigma, \tag{1}$$

式中, $\alpha_\sigma, \beta_\sigma, \gamma_\sigma$ 是单位球上变动积分点 σ 的坐标而且积分仅仅是遍及半球

$$\alpha_\rho\alpha_\sigma + \beta_\rho\beta_\sigma + \gamma_\rho\gamma_\sigma > 0$$

而进行的①.

通过再度微分, 便获得与所论卵形面在其外法线 ρ 的点处的主曲率半径有关的公式

$$(R_1 + R_2)_\rho = (\varDelta_2 + 2)H_\rho = \frac{1}{2\pi}\int_{\mathfrak{K}_\rho} h_\sigma d\sigma, \tag{2}$$

$$(R_1R_2)_\rho = \frac{1}{2\pi^2}\int_{\mathfrak{K}_\rho}\int_{\mathfrak{K}_\rho} (\sin\widehat{\sigma\tau})^2 h_\sigma h_\tau d\sigma d\tau, \tag{3}$$

式中, $\mathfrak{K}_\rho$ 照旧表示单位球上与方向 ρ 垂直的大圆而且 $d\sigma$ 和 $d\tau$ 表示这些大圆的 (正) 弧素.

最后, 还给出与所论卵形面围成的曲面的体积 J 有关的公式, 它的对称性值得我们注意. 令

$$\rho(\alpha_\rho, \beta_\rho, \gamma_\rho), \sigma(\alpha_\sigma, \beta_\sigma, \gamma_\sigma), \tau(\alpha_\tau, \beta_\tau, \gamma_\tau)$$

为单位球 $\alpha^2 + \beta^2 + \gamma^2 = 1$ 上的三点. 我们用 $[\rho, \sigma, \tau]$ 记下列行列式的绝对值

$$\begin{vmatrix} \alpha_\rho & \beta_\rho & \gamma_\rho \\ \alpha_\sigma & \beta_\sigma & \gamma_\sigma \\ \alpha_\tau & \beta_\tau & \gamma_\tau \end{vmatrix}.$$

①我们可根据这些 x_ρ, y_ρ, z_ρ 的公式把所论的卵形面看作为一个有心卵形面在浸到一半的时候的浮力曲面. 参照本书 §20, Ⅲ 末段公式 (1)~(3) 和前段 V 的结果, 这也曾为 Radon 所发现.

那么

$$\boxed{J = \frac{1}{6\pi^2}\iiint [\rho,\sigma,\tau]\cdot h_\rho h_\sigma h_\tau \cdot d\omega_\rho d\omega_\sigma d\omega_\tau}, \tag{4}$$

式中, 三个积分全是遍及单位球的整个表面而进行计算的. 此外, 通过平行体的变换还可导出与表面积 O 和平均曲率积分 M 有关的公式

$$O = \frac{1}{2\pi^3}\iiint [\rho,\sigma,\tau]\cdot h_\rho h_\sigma \cdot d\omega_\rho d\omega_\sigma d\omega_\tau, \tag{5}$$

$$M = \frac{1}{2\pi^3}\iiint [\rho,\sigma,\tau]\cdot h_\rho \cdot d\omega_\rho d\omega_\sigma d\omega_\tau. \tag{6}$$

为了一个以形式 (†) 表达的函数 H 要成为一个凸体的支持函数, $h \geqslant 0$ 是充分的. 这一点已见于前面 I 和 II 两段之中. 然而, 这显然不是必要的并且原先希望的是, 能够通过线段的正线性组合构造出 $h \geqslant 0$ 这样的特殊凸体, 而想方设法地简单特征化它. 通过一个仿射变换, 也就是通过使无穷远停留不动的一个射影变换, 这样一个特殊凸体仍旧变换为这样一个凸体. 凡是多面体, 当它的所有侧面具有一个中心时, 都算在这类里面.

VII. 椭球在卵形面中的特征

人们取椭球的向来周知的某一性质而且提问: 这个性质是不是椭球在所有卵形面中的特征? 按此想法要推导一系列美丽的几何质问来.

比如, 必须指出这类的特别美丽结果, 就是 H. Brunn 在其教授就职论文 "Über Kurven ohne Wendepunkte" (München 1889, 59 页) 中获得的定理: *如果一个卵形面与和其相交的任何平面的交线是有心的卵形线, 那么它必定是椭球.*

这里将导出一个在变分法中有其应用的类似结果[①]: *如果一个卵形面与其任一外切柱面相切于平面曲线, 那么它必定是椭球.*

如果人们援引画法几何的语言, 那么对所提的课题可作如下掌握: 人们要决定所有这样的卵形面, 使其在任何平行照明下的固有影界线都是平曲线.

首先, 我们更一般地寻找所有这样的卵形面, 就是当光线平行于一定平面 ("基平面") 时, 它的影界线是平曲线. 如果人们给这样一个卵形面 $\mathfrak{E}$ 实施正则的仿射变换, 它的性质显然不变. 这里所谓 "仿射变换" 照例是指那些使

[①] Räumliche Variationsproblem mit symmetrischer Transversalitätsbedingung, Leipziger Berichte, Math. Phys. Klasse **68** (1916), 50~55 页.

无穷远停留不动的射影变换 (Möbius 的定义). 让我们引 $\mathfrak{E}$ 的两个与基平面平行的切平面, 那么我们通过这样一个仿射变换总是可使这两切平面的两切点 $\mathfrak{p}$ 和 $\mathfrak{q}$ 的连线垂直于基平面.

现在, 我们对卵形面 $\mathfrak{E}$ 给以平行而且水平的, 即平行于基平面 $\mathfrak{G}$ 的射线照明, 其固有影界线 $\mathfrak{S}$ 必须是平曲线, 而因为它在 $\mathfrak{E}$ 上, 必定是过卵的两极 $\mathfrak{p}$ 和 $\mathfrak{q}$ 的卵形线.

两个任意水平面和 $\mathfrak{E}$ 相交于水平的卵形线 $\mathfrak{W}_1$ 和 $\mathfrak{W}_2$ 而且这二曲线在其与影界线 $\mathfrak{S}$ 的交点处有平行的切线. 现在把整个图形垂直投影到基平面上. 设 $\mathfrak{p}$ 和 $\mathfrak{q}$ 的共同垂足是 $\mathfrak{o}$. $\mathfrak{S}$ 的垂足是过 $\mathfrak{o}$ 的一条直线 $\mathfrak{S}',\mathfrak{W}_1$ 和 $\mathfrak{W}_2$ 的垂足是绕 $\mathfrak{o}$ 的两卵形线 $\mathfrak{W}_1'$ 和 $\mathfrak{W}_2'$.

这样, 过 $\mathfrak{o}$ 的每条直线和 $\mathfrak{W}_1',\mathfrak{W}_2'$ 相交于两对点, 在每对点处的二切线互相平行, 可是这就是说: $\mathfrak{W}_1'$ 和 $\mathfrak{W}_2'$ 都以 $\mathfrak{o}$ 为中心而且相似, 并关于 $\mathfrak{o}$ 有相似位置. 因此, $\mathfrak{W}_1$ 和 $\mathfrak{W}_2$ 也是相似的而且人们看出如何寻找所求的一般卵形面:

作图规则: 在基平面上取任一以 $\mathfrak{o}$ 为中心的卵形线 $\mathfrak{W}$. 又在过 $\mathfrak{p}$ 和 $\mathfrak{q}$ 的一平面里取一条卵形线 $\mathfrak{S}$, 使它对称于 $\mathfrak{p}$ 和 $\mathfrak{q}$ 的连线并与 $\mathfrak{W}$ 相交. 接着, 人们固定 $\mathfrak{p}$ 和 $\mathfrak{q}$ 而使 $\mathfrak{S}$ 绕这两点的连线这样旋转着并且和它本身相仿射地变更着, 以致 $\mathfrak{S}$ 的各点画出一条与 $\mathfrak{W}$ 相似且有相似位置的卵形线. 这个整体是旋转面通过子午线的回转而生成的拓广.

必须指出, 我们已经阐明了影界线 $\mathfrak{S}$ 关于两点 $\mathfrak{p}$ 和 $\mathfrak{q}$ 的连线是对称的.

现在对所论的卵形面 $\mathfrak{E}$ 我们还期待: $\mathfrak{E}$ 的各条影界线 (总是指在平行照明之下!) 必须是平曲线, 所以我们从上述得知: 这样的各条卵形线 $\mathfrak{S}$ 关于其上两个任何 "对立点" $\mathfrak{p}$ 和 $\mathfrak{q}$ 的连线必须是对称的, 就是一般斜对称的, 这里所谓对立点是指曲线在那里的二切线平行. 然而人们从此就可判定, $\mathfrak{S}$ 是椭圆, 而实际上可证明如下.

我们容易标出 $\mathfrak{S}$ 的这样二对称轴 $\mathfrak{a}$ 和 $\mathfrak{a}_n$ 使得关于 $\mathfrak{a}$ 的 (斜) 对称乘上关于 $\mathfrak{a}_n$ 的对称, 便给出了一个周期 2^n 的同指向仿射 $\varPhi_n$. 我们通过一个新仿射 $\varPsi$ 而把 $\varPhi_n$ 变换为一个按角度 $2\pi : 2^n$ 的旋转 $\varPhi_n^* = \varPsi^{-1}\varPhi_n\varPsi$. 这样从 $\mathfrak{S}$ 通过 $\varPsi$ 而生成的卵形线 $\mathfrak{S}^*$, 在旋转 $\varPhi_n^*$ 之下自己变到自己. 如果人们固定 $\mathfrak{a}$ 而以 $\mathfrak{a}_{n+1}$ 代替 $\mathfrak{a}_n$, 只要是 $n > 1$, 按照 $\varPhi_{n+1}^{*2} = \varPhi_n^*$ 得知: $\varPhi_{n+1}$ 是通过同一仿射 $\varPsi$ 而变为旋转 $\varPhi_{n+1}^* = \varPsi^{-1}\varPhi_{n+1}\varPsi$ 的, 所以 $\mathfrak{S}^*$ 是通过形如

$2m\pi : 2^n\ (m, n = 1, 2, 3, \cdots)$ 的任意角的旋转自己变到自己的, 从而这只在圆的时候才可能. 因此, 原先的 $\mathfrak{S}$ 真正是椭圆①.

迄今为止, 我们已证明了 $\mathfrak{E}$ 的所有影界线都是椭圆. 现在让我们回到上面所提的作图规则中去. 如果我们用铅直的, 即垂直于基平面的降落射线把那里作图好的凸体照亮, 那么影界线将是一条落在水平面上而与 $\mathfrak{W}$ 相似的曲线, 并通过基平面适当的平行移动可使它重合于 $\mathfrak{W}$. 当然, 这里 $\mathfrak{W}$ 也必须是椭圆, 所以我们可以通过一个适当的仿射使 $\mathfrak{p}$ 和 $\mathfrak{q}$ 不动, 基平面变到它本身而 $\mathfrak{W}$ 变成圆. 然而, 当人们联系到作图规则时, $\mathfrak{E}$ 将变为绕轴 $\mathfrak{pq}$ 的旋转面, 从而, 因为子午线是椭圆, 它变为旋转椭球. 这么一来, 同它有仿射关系的原卵形面也必须是椭球 (证毕).

其他有一些别的结果可以归结到上述的结果去, 例如:

如要一个卵形面的一簇平行弦的中点总是在一平面上, 那么这卵形面是椭球 (Brunn).

*一个卵形面的平行平面截线当且仅当卵形面是椭球时, 才会永远互为相似*②.

另一个同类的但恐怕并非太简单的课题是如下的一个: *要寻找所有的卵形面, 使每个两两正交的拼三小组的三切平面的交点充满一个曲面.*

一般说来, 交点集合有内点. 在椭球且 (如作者在别处证明过那样) 仅在这曲面的场合, 交点了才充满了一个球面.

VIII. 一条凸闭曲线的顶点的最少个数

我们将举出下述定理作为卵形线整体微分几何定理的一个简例, 它最初于 1909 年由印度人 S. Muckhopadhyaya 和更一般地由 A. Kneser 在 H. Weber 的 70 岁祝寿文集 (Leipzig 1912) 中给出了证明:

在一条卵形线上至少有四个顶点. 这里, 把人们在圆锥曲线所周知的表达方式一般化, 而当卵形线在其一点的曲率半径取极值时, 就称这点为卵形

①以 S. Lie 的方式表达时, 这是来自周知的事实: 凡容有一个仿射连续群的卵形线一定是椭圆.

②平面上有类似的课题: 决定所有这样的卵形线, 像椭圆那样, 对于各直径必有一 "共轭" 使其一的两端处的切线平行于另一条. 这种卵形线除了椭圆外, 还有非常多的别种曲线 (同样是代数曲线), 它为 Carathéodory 所提出的变分法课题提供了解答并且为 J. Radon 所研究: Über eine besondere Art ebener konvexer Kurven, Leipziger Berichte, Mathem. Phys, Klasse **68** (1916). Radon 尤其指出, 这种卵形线的特征是: 它通过周期四的逆射而自身变换到自身去.

线的“顶点”.

这个美丽定理最简单的证明似乎莫过于把它同平面微分几何公式的力学意义结合在一起. 我们在所论的卵形线 K 上设想标出了一个“正”的进行方向. 我们把 K 的正曲线切线与 x-方向的角记作 τ. 假设曲率半径 $\rho = ds/d\tau$ 是 τ 的连续函数. 于是曲线点 P 的直角坐标 (x, y) 决定于数值:

$$x - x_0 = \int_{\tau_0}^{\tau} \cos\tau \cdot ds = \int_{\tau_0}^{\tau} \rho\cos\tau \cdot d\tau,$$

$$y - y_0 = \int_{\tau_0}^{\tau} \sin\tau \cdot ds = \int_{\tau_0}^{\tau} \rho\sin\tau \cdot d\tau.$$

因此, 从 K 的闭性得出 (参照 §24, Ⅱ 后段)

$$\int_{-\pi}^{+\pi} \rho\cos\tau \cdot d\tau = 0, \quad \int_{-\pi}^{+\pi} \rho\sin\tau \cdot d\tau = 0. \tag{$*$}$$

我们过坐标原点 O 引一条与曲线 K 在 P 点的正向切线同指向的平行单位向量 OP'. 当 P 回遍整条卵形线 K 时, 坐标为 $x' = \cos\tau, y' = \sin\tau$ 的端点 P' 画成单位圆 K'. 我们给 K' 摆上这样的正质量使在 K' 的各点 P' 的密度等于 K 在对应点 P 的曲率半径 ρ. 这样一来, 公式 $(*)$ 表明: 圆周 K' 的这个质量分布的重心落在它的中心 O.

从函数 $\rho(\tau)$ 的连续性看出 ρ 在 K 上存在一个最大值和一个最小值. 又由于两个最大值之间总是要有一个最小值的, 所以极值只能以偶数次出现. 如果我们能证仅有二顶点的卵形线不存在, 便明确了四是最小数目.

现在假设有了一条仅有两个顶点 A 和 B 的卵形线 K, 它们分别对应于 ρ 的最小值和最大值, 而且我们将从此引出矛盾. 设在单位圆 K' 上分别对应于顶点 A 和 B 的两点为 A' 和 B'. 于是密度 ρ 在这二点间的二圆弧上, 从 A' 到 B' 单调增加. A' 到 B' 的弦的方向可取为正的 y-方向. 那么, 从 $(*)$ 得出

$$\int_{-\pi}^{+\pi} \rho\sin\tau d\tau = \int_{0}^{\pi} \{\rho(+\tau) - \rho(-\tau)\} \sin\tau \cdot d\tau = 0.$$

然而 $\rho(\tau)$ 这一连续函数在 A' 和 B' 之间始终单调变化着, 所以我们看出第二积分符之下的连续函数在积分区间的内点始终取正值, 从而积分不等于 0. 从力学上说来, 把 K' 分为两个半圆时, 包含 B' 的那一半圆要比较重, 因

而重心再也不落在中心 O 之上①.

最后, 还要举出关于卵形线的更一般的定理, 它包括 "四顶点定理" 作为特例:

如果一个卵形线与一个圆在 $2n$ 个点相交, 那么它至少也有 $2n$ 个顶点.

仅有四个顶点的卵形线, 曾为 C. Juel 所研究: "Om simple cykliske Kurver", Danske Vidensk. Selsk. Skrifter (7) **8**, 6 (1911).

IX. 关于卵形面微分几何的其他内容

A. 关于仿射几何.

椭圆和椭球具有圆和球的类似等周性质. 此方面可参考: W. Blaschke und K. Reidemeister, Vorlesungen über Differentialgeometrie Ⅱ, Affine Differentialgeometrie, Berlin, Springer 1923.

B. 关于卵形面的共形几何.

接着, 我们提出下列一些课题:

1. 关于卵形面上的曲率线的情况该有什么可以申述的呢?

2. 同这相关联的应该是研究卵形面 E 上的这种曲线 C, 在它的所有点处都有一个和 E 作 4 点相切的法曲率圆. 这个 C 的二重点可称为 E 的 "顶点". 在一个椭球上, C 是由它与其对称平面的交线组成的.

3. 对卵形面 E 的二重相切球的观察. 它的切点偶在 E 上构成一个以 C 为二重线的 "对合".

4. 对一个与 E 三重相切的球的观察.

5. E 的脐点是指在那里有一个球与 E 作第二阶接触. C. Carathéodory 曾猜想: 在任何 E 上至少有两个不同的脐点. 对此, 有 H. Hamburger 1940 年的研究. 更参照 W. Blaschke, Einführung in die Differentialgeometrie 1950, 58~60 页, 和 W. Blaschke und G. Thomsen, Vorlesungen über Differentialgeometrie Ⅲ, Differentialgeometrie der Kreise und Kugeln, Berlin, Springer 1929.

C. 卵形面的内蕴度量; 测地线.

6. H. Poincaré 曾经主张说: 在任何卵形面上至少有三条闭测地线, Amer. Math. Soc. Trans. **6** (1905). A. Speiser 特别对此课题做过研究.

---

① Circolo di Palermo **36** (1913), 220~222 页. 另一证明见于 H. Mohrmann, 同志 **37** (1914), 267~268 页, 以及不久前战死的 W. Vogt 在 Crelles Journal **14** (1914), 239~248 页的文章. 又有 G. Herglotz 的证明, 参考 W. Blaschke, Einführung in die Differentialgeometrie, Springer-Verlag 1950, 18 页. 对此还有 Herglotz 和 Barner 的射影拓广.

7. 决定仅由闭测地线形成的所有卵形面 —— 这个课题仍未解决. G. Darboux 找到了所有这类的旋转面, Théorie generale des surfaces Ⅲ, 4~9 页. 此外, O. Zoll 的 Göttinger Dissertation 1903 和 P. Funk 1914.

8. 对此特别是具有 "对立点" 的所有卵形面, 也属于这类, 实际上就是过任何一点 P 的所有测地线总是再通过 P 的对立点 P' 这种曲面 ("再见曲面"). 这种曲面必须是有心的, 而且两对立点关于中心互为反射像. 对立点在变分法的意义下是关于任何过它们的测地线的 "共轭点".

D. 卵形面的刚性.

9. 首先关于多面体的刚性. 同 Euclid 在《原本》末卷的一个主张① 相联系, 年轻的 Cauchy 在老 Lagrange 的启示下, 1813 年证明了定理: 如果两个多面体有两两合同和等顺序的侧面, 那么它们通过运动或反折而互相变换着. 这里, 一个 "反折" 是由一个运动和一个与平面有关的反射组成的. A. L. Cauchy, 全集 (2) 1, 26~28 页.

10. Euclid 的主张如无凸性的限制, 就不成立, 正如 R. Bricard 在他的 "可移动的八面体" 里用了一个例子所阐明的那样, Journal de Math. 1897. 对此更可参照 W. Blaschke, Wackelige (摇摇摆摆的) Achtflache, Math. Zeitschrift **6** (1920) 和 R. Sauer, Wackelige Zwölfkante, Hamburg, Abhandlunger **20** (1955/56).

11. 一个充分正则的卵形面不允许有 (非平凡的) 连续变形过程 (保持曲线长而变更形状). H. Liebmann 在 Mathem. Annalen **53, 54** (1900, 1901) 最初证明了这个定理而且简证见于 W. Blaschke, Göttinger Nachrichten 1912.

12. 对应的 "整体" 定理属于 St. Cohn-Vossen 1927: 两个等长 (即保长地互相对应着) 的二卵形面通过一个运动或反折而相互重合. 最简单的证明属于 G. Herglotz 1942, 参照 W. Blaschke, Einführung in die Differentialgeometrie 1950, §**67**. A. D. Alexandrow 无正则限制而证明了这个定理. 参看本书卷首所提的著作.

13. 属于唯一性定理 9. 和 12. 的, 还有现在的*存在定理*. 首先 A. D. Alexandrow 1941 年证明: 如果一个 (闭的而且 "凸" 的) 多面体和顺序预先是给定了的 (也就是在初等几何意义下, 它的 "网络" 是已知的), 那么这样的多面体总是存在的.

14. 卵形面的相应的存在定理: 如果在球面上预先给定了一个正总曲

①人们可参照大百科全书 (德文版) Ⅲ D 6a, A. Voss, 400 页.

率的 Gauss 度量, 那么对此必存在一个卵形面. H. Weyl 有过一个证明, G. Herglotz 和 W. Blaschke 将这个主张归结为变分学问题, R. Cacciopoli 在一些限制下作出了第一个证明而 A. D. Alexandrow 作了第一个一般证明, 正如人们在他的著作中可以看到的那样, 这本著作是献给一般不具备可微分限制的凸曲面微分几何的并且带来了其他许多结果.

15. H. Minkowski 按照变分问题的方法 1901 年证明: 如果一个卵形面的 Gauss 曲率 K (附带一个必要的限制) 在球面表示中被预先给定了, 那么 (除了平移外) 恰好只存在一个卵形面. 其中的限制是: 设 dO 表示单位球面的向量表面积元素, 必须成立

$$\int \frac{dO}{K} = 0.$$

Minkowski, Werke Ⅱ, 128 页, 270 页. 球面的不可变形性也在其中, 对此 D. Hilbert 也有过证明.

16. 为了有个良好的结束, 我们还提出一个相近而锐利的问题. 我们在 §22, Ⅵ 前段有过 J. Steiner 关于距离 ϑ 的平行卵形体的体积公式, 即:

$$J(\vartheta) = J + O\vartheta + M\vartheta^2 + \frac{4\pi}{3}\vartheta^3.$$

现在令

$$x = \frac{4\pi O}{M^2}, \quad y = \frac{48\pi^2 J}{M^3},$$

那么人们提出一个问题: 属于所有卵形体的点 x, y 在平面上遮盖了怎样的区域, 也就是, J, O, M 之间的关系全体是怎样? 对此, 人们可参照 H. Hadwizer 的书 "Altes und Neues über konvexe Körper"§28. 那里书末尾也附载有关卵形体著作非常完备的总表.

评 注

张高勇

第一部分评注

1. 平面等周不等式的证明

平面等周不等式除书中讨论的几何证明之外, 比较著名的还有 Hurwitz 的 Fourier 级数证明, Schmidt 的微积分证明, 还有 Santaló 的积分几何证明. 参见 [6], [7], [9], [10]. 但是, 这些证明方法在高维空间等周问题的研究中有很大的局限性. Hurwitz 和 Schmidt 的证明还没有三维以上欧氏空间的推广. 三维欧氏空间中的等周不等式也还没有发现积分几何的证明. 但是, 在四维欧氏空间中用积分几何的方法证明等周不等式是可能的. 实际上积分几何的方法被用来证明具有非正曲率的四维 Riemann 流形上的等周不等式. 参见 [4], [3].

2. 平面等周不等式的稳定性

等周不等式包括不等式本身和不等式的等号成立的条件两部分. 不等式本身说明圆是等周问题的一个解, 而不等式的等号成立的条件则说明圆是唯一的解. 将唯一性与等周不等式本身融为一体的是著名的 Bonnesen 等周不等式

$$L^2 - 4\pi F \geqslant \pi^2(R-r)^2,$$

这里 L 是平面简单闭曲线的周长, F 是该曲线所围的面积, R 和 r 分别是该曲线的外接圆半径和内接圆半径. 关于 Bonnesen 等周不等式的证明和推广, 参见 [5], [8]. Bonnesen 等周不等式是通常的等周不等式的一种稳定形式.

3. 欧氏平面等周不等式在非欧平面上的推广

欧氏平面上简单闭曲线的等周不等式在常曲率平面上有下面的推广:

$$L^2 - 4\pi F \geqslant -\kappa F^2,$$

其中 κ 是常曲率平面的曲率. 在欧氏平面、单位球面和双曲平面的不同情形, κ 分别是 0, 1 和 -1. 不等式的等号当且仅当闭曲线是测地圆时成立. Santaló 的书 [10] 中给出了简洁的积分几何的证明. Chavel 的书 [3] 有 Steiner 对称化证明. 对于一般曲面上的等周问题, 参见 Burago-Zalgaller 的书 [2], Chavel 的书 [3] 以及 Bandle 的综述文章 [1]. Bandle 的文章也有关于数学物理中等周问题的描述以及相关的参考文献.

4. 参考文献

[1] C. Bandle, Isoperimetric inequalities, Convexity and Its Applications, Edited by P. M. Gruber and J. M. Wills, Birkhauser, 1983.

[2] Yu. D. Burago, V. A. Zalgaller, Geometric Inequalities, Grundlehren der mathematischen Wissenschaften 285, Springer-Verlag, Berlin, 1988.

[3] I. Chavel, Riemannian Geometry: A Modern Introduction, Second Edition, Cambridge University Press, Cambridge, 2006.

[4] C. Croke, A sharp 4-dimensional isoperimetric inequality, Commentarii Mathematici Helvetici 59 (1984), 187-192.

[5] H. Flanders, A proof of Minkowski's inequality for convex curves, American Mathematical Monthly 75 (6) (1968), 581-593.

[6] H. Groemer, Geometric Applications of Fourier Series and Spherical Harmonics, Cambridge University Press, Cambridge, 1996.

[7] C. C. Hsiung, A First Course in Differential Geometry, John Wiley & Sons, New York, 1981.

[8] R. Osserman, Bonnesen-style isoperimetric inequalities, American Mathematical Monthly 86 (1) (1979), 1-29.

[9] D. Ren, Topics in Integral Geometry, World Scientific, Singapore, 1994.

[10] L. A. Santaló, Integral Geometry and Geometric Probability, Second Edition, Cambridge University Press, Cambridge, 2004.

第二部分评注

1. 一般 n 维欧氏空间中凸体的等周不等式

同书中讨论的三维欧氏空间的情形类似, 一般 n 维欧氏空间中的球体具有同样的极值性质. 在 n 维欧氏空间中所有定体积的凸体中, 只有球体具有最小表面积. 此结论可以用不等式来表述:

$$O \geqslant n\omega_n^{\frac{1}{n}} J^{\frac{n-1}{n}},$$

这里 O 是凸体的表面积, J 是凸体的体积, ω_n 是单位球体的体积. 其中不等式的等号当且仅当凸体是球体时成立. Steiner 对称比证明在高维情形同样是类似的. Gruber 的书 [5] (§8.3 和 §9.2) 以及 Schneider 的书 [10] (§7.1) 给出了不同的证明.

2. 一般 n 维欧氏空间中凸体的对称化

高维空间中凸体的 Steiner 对称化同三维情形完全类似. 它是研究几何极值问题的非常重要的方法. 除了可以用来证明高维的等周不等式之外, 它还可以用来证明其他许多重要的几何不等式. Gruber 的书 [5] 给出了详细的关于凸体的 Steiner 对称化的性质和应用的讨论. 对于一般有界区域的 Steiner 对称化, 参见 Krantz-Parks 的书 [6].

3. Blaschke 选择定理

在变分法的发展中, 等周问题成为理想的试金石. Bernoulli 兄弟、Euler 以及 Lagrange 都试图用变分法来解决平面等周问题. 但是, 他们的证明缺少存在性部分. 最后是 Weierstrass 解决了存在性问题, 从而给出了平面等周不等式的第一个完整的证明. 其证明利用了有关连续函数的一致收敛性的结论.

Steiner 发明的对称化方法对解决空间的等周问题至关重要. 但是, 他没能处理对称化过程中凸体序列的收敛性问题. Blaschke 在书中将分析中关于实数的 Bolzano-Weierstrass 定理推广到 n 维欧氏空间中的紧致凸集, 证明了下面的选择定理: 对于 $\mathbf{R}^n$ 中任何紧凸集的有界序列, 都存在一个子序列在 Hausdorff 度量下收敛到一个紧凸集. 如果把紧凸集和其支持函数等同起来, 这里的收敛性的定义正是支持函数的一致收敛性.

上面的选择定理称为 Blaschke 选择定理. 它完美地解决了 $\mathbf{R}^n$ 中 Steiner 对称化方法所涉及的凸体序列的收敛性, 是凸体几何的一个基础定理. 参见 [4].

4. 一般区域的等周不等式与函数的 Sobolev 不等式

在平面上, 一般区域的等周不等式可以通过考虑区域的凸包很容易地转化为凸区域的等周不等式. 在三维以上空间中, 这样的转换不可行. 所以, 凸体等周不等式在一般区域上的推广不是平凡的, 并且涉及一般区域的表面积如何定义的问题, 参见 Burago-Zalgaller 的书 [1] 和 Chavel 的书 [2]. Talenti 的文章 [9] 有关于一般区域的 Steiner 对称化以及等周不等式的描述与证明.

几何中的等周问题与分析中的 Sobolev 嵌入问题有紧密联系. 欧氏空间中著名的 Sobolev 不等式是

$$\int_{\mathbf{R}^n} |\nabla f(x)|\, dx \geqslant n\omega_n^{\frac{1}{n}} \left(\int_{\mathbf{R}^n} |f(x)|^{\frac{n-1}{n}}\, dx \right)^{\frac{n}{n-1}},$$

这里 f 是光滑的并且在无穷远处趋于零的函数, 其梯度的模 $|\nabla f|$ 是可积的. 不等式中的常数是精确的. 在 1960 年, Federer-Fleming 和 Maz'ya 分别独立地发现了精确的 Sobolev 不等式和等周不等式是等价的, 参见 [3], [7], 和 Burago-Zalgaller 的书 [1] (§18). Osserman 的文章 [8] 有关于等价性的证明概要. Schneider 的书 [10] (§10.15) 有关于这一联系的更深入的讨论.

5. 参考文献

[1] Yu. D. Burago, V. A. Zalgaller, Geometric Inequalities, Grundlehren der mathematischen Wissenschaften 285, Springer-Verlag, Berlin, 1988.

[2] I. Chavel, Isoperimetric Inequalities: Differential Geometric and Analytic Perspective, Cambridge University Press, New York, 2001.

[3] H. Federer, Geometric Measure Theory, Springer-Verlag, Berlin, 1996.

[4] R. J. Gardner, Geometric Tomography, Second Edition, Cambridge University Press, Cambridge, 2006.

[5] P. Gruber, Convex and Discrete Geometry, Grundlehren der Mathematischen Wissenschaften 336, Springer-Verlag, Berlin, 2007.

[6] S. Krantz, H. Parks, The Geometry of Domains in Space, Birkhauser Advanced Texts, Birkhauser, Boston, 1999.

[7] V. G. Maz'ya, Sobolev Spaces: with applications to elliptic partial differential equations, Second Edition, Grundlehren der Mathematischen Wissenschaften

342, Springer-Verlag, Berlin, 2011.

[8] R. Osserman, The isoperimetric inequality, Bulletin of American Mathematical Society 84 (1978), 1182-1238.

[9] G. Talenti, The standard isoperimetric theorem, Handbook of Convex Geometry, Vol. A, Edited by P. M. Gruber and J. M. Wills, Elsevier, Amsterdam, 1993, 73-123.

[10] R. Schneider, Convex Bodies: The Brunn-Minkowski Theory, Second Edition, Encyclopedia of Mathematics and Its Applications, Cambridge University Press, Cambridge, 2014.

第三部分评注

1. Brunn-Minkowski 不等式

凸体的 Brunn-Minkowski 不等式是非常重要的几何不等式. 它隐含了凸体的等周不等式. 如果 $+$ 表示 n 维欧氏空间 $\mathbf{R}^n$ 中的向量加法, J 表示 $\mathbf{R}^n$ 中的体积, Brunn-Minkowski 不等式通常被表述如下: 如果 C 和 D 是 n 维欧氏空间 $\mathbf{R}^n$ 中具有内点的凸体, 则

$$J(C+D)^{\frac{1}{n}} \geqslant J(C)^{\frac{1}{n}} + J(D)^{\frac{1}{n}},$$

其中等号当且仅当 C 和 D 相似时成立.

Brunn-Minkowski 不等式不仅对凸体成立, 对一般 $\mathbf{R}^n$ 中的有界可测集也成立. 它不仅隐含了一般区域的等周不等式, 而且同几个重要的解析不等式有紧密联系. Gardner 的综述文章 [5] 是对 Brunn-Minkowski 不等式最全面的讨论, 并且提供了许多相关的参考文献.

2. Brunn-Minkowski 理论

Brunn-Minkowski 不等式揭示了欧氏空间中体积 (Lebesgue 测度) 这一几何结构同向量加法这一代数结构之间的联系. 它表示体积在向量加法下具有 (对数) 凹性.

如果把分析结构引入讨论中, 则有下面的体积变分公式: 如果 C 是 $\mathbf{R}^n$ 中的卵形体 (严格凸的光滑凸体), D 是 $\mathbf{R}^n$ 中的任意凸体, 则

$$\left.\frac{d}{dt}\right|_{t=0^+} J(C+tD) = \int_{S^{n-1}} \frac{h_D(u)}{K_C(u)}\, du,$$

这里 h_D 是 D 的支持函数, $K_C(u)$ 是边界 ∂C 在具有外法向量 u 的点处的 Gauss 曲率, S^{n-1} 是 $\mathbf{R}^n$ 中的单位球面.

卵形体是重要的一类凸体, 比如球体和一般的椭球体. 卵形体的研究同微分几何紧密相连. 多面体是另一类非常重要的凸体, 比如单形和长方体. 多面体不具有光滑性和严格凸性. 那么, 上面的体积变分公式是否对一般的凸体也成立? 答案是肯定的. 但是公式中的积分将是一般的关于测度的积分. 具体如下: 如果 C 和 D 是 $\mathbf{R}^n$ 中的任意凸体, 则

$$\left.\frac{d}{dt}\right|_{t=0^+} J(C+tD)=\int_{S^{n-1}} h_D(u)\,dS_C(u),$$

这里 S_C 是凸体 C 的表面积测度 (surface area measure). 表面积测度定义在单位球面上. 当 C 是严格凸的光滑凸体时, 其表面积测度关于球面上的 Lebesgue 测度是绝对连续的, 并且其 Radon-Nikodym 导数正是 Gauss 曲率的倒数 $1/K_C(u)$. 当 C 是多面体时, 其表面积测度是离散测度. 此测度的支持集是多面体的外法向量构成的集合, 而每个外法向量处的权则是对应的表面的面积. 体积的一阶变分称为凸体的第一混合体积.

Brunn-Minkowski 不等式和体积变分公式是凸体的 Brunn-Minkowski 理论的开端. Brunn-Minkowski 理论, 或者称为混合体积理论, 是凸几何中的核心理论. 它同微分几何 [1],[11],[13], 积分几何 [9],[18],[21], 随机几何 [20], 离散几何 [7],[8],[16],[23], 仿射几何 [12],[13],[22], 代数几何 [2],[3], 几何断层学 [4], 泛函分析 [17], 调和分析 [6],[10], 以及偏微分方程 [13] 有诸多联系. Brunn-Minkowski 理论在近年来的重要发展包括 L_p Brunn-Minkowski 理论 [14],[15], 对偶 Brunn-Minkowski 理论, 以及 Orlicz Brunn-Minkowski 理论. Schneider 的书 [19] 是对 Brunn-Minkowski 理论非常系统、全面和现代的讨论.

3. 参考文献

[1] H. Busemann, Convex Surfaces, Dover Publications, New York, 2007.

[2] G. Ewald, Combinatoral Convexity and Algebraic Geometry, Springer-Verlag, New York, 1996.

[3] G. Ewald, Algebriac Geometry and Convexity, Handbook of Convex Geometry, Vol. A, Edited by P. M. Gruber and J. M. Wills, Elsevier, Amsterdam, 603-626.

[4] R. J. Gardner, Geometric Tomography, Second Edition, Cambridge University Press, Cambridge, 2006.

[5] R. J. Gardner, The Brunn-Minkowski inequality, Bulletin of American Mathematical Society 39 (2002), 355-405.

[6] H. Groemer, Geometric Applications of Fourier Series and Spherical Harmonics, Cambridge University Press, Cambridge, 1996.

[7] P. M. Gruber, Convex and Discrete Geometry, Springer-Verlag, Berlin, 2007.

[8] B. Grünbaum, Convex Polytopes, Second Edition, Springer-Verlag, New York, 2003.

[9] D. Klain, G.-C. Rota, Introduction to Geometric Probability, Lezioni Lincee, Cambridge University Press, Cambridge, 1997.

[10] A. Koldobsky, Fourier Analysis in Convex Geometry, American Mathematical Society, 2005.

[11] K. Leichtweiss, Convexity and Differential Geometry, Handbook of Convex Geometry, Vol. B, Edited by P. M. Gruber and J. M. Wills, Elsevier, Amsterdam, 1045-1080.

[12] K. Leichtweiss, Affine Geometry of Convex Bodies, Johann Ambrosius Barth Verlag, Heidelberg, 1998.

[13] J. Loftin, X. J. Wang, D. Yang, Cheng and Yau's work on the Monge-Ampére equation and affine geometry, Geometry and Analysis, No. 1, Advanced Lectures in Mathematics, Volume XVII, Edited by L. Ji, International Press and Higher Education Press, 2011, 163-180.

[14] E. Lutwak, The Brunn-Minkowski-Firey theory, I: Mixed volumes and the Minkowski problem, Journal of Differential Geometry 38 (1993), 131-150.

[15] E. Lutwak, The Brunn-Minkowski-Firey theory, II: Affine and geominimal surface areas, Advances in Mathematics 118 (1996), 244-294.

[16] J. Matousek, Lectures on Discrete Geometry, Springer-Verlag, New York, 2002.

[17] G. Pisier, The Volume of Convex Bodies and Banach Space Geometry, Cambridge University Press, Cambridge, 1989.

[18] L. A. Santaló, Integral Geometry and Geometric Probability, Second Edition, Cambridge University Press, Cambridge, 2004.

[19] R. Schneider, Convex Bodies: The Brunn-Minkowski Theory, Second Edition, Encyclopedia of Mathematics and Its Applications, Cambridge University Press, Cambridge, 2014.

[20] R. Schneider, W. Weil, Stochastic and Integral Geometry, Springer-Verlag, Berlin, 2008.

[21] R. Schneider, J. A. Wieacker, Integral Geometry, Handbook of Convex Geometry, Vol. B, Edited by P. M. Gruber and J. M. Wills, Elsevier, Amsterdam, 1349-1390.

[22] A. C. Thompson, Minkowski Geometry, Cambridge University Press, Cambridge, 1996.

[23] G. Ziegler, Lectures on Polytopes, Springer-Verlag, New York, 1995.

第四部分和附录部分评注

凸几何的研究课题非常广泛. 书中提到了许多可进一步讨论的方向. 这里扼要介绍凸体同调和分析、仿射几何和偏微分方程相关的, 并且在近年有重要发展的研究方向以及其中的核心问题.

1. 凸体与调和分析

凸体在平面上的投影面积和凸体被平面截出的截面积是重要的研究课题. 它既有实际应用的需要也具有理论研究的价值. 特别地, 它同调和分析紧密相连.

1.1. 投影体. 如果 C 是 $\mathbf{R}^n$ 中的凸体, 将它向具有单位法向量 u 并且过原点的超平面上做正交投影, 得到该超平面上的凸体 C_u. 用 F_u 表示 C_u 的 $n-1$ 维体积 (投影面积), 于是

$$F_u = \frac{1}{2}\int_{\partial C} |u \cdot x|\, dS(x),$$

这里 dS 是超曲面 ∂C 的面积元, $u \cdot x$ 是 $\mathbf{R}^n$ 中的向量内积. 如果 C 是卵形体, 并且用 v 表示外法向量, 上面的积分很容易转换成球面 S^{n-1} 上的积分

$$F_u = \frac{1}{2}\int_{S^{n-1}} \frac{|u \cdot v|}{K(v)}\, dv.$$

上面公式中出现的球面上连续函数的积分变换

$$(Tf)(u) = \int_{S^{n-1}} |u \cdot v| f(v)\, dv$$

称为余弦变换, 这里 f 是球面上的连续函数.

如果 f 是正的, 则 Tf 也是正的. 如果将单位向量 u 换成 $\mathbf{R}^n$ 中的点 x, 则 $(Tf)(x)$ 是 $\mathbf{R}^n$ 中的一次齐次凸函数. 从而, 当 f 为正时, Tf 是某个凸体

的支持函数. 这样, 余弦变换将球面上正的连续函数变换成某个凸体的支持函数. 在投影的情形, 将此凸体记为 ΠC, 称为 C 的投影体 (projection body), 其支持函数为

$$h_{\Pi C}(u) = F_u.$$

参见 [6], [20]. 单位球面上的余弦变换实际上可从欧氏空间中的 Fourier 变换得来. 将单位球面上的偶函数 f 延拓为欧氏空间中的 $-n-1$ 次的齐次函数 f_{-n-1} . 当 f_{-n-1} 的 Fourier 变换 $\widehat{f}_{-n-1}$ 限制在单位球面上时, 它同 f 的余弦变换相差一个常数因子, 即

$$(Tf)(u) = -\frac{2}{\pi}\widehat{f}_{-n-1}(u), \quad u \in S^{n-1}.$$

参见 [10].

当 C 是一般凸体, 而不仅仅是卵形体时, 同样可以定义 C 的投影体. 此时, 表面积测度将替换 Gauss 曲率倒数的角色. 相应地, 连续函数的余弦变换则拓展到测度的余弦变换. 参见 [6], [20].

和等周同题有联系的是下面的投影体体积的极值问题:

投影体问题. 如果 J 是凸体 C 的体积, J_Π 是投影体 ΠC 的体积, 当 C 为 $\mathbf{R}^n$ 中任意凸体时, 确定体积比率 J_Π/J^{n-1} 的上确界和下确界.

这是关于投影体的一个主要的未解决的问题. 参见[20] (§10.9).

1.2. 常亮度体与常宽度体. 如果凸体 C 的投影体 ΠC 是球体, 则 C 正是常亮度体. 假定 C 是卵形体, 如果 C 既是常亮度体又是常宽度体 (常幅体), 则 C 一定是球体. 在没有光滑性的假设之下, 如何证明相同的结论是一个很长时间未解决的问题, 直到最近才解决. 参见 [8].

在宽度固定的所有平面常宽度体中, 圆具有最大面积, Reuleaux 三角形具有最小面积. 在空间中, 宽度固定的所有常宽度体中, 球体具有最大体积.

常宽度体最小体积问题. 在空间中, 宽度固定的所有常宽度体中, 什么样的常宽度体具有最小体积?

这是关于常宽度体的一个主要的未解决的问题. 参见综述文章 [3].

1.3. 截面体. 将原点取在凸体的内部, 并且将其视为凸体的中心. 沿任何一个方向 u , 凸体 C 的半径记为 $\rho_C(u)$, 称为凸体的径向函数. 凸体 C 过

原点的与 u 垂直的中心截面的面积 ($n-1$ 维体积) 为

$$A_u = \frac{1}{n-1}\int_{S^{n-1}\cap u^{\perp}} \rho_C(v)^{n-1} dv,$$

这里 $u^{\perp}$ 是与 u 垂直的过原点的超平面, dv 是 $n-2$ 维单位球面 $S^{n-1}\cap u^{\perp}$ 的面积元. 其中引出的单位球面上连续函数的积分变换

$$(Rf)(u) = \int_{S^{n-1}\cap u^{\perp}} f(v)\, dv$$

称为球面 Radon 变换, 这里 f 是球面 S^{n-1} 上的连续函数.

将单位球面上的偶函数延拓成 $\mathbf{R}^n$ 中的 $1-n$ 次齐次函数 f_{1-n}. 当 f_{1-n} 的 Fourier 变换 $\widehat{f}_{1-n}$ 限制在单位球面上时, 它同 f 的 Radon 变换相差一个常数因子, 即

$$(Rf)(u) = \frac{1}{\pi}\widehat{f}_{1-n}(u), \quad u \in S^{n-1}.$$

参见 [10].

如果凸体 C 是关于原点对称的, 其截面积 A_u 是另一个关于原点对称的凸体 (记为 IC) 的径向函数, 即

$$\rho_{IC}(u) = A_u.$$

凸体 IC 称为 C 的截面体 (intersection body). 截面体的概念有更一般的定义, 涉及测度的球面 Radon 变换. 自从文章 [14] 发表以来, 对截面体的研究, 特别是截面体同球面 Radon 变换和 Fourier 变换的联系成为凸几何中一个重要的研究方向. 参见 [6], [10].

1.4. 凸体的最大截面积. 确定凸体的最大截面积, 即 A_u 的最大值的确定是不容易的. 比如, 单位正方体的最大截面积的计算涉及与 Fourier 变换有关的积分的精确估值, 答案是 $\sqrt{2}$. 参见 [1].

最大截面问题. 对于一般 $\mathbf{R}^n$ 中关于原点对称的体积为 1 的任意凸体, 确定其最大截面积的下确界, 即确定与凸体无关的最优常数 b_n 使得

$$\max_{u\in S^{n-1}} A_u \geqslant b_n.$$

这是一个难题. 在二维情形, $b_2 = \dfrac{2}{\sqrt{\pi}}$, 是平凡的. 在三维和四维的情形, 球体

达到极值, $b_3=\sqrt[3]{\dfrac{9\pi}{16}}$, $b_4=\dfrac{4\sqrt[4]{8}}{3\sqrt{\pi}}$. 五维及更高维情形未知. 在七维及更高维情形, 球体不是最优. 参见 [6].

下面的关于 b_n 的渐近性质的问题称为截面问题, 是渐近泛函分析中一个主要的问题:

渐近最大截面问题. 当维数 n 趋于无穷时, 最优常数 b_n 是否有正的下界?

目前最好的结果是 $b_n \geqslant \dfrac{c}{\sqrt[4]{n}}$, 这里 $c>0$ 是与维数无关的常数. 参见 [2], [6].

2. 凸体与仿射几何

在对等周问题的进一步的众多深入研究中, 仿射等周问题具有特别重要的意义. 这部分取决于凸体的几何分析把体积作为主要研究对象之一以及同 Banach 空间几何学的联系.

2.1. 积分仿射等周不等式. 凸体的投影面积的积分给出凸体的表面积, 这是 Cauchy 的表面积公式,

$$O=\frac{1}{\omega_{n-1}}\int_{S^{n-1}}F_u\,du,$$

这里 ω_{n-1} 是 $n-1$ 维单位球体的体积. 于是等周不等式可以写成

$$\frac{1}{n\omega_n^{\frac{1}{n}}\omega_{n-1}}\int_{S^{n-1}}F_u\,du\geqslant J^{1-\frac{1}{n}}.$$

所以, 用凸体的投影面积的平均值可以给出凸体体积的上界. 当凸体的形状接近球体时, 这是很好的上界. 但是, 当凸体的形状比较扁或者长时, 这是很差的上界. 由于扁长的凸体可以用仿射变换变得比较圆, 所以, 可以用投影面积来表示的仿射不变量很重要. 这引导出凸体的积分仿射表面积的定义,

$$\varPhi=\frac{(n\omega_n)^{1+\frac{1}{n}}}{\omega_{n-1}}\Big(\int_{S^{n-1}}F_u^{-n}\,du\Big)^{-\frac{1}{n}}.$$

上面积分中的方次是唯一的, 也就是说投影面积的任何其他方次的积分都不是仿射不变的. 下面的仿射等周不等式是比欧氏等周不等式强的不等式:

$$\varPhi\geqslant n\omega_n^{\frac{1}{n}}J^{1-\frac{1}{n}},$$

其中等号当且仅当凸体是椭球体时成立. 此不等式称为积分仿射等周不等式, 也称为 Petty 投影不等式, 它给出了椭球体的等周性质.

因为积分仿射表面积比通常的表面积小, 即 $\Phi \leqslant O$, 所以, Petty 投影不等式隐含了通常的等周不等式.

关于 Petty 投影不等式的证明, 参见 [6], [12]. 综述文章 [15] 和 [21] 有关于此不等式更详细的讨论和许多参考文献. Schneider 的书 [20] (§10.9) 有关于此不等式的推广的讨论.

仿射等周不等式的一个重要特点是存在逆不等式. 下面的逆仿射等周不等式给出了单形的等周性质:

$$\frac{\Phi}{J^{1-\frac{1}{n}}} \leqslant \frac{n^2\omega_n^{1+1/n}}{\binom{2n}{n}^{1/n}\omega_{n-1}},$$

其中等号当且仅当凸体是单形时成立. 参见 [6], [12], [20], [21].

关于对称凸体建立和上面的逆仿射等周不等式相应的不等式是非常有意义的问题:

对称凸体的逆仿射等周问题. 对于 $\mathbf{R}^n$ 中关于原点对称的所有凸体, 决定仿射等周率 $\Phi/J^{1-\frac{1}{n}}$ 的上确界和达到上确界的凸体.

2.2. 微分仿射等周不等式与 Blaschke-Santaló 不等式. 同凸体的投影和截面一样, 配极是凸体的另外一个重要的变换. 如果 C 是 $\mathbf{R}^n$ 中原点在其内部的凸体, 定义凸体

$$C^* = \{x \in \mathbf{R}^n : x \cdot y \leqslant 1, \forall y \in C\},$$

凸体 C^* 称为凸体 C 的配极体 (polar body).

凸体配极的概念同线性空间对偶的概念相关. 首先, 关于原点对称的凸体同有限维赋范空间紧密联系. 如果 $X = (\mathbf{R}^n, \|\cdot\|)$ 是 n 维赋范空间, 则此空间的单位球体

$$C = \{x \in \mathbf{R}^n : \|x\| \leqslant 1\}$$

是 $\mathbf{R}^n$ 中关于原点对称的凸体. 特别地, 取范数为通常的 p- 范数, $p \geqslant 1$,

$$\|x\| = \left(|x_1|^p + \cdots + |x_n|^p\right)^{\frac{1}{p}}, \quad x \in \mathbf{R}^n.$$

在 $p = 2$ 时, X 的单位球体 C 是欧氏单位球体; 在 $p = \infty$ 时, C 是正方体; 在 $p = 1$ 时, C 是余正方体.

空间 X 的对偶空间 X^* 的单位球体 C^* 正是 C 的配极体.

如果 J 是凸体 C 的体积, J^* 表示配极体 C^* 的体积, 乘积 JJ^* 是在一般线性群 $\mathrm{GL}(n)$ 下的不变量. 下面的仿射等周不等式, 称为 Blaschke-Santaló 不等式, 揭示了体积与配极之间的关系: 如果 C 是 $\mathbf{R}^n$ 中质心在原点的凸体, 则

$$JJ^* \leqslant \omega_n^2,$$

其中等号当且仅当 C 是椭球体时成立.

Blaschke-Santaló 不等式同仿射微分几何中的微分仿射等周不等式

$$\Omega \leqslant n\omega_n^{\frac{2}{n+1}} J^{1-\frac{2}{n+1}}$$

是等价的. 这里 Ω 是凸体的微分仿射表面积

$$\Omega = \int_{\partial C} K(x)^{\frac{1}{n+1}}\, dS(x).$$

参见 [15], [16], [20], [21].

下面的 Mahler 猜想是凸几何中主要的未解决的问题之一:

对称凸体的 Mahler 猜想. 对于 $\mathbf{R}^n$ 中关于原点对称的所有凸体, 成立逆仿射等周不等式

$$JJ^* \geqslant \frac{4^n}{n!}.$$

上面不等式的等号在平行多面体时成立. 但是, 还有别的凸体也使得不等式的等号成立. 此猜想在某些特殊的情形已被证明, 参见 [6], [20]. 目前最好的下界估计是

$$JJ^* \geqslant \frac{\pi^n}{n!}.$$

其证明运用了微分几何中的技巧. 参见 [11].

如果不假定凸体是关于原点对称的, 而仅假定原点在凸体的内部, Mahler 猜想如下:

一般凸体的 Mahler 猜想. 对于 $\mathbf{R}^n$ 中包含原点在其内部的所有凸体, 成立逆仿射等周不等式

$$JJ^* \geqslant \frac{(n+1)^{n+1}}{(n!)^2},$$

其中不等式的等号当且仅当凸体是单形时成立. 参见 [15], [20], [21].

3. 凸体与偏微分方程

同等周问题一样, Minkowski 问题是另一个凸体研究中的核心问题. 它的研究对偏微分方程, 特别是对完全非线性方程产生了极大的推动作用. 这里扼要介绍经典的 Minkowski 问题和相关的新发展.

3.1. 经典的 Minkowski 问题. Minkowski 问题有两个重要的特殊情形. 一个是关于非光滑的多面体, 另一个是关于光滑的卵形体. 后者同微分几何相关.

多面体的 Minkowski 问题. 给定正数 $a_1, a_2, \cdots, a_m$ 和 $\mathbf{R}^n$ 中不同的单位向量 $u_1, u_2, \cdots, u_m$, 建立存在 m 个面 $F_1, F_2, \cdots, F_m$ 的多面体的充要条件, 使得 F_i 的外法向量和面积分别是 u_i 和 $a_i, i = 1, 2, \cdots, m$.

Minkowski 证明了下面的充要条件:

(i) 单位向量 $u_1, u_2, \cdots, u_m$ 不包含在一个闭单位半球面内;

(ii) $a_1u_1 + a_2u_2 + \cdots + a_mu_m = 0$.

关于多面体的 Minkowski 问题的解的存在性和唯一性的证明, 参见 [20] (§8.2).

卵形体的 Minkowski 问题. 给定单位球面 S^{n-1} 上的正的连续函数 f, 建立存在卵形体 C 的充要条件, 使得 C 的 Gauss 曲率作为外法向量的函数等于f.

此问题对应的偏微分方程是

$$\det(h_{ij} + h\delta_{ij}) = \frac{1}{f}.$$

这里 h 表示 S^{n-1} 上的函数, h_{ij} 表示 h 在正交标架下的二阶共变导数, δ_{ij} 是 Kronecker 记号.

Minkowski 发现了下面的充要条件:

$$\int_{S^{n-1}} \frac{u}{f(u)}\, du = 0.$$

实际上, Minkowski 只证明了问题有凸体解 (换句话说, 相应的偏微分方程有弱解), 并没有证明该凸体是光滑的. 这正是 Minkowski 问题的正则性问题. 突破性的工作有 Nirenberg [17], Cheng-Yau [4] 等. 参见 [18]. 这些工作对完全非线性偏微分方程的发展产生了极其重要的影响. 参见综述文章 [13], [19].

如果利用表面积测度的概念, 多面体的 Minkowski 问题和卵形体的 Minkowski 问题可以统一成一般凸体的 Minkowski 问题.

一般凸体的 Minkowski 问题. 给定单位球面上的非负的有限测度 μ. 建立存在凸体 C 的充要条件, 使得 C 的表面积测度等于 μ, 即

$$S_C = \mu.$$

Alexandrov 和 Fenchel-Jessen 独立地证明了下面的充要条件:

(i) 测度 μ 的支撑集不包含在一个闭单位半球面内;

(ii) $\displaystyle\int_{S^{n-1}} u\, d\mu(u) = 0.$

他们也证明了凸体解在相差平移下是唯一的, 参见 [20].

Minkowski 问题的解的证明运用了变分方法和 Brunn-Minkowski 不等式; 反过来, 从 Minkowski 问题的解的存在性和唯一性也可以推出 Brunn-Minkowski 不等式.

3.2. Minkowski 问题的推广及发展.

Christoffel-Minkowski 问题. 欧氏空间 $\mathbf{R}^n$ 中的凸体的表面积测度是卵形面的 $n-1$ 个曲率半径乘积 (Gauss 曲率倒数) 的拓展. 对于 $1 \leqslant k \leqslant n-1$, 同曲率半径的 k 次基本对称函数相关联的是 k 次表面积测度. 这些表面积测度的 Minkowski 问题称为 Christoffel-Minkowski 问题, 参见 [20] (§8.3, §8.4). 关于 Christoffel-Minkowski 问题的最新突破, 参见 [7]. 对于 $1 < k < n-1$, 次数为 k 的表面积测度的 Christoffel-Minkowski 问题仍然是凸几何中一个长期未解决的重要问题.

L_p **Minkowski 问题.** 在 L_p Brunn-Minkowski 理论中, L_p 表面积测度是核心概念. L_p 表面积测度的 Minkowski 问题称为 L_p Minkowski 问题. 对于 $p > 1$ 时的解, 参见 [5] [16]. $\mathbf{R}^n$ 中的 L_p Minkowski 问题有两个奇异情形, $p = 0$ 和 $p = -n$. 它们分别对应凸几何中**锥体积测度**的 Minkowski 问题和仿射微分几何中的**中心仿射 Gauss 曲率**的 Minkowski 问题. 这些问题的解的存在性和唯一性的建立, 在 Brunn-Minkowski 理论中非常重要.

容量 Minkowski 问题. 凸体的容量 (L_2 capacity) 的概念同体积有惊人的相似的性质. 凸体容量的变分引导出凸体**容量测度**的概念. 容量测度与调和函数有关. 刻画容量测度的 Minkowski 问题称为容量 Minkowski 问题. 容

量 Minkowski 问题的解决是 Minkowski 问题的一个重要发展. 参见 [9]. 凸体的p-容量 (p-capacity) 的变分引导出 p-容量测度. 它同 p-调和函数有关. 研究相应的 Minkowski 问题是非常有意义的.

4. 参考文献

[1] K, Ball, Cube slicing in $\mathbf{R}^n$, Proceedings of American Mathematical Society 97 (1986), 465-473.

[2] J. Bourgain, On the distribution of polynomials on high-dimensional convex sets, Geometric Aspects of Functional Analysis (1989—1990), Lecture Notes in Mathematics 1469, Springer-Verlag, Berlin, 1991, 127-137.

[3] G. D. Chakerian, H. Groemer, Convex bodies of constant width, Convexity and Its Applications, Edited by P. M. Gruber and J. M. Wills, Birkhäuser, Basel, 1983, 49-96.

[4] S. Y. Cheng, S. T. Yau, On the regularity of the solutions of the n-dimensional Minkowski problem, Communications on Pure and Applied Mathematics 64 (1976), 495-516.

[5] K. Chou, X. J. Wang, The L_p-Minkowski problem and the Minkowski problem in centroaffine geometry, Advances in Mathematics 205 (2006), 33-83.

[6] R. J. Gardner, Geometric Tomography, Second Edition, Cambridge University Press, Cambridge, 2006.

[7] P. Guan and X. Ma, Christoffel-Minkowski problem I: convexity of solutions of a hessian equation, Inventiones Mathematicae 151 (2003), 553-577.

[8] R. Howard, Convex bodies of constant width and constant brightness, Advances in Mathematics 204 (2006), 241-261.

[9] D. Jerison, A Minkowski problem for electrostatic capacity, Acta Mathematica 176 (1996), 1-47.

[10] A. Koldobsky, Fourier Analysis in Convex Geometry, American Mathematical Society, 2005.

[11] G. Kuperberg, From the Mahler conjecture to Gauss linking integrals, Geometric and Functional Analysis 18 (2008), 870-892,

[12] K. Leichtweiss, Affine Geometry of Convex Bodies, Johann Ambrosius Barth Verlag, Heidelberg, 1998.

[13] J. Loftin, X. J. Wang, D. Yang, Cheng and Yau's work on the Monge-Ampére equation and affine geometry, Geometry and Analysis, No. 1, Advanced Lectures in Mathematics, Volume XVII, Edited by L. Ji, International Press

and Higher Education Press, 2011, 163-180.

[14] E. Lutwak, Intersection bodies and dual mixed volumes, Advances in Mathematics 71 (1988), 232-261.

[15] E. Lutwak, Selected affine isoperimetric inequalities, Handbook of Convex Geometry, Vol. A, Edited by P. M. Gruber and J. M. Wills, Elsevier, Amsterdam, 1993, 151-176.

[16] E. Lutwak, The Brunn-Minkowski-Firey theory I: Mixed volumes and the Minkowski problem, Journal of Differential Geometry 38 (1993), 131-150.

[17] L. Nirenberg, The Weyl and Minkowski problems in differential geometry in the large, Communications on Pure and Applied Mathematics 6 (1953), 337-394.

[18] A. V. Pogorelov, The Minkowski multidimensional problem, V. H. Winston & Sons, Washington, D.C., 1978.

[19] N. S. Trudinger, X. J. Wang, The Monge-Ampére equation and its geometric applications, Handbook of Geometric Analysis, Vol. I, International Press, 2008, 467-524.

[20] R. Schneider, Convex Bodies: The Brunn-Minkowski Theory, Second Edition, Encyclopedia of Mathematics and Its Applications, Cambridge University Press, Cambridge, 2014.

[21] G. Zhang, New affine isoperimetric inequalities, International Congress of Chinese Mathematicians (ICCM) 2007, Volume II, 239-267.

编者致谢

本书是德国著名几何学家 Blaschke 先生介绍凸几何的重要著作, 20 世纪 80 年代曾由我国著名数学家苏步青先生翻译出版. 此次出版新版得到了诸多教授的热心帮助.

《数学概览》主编与多位编委对本书的出版做了大量的工作. 主编季理真教授与国际上相关专业的多位专家学者讨论本书的学术价值、历史意义和现今再版的重要意义, 邀请专家撰写评注, 并对新版内容的整体构想提出了很多好的建议; 编委姚一隽教授帮助联系到译者苏步青先生的亲属, 并多方寻找合适的人选撰写辅文, 为本书的顺利出版提供了很多便利; 编委徐佩教授热心参与本书的组稿, 并计划翻译一篇文章作为附录 (因文章内容与正文关系不大最终未能成行); 编委王善平教授提供了文前刊出的 Blaschke 的两张珍贵历史照片.

在本书的选题论证阶段, 著名数学家 Norbert A'Campo 教授热情推荐了本书, 两位凸理论方向的专家 Deane Yang 教授和张高勇教授对本书进行了学术方面的论证, 一致认为这本非常经典的书, 对于当今的学者仍有很重要的参考价值.

苏步青先生的儿子苏德明先生热情慷慨地授予了本书中文译本的版权, 并提供苏步青先生翻译所用的德文原书作为校订参考. 华宣积教授仔细地对译稿进行了审读和修订, 并提供了原书封面和内封的清晰照片.

张高勇教授对本书的新版做出了重要的贡献, 应邀撰写了数十页的详细评注, 并在其中提供了大量的参考文献, 这对于致力于了解和深入研究凸几何的读者有着很大的帮助. 此外, 张教授还多方查找资料, 写出了包括凸几何发展历史和 Blaschke 生平在内的新版序言, 使读者更好地了解了该书相关背景知识.

在此, 我们向上面的各位教授致以最诚挚的感谢!

编者

2014 年 10 月 25 日

数学概览　图书清单

注：书号前缀为 978-7-04-0×××××-×

	书号	书名	著译者
1	35167-5	Klein 数学讲座	F. 克莱因 著 陈光还 译　徐佩 校
2	35182-8	Littlewood 数学随笔集	J. E. 李特尔伍德 著 李培廉 译
3	33995-6	直观几何（上册）	D. 希尔伯特、S. 康福森 著 王联芳 译　江泽涵 校
4	33994-9	直观几何（下册）附亚历山德罗夫的拓扑学基本概念	D. 希尔伯特、S. 康福森 著 王联芳、齐民友 译
5	36759-1	惠更斯与巴罗，牛顿与胡克:数学分析与突变理论的起步，从渐伸线到准晶体	В. И. 阿诺尔德 著 李培廉 译
6	35175-0	生命・艺术・几何	M. 吉卡 著 盛立人 译
7	37820-7	关于概率的哲学随笔	P.-S. 拉普拉斯 著 龚光鲁　钱敏平 译
8	39360-6	代数基本概念	I.R. 沙法列维奇　著 李福安　译
9	41675-6	圆与球	W. 布拉施克 著 苏步青　译